Minerva21世紀ライブラリー㊈

鏡のなかのギリシア哲学

小坂国継 著

ミネルヴァ書房

はしがき

最初に、いささか風変わりなタイトルについて少しく弁明しておかなければならないだろう。本書はタレスからプロティノスにいたるまでのギリシア哲学全般をあつかった通史である。しかし純粋にギリシア哲学史の研究書ではなく、筆者の見るかぎりにおけるギリシア哲学、あるいは筆者の目に映ったギリシア哲学を叙述したものである。この点で、文献学的な色彩の濃い従来の注釈書や解説書とは少しく趣を異にしていると思う。それでタイトルも『鏡のなかのギリシア哲学』とした。ギリシア哲学が自分という鏡を通すとどのように映るかを描いてみようというのが、本書のそもそものモチーフである。

むろん、どのような研究書にも著者自身のそれぞれの解釈が入っているのであって、純粋に客観的な研究書などというものはありえない。したがって、この意味では、一切のギリシア哲学の研究書は各々の研究者の眼鏡を通して見たものであるから、同じく「鏡のなかのギリシア哲学」であるということができるだろう。けれども、それらは多くの先行研究の成果を踏まえた上での研究者自身の独自の理解であり解釈であって、いわばそれは「客観に基礎づけられた主観」である。これに対して本書は、反対に、いわば「主観に基礎づけられた客観」ともいうべく、ギリシア哲学という客観が筆者自身の拠って立つ主観的な鏡に映しだされている。換言すれば、筆者自身の立場からギリシア哲学が再構築、否むしろ脱構築されている。むろん、ギリシア哲学をあつかった書物であるから、基本的には関連する第一次資料や第二次資料を基にしており、それらの成果を十分に参照しているけれども、いわゆる通説にとらわれることなく、従来とはまったく異なった視点からギリシア哲学をとらえ直そうとしているところに、本書の特色があるといえるだろう。

では、筆者自身の拠って立つ立場とはどのようなものであるだろうか。筆者はこれまで大学では西洋哲学を専攻し、スピノザやドイツ観念論など近代の西洋哲学の型通りの研究をつづけてきた。むろん、その中心は歴史的研究である。けれども、その過程で、西洋哲学だけを専門に研究するということに何か違和感というか偏向感をもつようになった。そしてバランスをとるという意味で、自覚的に西田哲学を始めとする東洋思想の文献にも目を通すようになった。そうした経験から、従来の西洋哲学の研究方法とはまったく異なったアプローチの仕方があるように感じ——またその必要性を痛感するようになり——、しだいに東西の「比較思想」や「思考の類型学」に興味をもつようになっていった。またその結果として、西洋哲学を論ずるとき、おのずと比較思想的な観点あるいは思考の類型学の観点からものを見るようになっていった。

これが本書の執筆の経緯である。現在、筆者は西田哲学にもっとも親炙しているので、本書の拠って立つ立場は基本的には西田哲学であるといってよい。けれども筆者の西田哲学理解はかならずしも西田哲学に忠実な理解であるとはいえないだろうし、したがってまた本書に描かれたギリシア哲学像も、かならずしも西田哲学に即した鏡像であるともいえないだろう。当然、そこには本来の西田哲学からは生じ得ないような解釈も多く含まれていると思われる。あるいは西田哲学の研究者からは西田哲学を曲解するものだと非難されるかもしれない。本書の根底にあるのはもはや西田哲学ではないという御叱りをうけるかもしれない。けれども、ここで、そのことに関して議論しても埒が明かないし、大した意味もないだろう。そこで、正確を期していえば、本書は筆者が理解するかぎりの西田哲学から見たギリシア哲学の全体像を描いたものであるといっておきたい。

＊

筆者の見るところでは、ギリシア人の実在観は二つの特徴を有している。ひとつは、実在は形相すなわち形をもったものであって、それは外的あるいは対象的方向に超越したものである、と考えられていることである。パルメニデスの「有」、プラトンの「イデア」、アリストテレスの「第一形相」としての「神」、プロティノスの「一者」等、いずれもそうした性格を有している。ギリシア人にとっては、存在とは形（形相）をもったものであって、「無」とは、形のないもの、すなわち「非有」もしくは「無形相」であり、形の「欠如」であると考えられた。したがって「無」は形を欠いた否定的ないしは消極的なものであると見られている。この意味で、「無から有は生じない」というのがギリシア人一般の通念であったといってもよいだろう。しかるに形のあるものは目に見えるものであり、対象的なものであるから、（ギリシア人にとって）実在はわれわれにとって外的な存在であって、正確にいえば、外的な超越者である。そこには二世界論的な思考様式が一貫して認められる。

ギリシア人に特有のもうひとつの実在概念は、実在とは、永遠不動にして不生不滅の存在であるという通念である。実在は永遠なものであり、したがってけっして運動したり変化したりすることのない静止である。ギリシア人にとっては、動くということは自分が不完全だから動くのであって、一切のものを充足している自己完結的で完全な実在はけっしてみずから動くということはない。アリストテレスは真実在としての「第一形相」すなわち「神」を「第一の不動の動者」と呼んでいるが、こうした永遠不動の実在概念はパルメニデスやプラトンやプロティノスの思想にも見られる。したがってまたギリシア哲学においては、実在は生成もしなければ消滅もしない不生不滅の存在と考えられている。このことはエンペドクレス、アナクサゴラス、デモクリトス等のいわゆる多元論者たちの思想についてもいえるだろう。唯一ともいうべき例外は「万物流転」(パンタ・レイ)を宇宙の真相と見たヘラクレイトスの思想である。

これに対して東洋には伝統的にあらゆる「有」の根源を「無」と見る考え方がある。「天下の万物は有より生じ、有は無より生ずる」と説いた老子や、「泰初に無あり。有もなく名もなし」と説いた荘子の思想はもとより、西田哲学の「絶対無」や久松真一の「東洋的無」の思想などはその典型である。ここでは「無」は、ギリシア哲学におけるように「有」の欠如や「非有」としての消極的なものとしてではなく、反対に、あらゆる有や形を生みだす根源的な無として、あるいは能動的な無として考えられている。あらゆる有の根源をたどっていけば、もはやいかなる意味でも形のないものに行きつく。一切の有はこうした根源としての無から出て来るのであり、また(そうした根源へと)還っていくのだと考えられている。このような根源的無を老子や荘子は「道」と呼び、老子はそれを「無状の状」とか「無象の象」として特徴づけ、荘子は「混沌」とか「虚」として特徴づけた。西田哲学においては、それは「絶対無の場所」であり、久松哲学においては「無相の自己」であった。

また東洋では実在はけっして永遠不動のものとは考えられておらず、不断の生成消滅の過程にあると考えられている。この意味では、既述したヘラクレイトスの万物流転の思想はこうした東洋の無常観にきわめて近い。

西洋的な実体観の対極に位置しているのが仏教の「縁起」の思想であるといえるだろう。それは何ひとつとして独立自存の存在を認めず、一切のものが相依関係にあると考える考え方である。いいかえれば、それは「実体」の思想ではなく、「関係」の思想である。

＊

本書における筆者の基本的な考想を一言でいえば、ギリシア哲学でいう実在としての有の根源に東洋的な根源的無をおき、この能動的で創造的な無からその発現ないし現成としての万有を考えるというものである。筆者はこの「無」にあたるものをヘラクレイトスの「火」、プラトンの「場所（コーラ）」、アリストテレスの「第一質料」、プロティノスの「物質」ないしは「無相（アモルピア）」にもとめ、そうした無の思想によってギリシア哲学を脱構築しようと試みた。東洋に伝統的な実在観に即してギリシア哲学を見たら、どのように映ずるかというのが本書の根本の趣意である。

鏡のなかのギリシア哲学　目次

はしがき

第1章　ソクラテス以前の哲学——タレスからデモクリトスまで

1　ミレトス学派

哲学の動機

プラトンは哲学の始まりは「驚異」（θαῦμα, θαυμάζειν）の感情にあるといっている（『テアイテトス』155D）。「驚き」が知恵を愛するものの情だというのである。アリストテレスもまた『形而上学』の冒頭で、「すべての人間は、生まれつき、知ることを欲する」と述べ、つづいて哲学の動機は「驚異」の感情にあるといっている。人間は「物事の現にそうあるのを見て、その何ゆえにそうあるのかに驚異の念をいだくのである」（『形而上学』983a13-15）というのである。真理へのこうした純粋に知的な関心がギリシアにおける哲学の始まりであり、したがってまたそれは科学の始まりでもあった。

この点は、東洋の場合とは少しく事情が異なっている。東洋においては、孔子にしろ、老子にしろ、釈迦にしろ、その思想は「科学」ではなく、「教説」であった。理論ではなく、教えであった。どうすれば人生の苦から救済されるか。どうすれば身を修め、家を斉へ、国を治めることができるか。どうすれば自然と和して生きることができるか。それは、一言でいえば、人間はどのように生きるべきかについての教えであった。そこには知識的・理論的関心よりも、行為的・実践的関心の方が優位を占めている。ギリシアにおいては、「汝自身を知れ」（γνῶθι σεαυτόν）を思索のモットーとしたソクラテスのような人物を除いては、哲学者の思索はもっぱら外なる自然へと向かった、一方、東洋においては、賢者の思索はひたすら内なる心界へと沈潜したといえるだろう。

西田幾多郎は「科学者は現実を物と見、仏教者は現実を心と見る」（『西田幾多郎全集』旧版、七・438）と述べている。ここでいう心は単なる主観的なものではなく、同時に優れた意味で客観的なものであるが、とにかくギリシア人とインド人の思惟様式の特質をよくとらえているといえるだろう。前者においては主観的なものはどこまでも否定されていくが、後者においては自然や物はすべて心の反映と見なされる。

ソクラテス以前の哲学者たちの多くは「自然について」（Περὶ φύσεως）という標題で本を書いたといわれる。彼らは今日でいう自然哲学者であり、自然科学者であった。アリストテレスは彼らを「自然学者たち」（ピュシコイ φυσικοί）と呼んでいる（『形而上学』986b14）。彼らはいずれも世界が何でできているか、何で動いているかを知ろうとした。つまり世界の存在と生成の原理を科学的に探究しようとした。それは知のために知を、真理のために真理をもとめようとするもので、哲学者が「知を愛する者」（ピロソポス φιλόσοφος）と呼ばれるゆえんである。

タレス——万物の根源は水である

世界や事物の究極的な原理について、はじめて理論的・哲学的な説明をあたえたのはミレトス学派の人々である。彼らは宇宙の生成と変化を、従来の神話的宇宙開闢説のように、超越的で擬人的な存在者である神によって説明するのではなく、宇宙それ自身によって、具体的には唯一の根源的な物質によって説明しようとした。そこに神話的思考から科学的思考への転回が見られる。タレス（Thales, 前六二四頃～前五四八／前五四五）はこのような原理ないし原物質（アルケー ἀρχή）を「水」だといい、アナクシマンドロスは「無限なるもの」（ト・アペイロン）だといい、アナクシメネスは「空気」だといった。

タレスがどのような理由で世界の根本物質を「水」（ヒュドール ὕδωρ）と考えたのかは明らかではないが、一般に、すべての栄養物や種子は湿気ないし水分を保有しており、したがって水は生命にとって不可欠な原理と考えられること、また水はそれ自身きわめて可変的・流動的であるから、一切のものがそこから出来し、一切のものがそこへと還帰すると考えるのに都合がよいことなどから、このような考えにいたったと思われる。アリストテレスの伝えるところによれば、タレスは「大地は水の上に浮かんでいる」（『形而上学』983b20）と主張したらしい。おそらくこの言葉によって彼は、大地は生命に満ちたものである、と云おうとしたのであろう。

水はどこにでも存在するから遍在性に満ちており、どのような場所にも移動するから流動性に優れ、さらにはどのような形にもなるから変化に富んでいる。その上、温めれば水蒸気になり、冷やせば氷にもなる。水は、それ自身は液体でありながら、気体にもなり、固体にもなる。きわめて変移的であり流動的でもあるので、事物の生成と消滅を説明するには便利である。さしあたりは、このような理由から、タレスは水を万物のアルケーと考えたのだと思われる。

ところで、タレスのいう水は、現実にある水であるとともに、万物の生命の原理でもあるようなものである。彼の物質観の根底には、このような物活論的思想が横たわっており、それはたとえば「磁石は鉄を動かすがゆえに魂（生命）をもつ」（アリストテレス『霊魂論』405a20）という言葉のうちに端的に表現されている。要するに、ここでは、質料因と生命因、物質的なものと精神的なものとが未だ明確に区別されておらず、素朴な形で同一視されていたということができるだろう。そしてこのような物活論的な思想はミレトス学派に共通した特徴であった。

タレスは万物の存在と生成の原理を、われわれの身近な物質、経験的であると同時に普遍的でもあるような物質によって説明しようとした。そしてこのような根源的な物質は、それ自身は永遠の昔から存在していて、生ずることもなければ滅することもないものであり、宇宙のいたるところに遍在しているが、しかも同時にきわめて可変的な性質を有していて、不断に自ら変転して万物と化す、と考えた。こうして万物は水から出て水へと還ると考えられた。それは宇宙の生成と消滅を、宇宙のなかにある経験的物質によって科学的に説明しようとする最初の試みであったといえる。

一般にタレスは「哲学の父」と呼ばれ、また「七賢人の一人」に数えられている。また科学史の分野においては、小熊座の発見者として、また日食（前五八五年五月二八日）の予言者として、あるいはピラミッドの高さをその影の長さから計測した人物として知られている。

またタレスにはエピソードも多く、そのなかには、天体を観測しようとして穴に落ちてしまい、老婆から「あなたは自分の足元の様子もわからないのに、天上のことがわかると思うか」と窘《たしな》められたという微笑ましいものもある。その反面、ある年、オリーブが豊作になるのも見込んで、オリーブ搾油機を借り占めて大儲けをしたというような、世事に敏《さと》い面ももっていたようである。

アナクシマンドロス――万物の根源はト・アペイロンである

タレスの後を継いだミレトス学徒はアナクシマンドロス（Anaximandros, 前六一〇頃～五四七頃）である。タレスは万物の根源を水と考えたが、アナクシマンドロスはそれを「無限なるもの」（ト・アペイロン τὸ ἄπειρον）と考えた。彼はアルケー（ἀρχή）という言葉を用いた最初の人であったといわれる。彼の考えでは、アルケーは万物の根源であり、あらゆる物質がそこから生成し来たる基体であるから、それ自身は経験的で限定されたものであってはならず、むしろ物質的要素（四元素：土・水・火・空気）を超えたものであり、またそれら諸元素に先んずるものでなければならない。それは時間的には不生不滅であるとともに、空間的には無際限であり、性質的には限定されないものでなければならない。アナクシマンドロスはこのような原物質を「無限なるもの」（ト・アペイロン）と呼び、その永遠なる運動から、熱と冷、乾と湿などの対立するものが分離することによって万物が生成すると説いた。しかし、どうして「無限なるもの」の永遠なる運動から、もろもろの対立物が生ずるかについては説明していない。ただ「必然の掟に従って」とか、「それらが時の定めによって、相互に不正の報いを受け、そして償いをするから」とかいった詩的な言葉で語っているだけである。

ディオゲネス・ラエルティオス（Diogenes Laertios 前三世紀前半）はアナクシマンドロスについて、「彼は、無限なるもの（ト・アペイロン）が始源であり基本要素であると主張し、空気や水あるいは他の何か特定のものと規定することはしなかった。彼によると、その諸部分は変化するが、しかし全体は不変である。また、大地は宇宙の真ん中にあって、その中心を占めており、円形である」[1]（『哲学者列伝』第2巻第1章）と語った、と伝えている。

またシンプリキオス（Simplikios 六世紀前半）は、アナクシマンドロスはアルケーという言葉を使用した最初の人であり、彼はそれを「無限なるもの」と考えた、と述べたあと、宇宙の生成に触れて、「アナクシマンドロスは、四元素が相互に転化しあうのを見てとって、それらのいずれか一つを基本とすることは考えず、それら以外の何か他のものをそれとしたのである。また彼は、生成を四元素の質的変化によるものとはせず、対立相反し合うものどもが永遠の動きをつづけながら分離することによる」[2]（『断片集』第2部第12章A9）とした、と解説している。

アナクシマンドロスのいう「無限なるもの」は不生不滅なものであり、性質的にも「無限定なもの」である。その永遠なる円環運動から暖と寒という対立物が分離し、この二つのものから湿が生じ、湿から地と空気と火の環が分かれ、火の環は球形の被いとなってこれらを取り囲んだと考えていた、と擬プルタルコスは伝えている（『断片集』第2部第12章A10）。けれども、前述したように、この「無限なるもの」の円環運動から、どうして暖と湿という対立物が生じ、またそこから土・水・空気・火のような元素が生じ、さらにはもろもろの物質が生ずるのかは比喩や暗喩でもって説明されているだけで、具体的には何の説明もされていない。

ところでアナクシマンドロスのいう「ト・アペイロン」は老子の「道」と類似しているところがある。どちらも宇宙の根本原理であるが、これといって限定されるようなものではない。それは制限や限定のなきものであり、したがってまた混沌としたものである。しかし、老子のいう宇宙の根源としての「道」はきわめて理念的というか精神的な要素が強く、この点で空間的あるいは質料的要素の強いアナクシマンドロスの「ト・アペイロン」とは異なっている。けれども一切のものがこのような無限定で混沌とした原理から出来し、またそこへと還帰していくと考えている点で両者の思想は一致している。ともかくアナクシマンドロスの思想は、明確な形相をもたないもの、これといった形のない混沌としたものを宇宙の根本原理と考えていた点で、幾分か東洋的な性格をもったものである。

アナクシメネス——万物の根源は空気である

アナクシマンドロスの弟子であるアナクシメネス（Anaximenes, 前五八五～五二八頃）もまたミレトスの出身である。彼は世界の原物質を「空気」（アエール ἀήρ）と考えた。これはアルケーをふたたび経験的物質のなかにもとめているのであるから、アナクシマンドロスの思想と較べて一歩後退であるとも考えられるだろう。しかしアナクシメネスはアナクシマンドロスのいう「無限なるもの」に具体的名称ないし存在性をあたえ、それを「空気」と呼んだと考える方が正鵠を得ているように思われる。というのも空気は世界のいたるところに充満しており、それ自身無限であると考えられるからである。

またアナクシメネスが空気をアルケーと考えたのは、一般にギリシア人においては「気息」（プネウマ πνεῦμα）が生命の原理と考えられていたということと大いに関連があるだろう。

万物の生成については、アナクシメネスは空気の「濃縮化」（πύκνωσις）と「希薄化」（πάνωσις）によってこれを説明しようとした。すなわち空気が希薄になることによって温かいものが生じ、反対に濃縮すると冷たいものが生ずる。前者によって空気は火となり、後者によって風が生じ、さらにその度を増すにつれて雲、水、土、石などが生ずる。上述したように、アナクシマンドロスにおいては無限なるものから熱冷・乾湿などの相対立するもの、さらには物質的諸要素がいかにして分離するのか、その根拠が明らかでなかったが、アナクシメネスにおいては、原物質である空気自身に内属する「濃縮化」と

「希薄化」の原理によって、万物の生成と変化が具体的に説明されている。それは哲学的思索における進歩を示すものといえるだろう。

以上のようなアナクシメネスの思想について、シンプリキオスはつぎのように伝えている。「アナクシメネスはミレトスの人で、アナクシマンドロスの一門であった。彼自身もまた、師と同じく基体なるものが単一かつ無限であるといったが、しかし、アナクシマンドロスのようにそれを無限定的なものとはせず、限定されたものであるといい、空気がそれであると述べた。そしてそれは希薄さと濃密さの違いによって、あり方を異にする、という。すなわち薄くなると火となり、濃くなると風となり、ついで雲となり、さらに濃くなると水となり、そして土となり石となり、またこの他のものもこれから生ずる、というのである。彼もまた、動は永遠であり、変化はこれによっておこなわれる、としている。」（『断片集』第2部13章Ａ5）

空気は水と同様、どこにでもある物質であるから遍在性に優れており、また生命に欠かせない原理でもあり、また変化と変位に富んでいる。しかも水は低いところから高いところへは流れないが、その点、空気は高いところから低いところへも、反対に、低いところから高いところへも自在に移動する。したがって宇宙における万物の生成と変化の原理として空気を考えるのは合理的であるようにも思われる。けれども彼は万物のアルケーとして主として質料因を考えたという点で、他のミレトス学徒と共通している。

ミレトス学派は万物の究極原理を物質的なものであっても、物体的なものではないものにもとめている。「水」といい、「無限定なもの」といい、「空気」といっても、いずれも特定の形をもった物体的なものではない。その点で、彼らは事物の形相（本質）よりも質料（材料）に関心をもっていたように見える。しかもその場合、質料は単なる物質ではなく、同時に生命に満ちたものと考えられている。この点で、先にも指摘したように、ミレトス学派の思想は物活論的であった。

2　ピュタゴラス学派

ピュタゴラス――万物の根源は数である

ミレトス学派は世界の原理を物質的なものにもとめたが、サモスのピュタゴラス（Pythagoras, 前五七〇頃～前四七〇頃）およびその学派はそれを数量的なものにもとめた。前者においては、とくに万物の質料因が問われたのに対して、後者においては、その形相因が問われた。いいかえれば事物の外面よりも、むしろその内面に思索の矛先が向けられた。しかしピュタゴラス学派にとって万物の本質である「数」（アリトモス ἀριθμός）は、今日われわれが考えているような抽象的な記号や単位のようなものではなく、ある一定の大きさをもったものとして、つまりはそれ自身すぐれた意味での実在として考えられていた。したがって彼らにおいては「数」は万物の形相因であるとともに、またその質料因でもあるという要素を同時にもっていたのである。そしてこの点では、ピュタゴラス学派はミレトス学派の影響下にあると見ることもできる。要するに、彼らにとって数は万物の原型であるとともに質料でもあり、「万物は数である」のである。

ピュタゴラスが数をもって万物の原理と考えたのは、音楽における協和音や天体の規則的な運行がいずれも数量的ないしは比例的関係に還元されるという理由によるが、ここから彼は万物の間にこのような数量的・比例的関係を想定し、数は万物の原型であって、万物はこれを模倣したものであると考えた。この学派の中心人物であるピロラオス（Philolaos, 前四二〇頃）は「すべて認識されるものは数をもつ。数なくしては何ひとつ考えられることも認識されることもできない」（『断片集』第2部44章B4）といっている。

このように、世界に「数」の原理が持ち込まれることによって、同時にまた秩序と調和の原理が導入されることになった。ピュタゴラスは宇宙を、秩序と調和という意味をもつコスモス（κόσμος）と呼んだ最初の人である。この点についてアエティオスは「ピュタゴラスは、万物を包み込むものを、そのなかにある秩序にもとづいてコスモスと名づけた最初の人であった」（『断片集』第1部14章21）といっており、またアリストテレスはピュタゴラス学派について「彼らは数学的諸学科の研究に着手した最初の人々であるが、この研究を進めるとともに、数学のなかで育った人々なので、この数学の原理をさらにあらゆる存在の原理であると考えた。すなわち数学の諸原理のうちでは、その自然において第一のものは数であり、そして彼らは、こうした数のうちに、あの火や土や水などよりもいっそう多く存在するものや生成するものと類似した点のあるのが認められる、と思った」といい、また「他のすべては、その自然の性をそれぞれ数に似ることによって、作られており、それぞれの数そのものは。これらすべての自然において第一のものである、と思われたので、その結果、彼らは、数の構成要素をすべての存在の構成要素であると判断し、天界全体をも音階（調和）であり、数であると考えた」といっている（『形而上学』985b24-30）。

オルフェウス教との関係

またピュタゴラスについては、オルフェウス教との関係あるいはそれと関連して霊魂不滅説ないし輪廻説がしばしば取沙汰され、さらにはプラトン思想へのその影響が指摘されているが、それらはいずれも憶測の域を出ず、正確なところはわかっていないようである。これはピュタゴラスが一冊の書物をも残さなかったということと関連があるだろう。たとえばバーネット（John Burnet）は、ピュタゴラスの教説はその生涯よりもなお不分明であって、その多くは推測にもとづくものであると指摘し、ピュタゴラスの輪廻の説は、「人間と動物との紐帯についての原始信仰にもとづいたものとして説明すればもっとも容易である」(3)（『初期ギリシア哲学』一三七頁）と述べている。ともかくこの輪廻説はピュタゴラス教団の「生活の浄化」の教えと切り離すことはできない。プラトンはそれを「ピュタゴラス的な生き方」（Πυθαγόρειος τρόπος τοῦ βίου）と呼んでいる（『国家』600B）。

3　エレア学派——万物の根源は有である

クセノパネス

ピュタゴラス学派は万物の原理を数にもとめたが、しかし本来、数とは事物の多様な性質を捨象し、均質化することによってはじめて得られるものであるから、それは精神の高度な抽象能力を必要とするものである。したがって、この点でピュタゴラス学派の思想は、ミレトス学派の思想に較べて、哲学的思考における一段の進歩を示すものといわなければならない。

ところで、このような抽象化をさらに押し進め、事物の質的差異ばかりでなく量的差異をも捨象して、不変不動の「有（一者）」（オン ὄν）のみが実在すると考えたのがエレア学派の人々である。ミレトス学派やピュタゴラス学派において承認されていた変化の原理や変化するものの存在は、彼らにおいては「臆見」（ドクサ δόξα）として斥けられ、世界や存在は思惟の純粋に論理的な対象となった。

この学派の先駆者はコロポンのクセノパネス（Xenophanes, 前五八〇／七七～前四八〇頃）である。彼は哲学者というよりはむしろ神学者ないし宗教改革家であって、ホメロス（Homeros, 前九〇〇頃）やヘシオドス（Hesiodos, 前八〇〇頃）の擬人的神観——これが当時の通俗的な神観であった——を痛烈に批判し、神は純粋に精神的——したがって非身体的——な存在者であり、不生不滅の永遠なる一者であると説いた。クセノパネスの思想はたしかに一神論であるが、しかしこの神はしばしば宇宙と同一視され、あるいは「一にして全なるもの」（τὸ ἕν καὶ πᾶν）であるような統一的全体者として考えられており、きわめて汎神論的色彩の濃いものであった。

またクセノパネスは神を宇宙の統一的原理として考えている点ではミレトス学派のアルケーの思想に接近しているが、同時に神の不変不動性を強調する点で後者と明確な相違を示している。しかし彼はこのような神と経験的世界との関係を具体的に説明しなかったし、また物質の生成や変化を否定することもしなかった。彼の思想は紀元前六世紀に起こった宗教改革運動の一翼を担うものであって、純粋に哲学的なものではなかった。

クセノパネスの思想について解説したものは多いが、いずれも簡潔なものである。それだけ学説としては注目すべき点が少ないということかもしれない。シンプリキオスは、クセノパネスがコロポンの人で、パルメニデスの師であること、宇宙のアルケーは「一にして全体なるものであり、それは神である」と説いたことを伝え（『断片集』第2部第21章A31）、またキケロ（Marcus Tullius Cicero）は、クセノパネスが「すべてのものは一であり、この一なるものは不動であって、それは神である。そしてそれはけっして生じたものではなく永遠であり、その形は球形である」と語ったと伝えている。(同33)。いずれも思想の単なる紹介の域を出ず、その批評や批判にまでは及んでいない。それだけクセノパネスの考えが哲学としては高い評価を得ることができなかったということであろう。けれども球形をした「一者」としての神という彼の考えは、つぎのパルメニデスの思想の核心に据えられている。

パルメニデス

エレア学派の真の創設者はエレア出身のパルメニデス(Parmenides, 前五一五頃〜四四五頃)である。彼はクセノパネスの考えをさらに徹底させて、唯一不動の「有」のみが存在し、生成や変化はわれわれの感覚にあらわれる臆見にすぎないと説いた。

パルメニデスによれば、すべてのものは「有るか、有らぬか」そのどちらかである。しかるに「有らぬもの」すなわち「非有」(メー・オン μὴ ὄν)は思惟することも、またいいあらわすこともできないから、われわれが知ることができるのは「有るもの、そしてそれにとって有らぬことは不可能なもの」のみである。したがって「有の道」が探究すべきただひとつの道であり、真理と確信にいたる道である。

ところで生成、消滅、変化、分割などは、「有」のなかに、本来、考えることのできない「非有」を持ち込むことになるから、それらは有の原理と矛盾する。したがって有は不生、不滅、不動、不変、不可分な全体的一者でなければならない。このようにしてパルメニデスはあらゆる感覚的・物質的規定を捨象した抽象的で形而上学的な有を説いた。しかしながら他方では、彼はこの有を、あらゆる方向に完結していて、中心よりあらゆる方向に均衡を得ている「完全に円い球体」(εὔκυκλος σφαίρα)と考えており、したがってミレトス学派の自然観を完全に超越していたわけではなかった。

以上のようなパルメニデスの思想をヒッポリュトス（Hippolytos, 二世紀後半）はつぎのように伝えている。

さらにまたパルメニデスも万有は一にして永遠であり、不生、かつ球形であると仮定する。ただ彼は多くの人々の臆見（ドクサ）も避けてはいないのであって、火と土を万物の原理としている。一方の土は質料としての原理であり、他方の火は原因および形成者としての原理である。世界は滅びると彼はいったが、どのようにしてなのかはいっていない。その同じ人物が、万有は永遠であって、生じたものではなく、球形で一様であり、自らのうちに場所を有さず、不動で限定されているといっているのである。（『断片集』第1部第28章A23）

またテオプラストス（Theophrastos 前三七二～前二八八頃）は『自然学者たちについて』のなかで、パルメニデスの思想をつぎのように紹介している。

クセノパネスの後にはピュレスの子でエレアの市民であったパルメニデスがつづいたが、彼は双方の道を歩んだ。というのは、彼は万有は永遠であると主張するとともに、しかも諸々の有るものの生成を説明しようと試みているからである。だが彼はその双方について同じようには考えないで、一方の真理の場合には、万有は一であり、不生であり、球形であると想定する。他方の多くのものどもの臆見（ドクサ）の場合には、現象するものの生成に配当するべく、二つの原理を設けている。すなわち火と土がそれであるが、一方は質料としての原理であり、他方は原因ないし形成者としての原理であ

る。（『断片集』第1部第28章A7）

いずれもほぼ同じような内容であるが、しかしパルメニデスのいう「有」ないし「一者」すなわち永遠不動にして「中心よりあらゆる方向に均衡をえている有限な球体」とはいったいどのようなものであるのかについて、具体的な記述は見当たらない。むろん、それは感覚的世界を超えたものであるから、あらゆる感覚的性質を超えている。運動もなく変化もなく、したがってまた生ずるということもなければ、滅するということもない。したがって永遠不動である。またそれはいかなる合成体でもないから、分割することは不可能であり、それゆえに単一にして不可分である。それはただ有るという性質以外のどのような性質をもたない。ということは、どのような形相をもたないということであろう。「中心よりあらゆる方向に均衡をえている有限な球体」というのも、一種の比喩であって、少しも具象的性格をもたないものと考えられる。だとすれば、それは抽象的な有であって、通常の表現でいえば「無」にほかならないともいえる。存在するものは何らかの質をもたなければならないからである。いずれにしてもパルメニデスのいう「有」は感覚的世界から遊離したものであり、感覚的世界とのつながりを欠いている。

バーネットはパルメニデスについて、「パルメニデスは、有るものが有る、といっているにすぎない。これは、人が物体と呼んでいるものであって、これに疑念を挟む余地はありえない。たしかにそれは空間的に広がったものと見なされている。というのは、一つの球体であるとしてまったく率直に言及しているからである。……有るものという表現は、結局、宇宙は充実したものであるというのと同じである。

また、世界の内部にも、外部にも空虚のようなものはない、というのと同じである」(『初期ギリシア哲学』二六八頁)と述べている。まことに的確な批評というべきであろう。

パルメニデスは、以上のような「有」を宇宙の根本原理と考えることによって、ミレトス学派においてはまだ顕在化していなかった形而上学的世界を実在界として提示した。実在するのは不変不動の静止した完全な球体である形而上学的「有」であって、生成し変化する形而下の世界は単なる臆見の世界であると考えられた。ミレトス学派においては、まだ形而上の世界と形而下の世界が明確には区別されていなかったが、パルメニデスにおいては両者の相違が自覚的に意識され、「有」の道が唯一の真実への道であると説かれた。ここにはプラトン的「二世界論」の原型があり、したがってまたギリシア的実在観の原型が認められる。

ゼノンのパラドックス

パルメニデスの思想を継承して、「多」と「運動」を否定したのがゼノン(Zenon ho Eleates, 前四九〇~前四三〇頃)である。彼は「帰謬法」(reductio ad absurdum)によって、つまり「多」や「運動」の存在を認めると必然的に矛盾に陥るということを示すことによって、間接的に自己の立場の正しさを論証しようとした。彼の論証は一般に「ゼノンの逆説《パラドックス》」として知られているが、その一例を示すとつぎのとおりである。

(多の否定)

もし物が多くあるとすると、それは有限である。なぜなら、それがいかに多くあるとしても、それは現にある数だけあるのであって、その数より多くもなければ少なくもない。しかしそれが現にある数だけあるなら、その数は有限である。

一方、もし物が多くあるとすれば、それは無限である。なぜなら、それら有るものと有るものとの間には、つねに他の有るものがなければならない。そうでないと両者の区別がつかなくなるからである。すると同様に、他の有るものと有るものとの間にもまた別の有るものがなければならないことになる。かくしてそれは無限である。

こうして同一のものが有限であると同時に無限であるということになり、矛盾する。

〈運動の否定〉

ある物体が一定の距離を運動するとすれば、まずその半分の地点まで運動しなければならない。しかしこの半分の地点まで運動するには、さらにまたその半分の地点まで運動しなければならない。こうして無限につづく。すると、その物体はある限定された時間に無限の地点を通過しなければならないことになるが、それは不可能である。というのも、もし通過できたとすれば、それは有限の地点であったのであって、もはや無限の地点ではなかったということになるからである。（「飛矢不動論」「アキレスと亀の競争」）

帰謬法と弁証論

ヘーゲルは以上のようなゼノンの帰謬法のなかに弁証法の萌芽を見出している。しかし、それは正確には弁証法というよりは弁証論と呼ぶべきものである。

ゼノンの特質は弁証法にある。弁証法はじつに彼によって始まる。彼はエレア学派の巨匠であって、エレア学派の純粋なる思惟は彼において自己自身における概念の運動となる、すなわち学問の純粋な魂となるのである。すなわち従来われわれがエレア学徒において見たものはただ「無は何らの実在性をもたない、けっして存在しない。したがって生起および消滅なるものはない」ということだけであった。これに反し、ゼノンにおいてもこのような一者の定立とそれに矛盾するものの止揚が見られはする。しかしそれと同時に、この主張が出発点とならずして、存在するものとして定立せられるものにおいて理性がそれ自身おもむろにそのものの否定を示すことから始まるのをわれわれは見る。(4)

（『哲学史講義』三三六頁）

ここでヘーゲルが云おうとしているのは、つぎのようなことである。パルメニデスは、「すべて有るものは不変である。なぜかといえば、既述したように、およそ変化においては無、すなわち有るものの非有が定立されるからである。というのも、そもそも物が変化するということは、無いものが有るものになるということであり、あるいは有るものが無いものになるということである。いいかえれば、有が無であるということである。それは不合理であるから、したがって有るのはただ有のみである」という。これに対して、ゼノンは「変化を立てたければ立ててよ。変化そのものにおいてはその無があるのみである、いいかえれば変化は無である。というのも、たとえば矢が飛ぶには、まず中点まで飛ばねばならず、さらにまたその中点まで飛ばねばならず、こうして無限の中点を通過しなければならないことになるが、それは不可能である。故にそもそも変化というものはないのだ」というのである。

あるいはこれはまたつぎのようにも説明されるだろう。

もし矢がａ点からｂ点まで飛ぶとすれば、その矢は中間点ｍを通過しなければならない。いいかえれば矢がｍ点にある瞬間がなければならないことになる。しかるに、もし矢がｍ点にある瞬間があるとすれば、その矢はｍ点で静止しているのであって、飛んではいないことになる。反対に、もし矢がｍ点にある瞬間がないとすれば、矢はｍ点を通過していないことになり、したがってまたａ点からｂ点まで飛んでいないことになる。いずれにしても矢はｍ点にあるとともにないということになり、不合理である。

パルメニデスにおいては、変化はそれ自身としてはまったき運動であったが、ゼノンにおいては、変化そのものが無と考えられた。その際、注目すべきはゼノンの考えのなかに弁証法的思考が見られることである。まず変化が肯定され、つぎに変化が否定される。そしてこの二つの対立する規定がともに否定されなければならぬという高次の意識がゼノンの論証のなかに予想されている、とヘーゲルは見ているのである。また、上述した「多の否定に関するゼノンの逆説」にも、同様に、このような弁証法的思惟方法が認められるだろう。

バーネットはこの点についてつぎのように解釈している。

> ゼノンの方法は、事実、彼の論敵の基本的な必要条件のひとつを採りあげ、そこから二つの矛盾した結論を導くことであった。アリストテレスが彼をして弁証論を発明した人と呼んだのは、まさにこのことにほかならない。弁証論は、正しい前提からではなく、相手方の認める前提から議論する技術である。パルメニデスの説は、感覚の明証性に矛盾する結論にいたった。ゼノンの目的は、説自体を新

しく証明することではなくして、ただ相手方の見方が明らかに同じような性質の矛盾にいたることを示すことであった。（『初期ギリシア哲学』四五八頁）

このようにゼノンの逆説には弁証法の萌芽が見られるのであるが、ゼノン自身はこうした論証を理性自身の積極的な思索の展開とは考えないで、悟性的思考の矛盾と見た。運動や多を考えると、このような矛盾に陥るから、運動や多は存在しない、と彼は主張したのである。一般に事物のなかにある矛盾や対立を、悟性的立場から非合理的なものとして排除するような思惟方法を弁証論という。ゼノンの逆説や近代のカントにおける二律背反（アンチノミー）の思想などはその典型である。これに対して、そうした矛盾や対立を理性的思惟の積極的な自己展開の不可欠の媒介項として考える思惟方法を弁証法と呼ぶ。そしてその原型は、エレアのゼノンよりおよそ半世紀前に活躍したエペソスのヘラクレイトスの思想に認められる。

しかし、ヘラクレイトスの思想に進む前に、エレア学派のもう一人の思想家としてメリッソスを見ておかなければならない。

メリッソス

クセノパネスやパルメニデスやゼノンの他に、エレア学派に属する人にメリッソス（Melissos, 前四八〇頃～前四〇〇頃）がいる。彼はパルメニデスやゼノンの考えを継承して、唯一不動の有のみがあり、生成や運動は存在しないと説いた。ただパルメニデスがこの有を限定された球体と考えていたのに対して、メリッソスはそれを空間的に無限なものと考えた。この点で、まだミレトス学派の質料的原理を完全には脱しきれなかったパルメニデスに対して、メリッソスはエレア的原理を論理的にいっそう徹底させたということができる。

メリッソスは『自然について、あるいは有るものについて』という題名で著作を書き、そのなかでつぎのように語ったという。


それはつねに有ったところのものであったし、またつねに有るだろう。なぜなら、もし生じてきたのなら、生じてくる前には、何でもないものでなくてはならない。ところが、もし何でもないものであったなら、何でもないものから何かが生じてくるということは断じてできないだろうから。したがってそれは生じてきたのではないから、現に有るし、また永遠に有ったし、また永遠に有るだろう。そして初めも終わりももたなくて、無限である。なぜなら、もし生じてきたのなら、初めをもつだろう、また終わりをもつだろう。しかるにそれは生じ始めたのでもなく、生じ終わりもしなかったのであるから、それは永遠に有ったし、また有るだろう。そして初めも終わりももたない。なぜなら完全に有るのでないものは、永遠に有るということは不可能であるから。

しかし、それが永遠に有るように、また大きさも永遠に無限でなければならない。

（『断片集』第1部第30章B2）


こうして永遠不動にして無限な形而上学的有が唯一の実在と考えられ、生成し変化する形而下的世界は感覚による臆見の世界として斥けられた。メリッソスの思想は、パルメニデスの思想に残っていた夾雑物を取り除いて、エレア的原理をそのもっとも純粋な形で提示したものといえるだろう。われわれはそこにギリシア的思惟方法のひとつの典型を見ることができる。

4　ヘラクレイトス

万物の根源は火である　パルメニデスやエレア学派が不変不動の「一者」のみが存在し、生成や変化は存在しないと説いたのに対して、反対に、生成や変化のみが存在して、恒常的なものは何ひとつ存在しない、と主張したのがエペソスのヘラクレイトス（Herakleitos, 前五三五頃〜前四七五頃）である。彼はパルメニデスの静的な「存在」の原理に対して、動的な「生成」の原理を対置した。

ヘラクレイトスによれば、世界には固定したものや静止したものはひとつもなく、万物は生成と変化の過程のうちにある。「何ものも有りといえるものはなく、一切はただ成るのみである」。これがいわゆる「万物流転」（パンタ・レイ πάντα ρεῖ）の思想であって、彼はこの考えを有名な「河の比喩」でもって語っている。いわく「われわれは同じ流れに二度入ることはできない。流れはたえず散らばってはふたたび集まり、近づいて来ては去って行く」。

水の流れに象徴されるこのような生成流転の世界こそ真実の世界なのである。ヘラクレイトスは、パルメニデスと同じように、感覚に映る世界を臆見であると考えたが、その理由は、パルメニデスの場合とは反対に、感覚は事物を変化の相の下にとらえず、恒常的な存在としてとらえるという理由からであった。

しかしヘラクレイトスは、他方では、感覚的・経験的な「火」（ピュール πῦρ）をもって万物のアルケーと考えた。「火は万物の元素であり、万物は火の交換物であって、それらは火の希薄化と濃縮化によって生ずる」、とヘラクレイトスは語っている。この点で、彼はミレトス学派の系譜に属し、またその故に彼らとともにイオニアの自然哲学徒（イオニア学派）とも呼ばれる。けれどもヘラクレイトスが火をもって万物の原理としたのは、それを生成し変化する世界の根底にある恒常的物質と考えたからではけっしてなく、むしろ永遠に燃えさかる火を一切の生命と変化の象徴として考えていたから、といった方がより適切であろう。

ロゴス

けれども、このように流動の原理を強調したヘラクレイトスもまた、その思想の根底に恒常不変なものの存在を認めた。それは「ロゴス」（λόγος）、すなわち万物がしたがう生成の法則である。ヘラクレイトスによれば、万物は火から出て、火に帰る。火は濃縮すれば凝固して水となり、さらに土となる。これが「下り道」（ὁδὸς κάτω）である。反対に、土は希薄になれば溶解して水になり、さらに火になる。これが「上り道」（ὁδὸς ἄνω）である。この過程は交替で、一定の周期をもって永遠に行われる。それだから不断の変化と流動の世界に秩序があるのは、この永遠なる法則（ロゴス）によるのである。

このように、ヘラクレイトスによれば万物は「火」の交換物であり、「火」は万物の交換物であって、一切のものは相反するものの対立と闘争から生ずる。それゆえ「戦いは万物の父である」が、それはまた同時に調和と統一の源泉でもある。というのも、もともと「上り道」と「下り道」は同一であって、すべての対立は統一のうちに、また反対に、すべての統一は対立のうちにあるからである。それは、あたかも弓と弦との関係のように、相互に反発し合いながら牽引し合っている。ここに、われわれは弁証法的思考の萌芽を認めることができるだろう。

ヘーゲルはゼノンの弁証法を「主観的弁証法」と呼び、これに対してヘラクレイトスの弁証法を「客観的弁証法」と呼んで、両者を対置している。ここで主観的弁証法というのは、弁証法が、ただそれを考察する主観のうちにのみあって、一者すなわち絶対者は弁証法の運動なき静止した抽象的同一性と考えられているタイプのものである。これに対して、客観的弁証法というのは、絶対者そのものを活動的な弁証法の過程と考えるタイプのものである。無論、ヘーゲル自身は弁証法を後者のタイプのものと考えており、したがってまたヘラクレイトスの思想を自分の思想の先駆として受け入れ、「ヘラクレイトスの思想のうちで自分の思想に取り入れられなかったものは何ひとつとしてない」とまでいっている。

ヘラクレイトスがおこなった必然的進展は、最初の直接的思想としての有から、第二の思想である生成の規定に進んだことにある。これは最初の具体的なものであり、それ自身のうちに反対の統一を有する絶対者である。それゆえヘラクレイトスにおいて初めて哲学的理念が思弁的形式において見られる。パルメニデスやゼノンの推論は抽象的な悟性である。しかるにヘラクレイトスはこの故に、一般に炯眼なる哲学者と考えられた、否そのように、もて囃されもしたのである。ここに、われわれは弁証法の祖国を見出す。ヘラクレイトスの命題にして、私の論理学のなかに取り入れられなかったものはないのである。

（『哲学史講義』三五九～三六〇頁）

ヘラクレイトスが万物の根源を燃えさかる火に譬えたことについて、ツェラー（Eduard Zeller）はつぎのように述べている。

あらゆる事物の本質的存在は、ヘラクレイトスによれば火なのである。「万物に対して異なるところのないこの世界は、神や人間の唯一人の手になったものではなく、つねに永遠の生きた火であったし、現にそうであり、そして未来もそうであろう。節度にしたがって燃えあがり、節度にしたがって消え去りつつ」。ヘラクレイトスがこのような考えを抱くにいたった理由は、結局、この哲学者にとって火がすべてのもののうちで固定的に存立することがもっとも少ないものであり、他のものに止まることがもっとも少ない質料であると思えたことにある。それ故に、彼は彼の意味する火は単に炎のみでなく、温暖一般のことであり、したがって火はまた立ち昇る蒸気（ἀναθυμίασις）あるいは気息（ψυχή）とも呼ばれているのである。事物は火が他の質料に変化していくことによって火から生じ、同じ経路をへて火に還る。すなわち「万物は火と交換せられ、そして火は万物と交換せられる、あたかも商品が金と換えられ、金が商品と換えられるように」（fr. 90）。しかしこの変化の過程はけっして止むことがない故に、またけっして固定した形成に達することなく、一切はつねに一の状態から反対の状態への移行において存在し、そして正しくその故に事物は同時に自己のうちに対立を含み、その中間に事物は浮動しているわけである。[5]

（『ギリシャ哲学史綱要』九六〜九七頁）

ディオゲネス・ラエルティオスはヘラクレイトスについてつぎのように伝えている。

ヘラクレイトスの書物として伝えられているのは『自然について』という一連の論述から成るものであるが、それは万有についての論説（宇宙論）と、政治論と、神学論との三つの論説かに分かれている。

そして彼はこの書物をアルテミスの神殿に奉納したのであるが、ある人たちによると、彼はわざとより不明瞭な書き方をして、有力者だけがその書物に近づくようにし、大衆によってたやすく軽蔑されることがないようにした、ということである。（『哲学者列伝』第9巻第1章）

その真偽はさだかではないが、ヘラクレイトスの所説はきわめて難解であって、その故に「暗き人」（σκοτεινός）と呼ばれたとも伝えられている。その要因として、彼の書いたもののごくわずかの断片しか今日残っていないということも、あるいは関係しているかもしれない。ともかく彼の所説は不明瞭であって、その弁証法も自覚的に展開されているというよりは、萌芽的ないし潜在的に内含されているというべきであろう。またそれゆえに、それはいかようにも解釈され得る素地を有している。

存在の原理と生成の原理

エレア学派の「存在」（οὐσία）の原理とヘラクレイトスの「生成」（γένεσις）の原理との対立は、その起源をミレトス学派のアルケーの思想にもとめることができる。既述したように、ミレトス学派においてアルケーは、一方では、万物の根底にある恒常的・本質的存在と考えられるとともに、また他方では、自ら一切の事物に生成し変化するものと考えられていた。ということは、彼らにおいては「存在」の原理と「生成」の原理との、したがってまた静止と運動、一と多との矛盾や対立がまだ意識されていなかったのである。たとえば「存在」の原理としての「水」は不変的で不可分的であるのに対して、「生成」の原理としての「水」は可変的・可分的でなければならないが、彼らの思考は両者を区別するまでにはいたらなかった。パルメニデスおよびエレア学派は「存在」の原理としてのアルケーの思想をうけつぎ、唯一不動の「有」のみが存在し、「非有」や「生成」は存在しないと考えた。これに対してヘラクレイトスは「生成」の原理としてのアルケーの思想を継承して、「生成」のみがあって、静止した「有」はまったく存在しないとした。彼らはミレトス学派のアルケーがもっていた二つの側面のうちの一方を主張して、他方を否定したのである。

しかし、もともと両側面はそれぞれ真なる要素をもっているのであって、両者は何らかの形で調停されなければならない。すでにパルメニデスは、一方では、「有」のみがあると主張しながら、他方では、たとえそれが死すべきものどもの臆見としてではあるにせよ、とにかく生成や変化や運動というものを考えざるをえなかった。またヘラクレイトスは万物の流転を強調しながらも、その根底において働いている恒常的なロゴスの存在を承認していたのである。

そこで、彼らの後継者たちの課題は、もっぱら「存在」の原理と「生成」の原理とをいかに調停するかという点におかれた。この調停への道が、ミレトス学派におけるような、両者の無差別もしくは未分離の方向にはなく、存在と生成との明確な区別にもとづいた綜合あるいは統一の方向にあったことはいうまでもない。それは哲学的思考の発展の必然的な方向である。ともかくエレア的原理とヘラクレイトス的原理はギリシア哲学全般を規定した原理であり、以後の哲学はすべてこの両原理の統一ないし調停の試みであるといってもけっして過言ではない。

5　多元論者

エンペドクレス ——四元素説

エレア的「有」とヘラクレイトス的「成」の原理の調停を最初に試みた一連の人々を多元論者と呼ぶことができる。彼らに共通しているのは、不生不滅の多なる「有」を立て、そうした「有」相互の結合と分離によって、世界における万物の生成と変化とを機械的に説明しようとしたことである。

エンペドクレス（Empedokles, 前四九〇頃～前四三〇頃）は、真実在は不生不滅の「有」のみであると考えた点ではエレア学派と完全に一致している。しかし、この「有」を単一ではなく多数であると考え、多なる「有」の質的差異を認めた点、またこの「有」を可分的であると考えた点ではエレア学派と相違している。さらに彼は万物の生成や変化に関心をもち、またそれらを説明しようとしている点でヘラクレイトスに接近している。

エンペドクレスによれば、宇宙には四つの「根」（リゾーマタ ῥιζώματα）がある。それは一般に四元素と呼ばれる土・水・火・空気である。これら四元素が万物の質料因であり、またそれらが相互に結合したり分離したりすることによって万物が生成し消滅する。したがって四つの元素の混合の「割合」が万物の形相因であることになるだろう。

このようにエンペドクレスにおいては、生成と消滅とは、結局のところ土・水・火・空気の単なる位置の変化と考えられており、四元素それ自体は不生不滅であるから、厳密な意味では生成も消滅もありえないことになる。彼は、パルメニデスと同様、生成は人間の間における単なる名称にすぎないといっている。ところで四元素は不動の存在であるから、自己のうちに運動の原理をもたない。そこで、それらを結合したり分離したりする運動因が四元素の外になければならない。それが「愛」（φιλότης）と「憎」（νεῖκος）という二つの力である。四元素は「愛」によって互いに結ばれ、反対に「憎」によって互いに離れる。

エンペドクレスによると、最初、これらの四元素は完全に結合して球体をなしていた。しかし、そこに憎が入り込み、しだいに憎が支配的になって、四元素は完全に分離してしまうが、やがて愛がふたたび力を得て、またもとの結合状態にもどる。世界はこのような四つの時期――(1)愛の支配する時期、(2)憎が侵入する時期、(3)憎が支配する時期、(4)愛が再来する時期――に分かれながら永遠に繰り返す。そしてエンペドクレスは、現在は(2)の時期、すなわち憎が侵入し、しだいに支配的になっていく時期にあたる、と考えていた。

エンペドクレスについてはじつに多くの人がその思想を紹介し、またコメントを加えている。しかし、的確にその核心をとらえているものは案外に少ない。いずれもいわゆる「帯に短し襷に長し」の類である。そのなかではやはりアリストテレスの注釈が要を得ているように思われる。彼はエンペドクレスを同時代のアナクサゴラスと比較して、つぎのように述べている。

エンペドクレスはすでにあげられた水・空気・火のほかに、第四のものとして土を加えることによって四元素を原理とみなした。彼の考えではこの四元素はつねに存在しつづけるのであって、それらは生成するということはない。ただそれらが結合しあって一なるものになったり、また反対に、一なるものから分離してきたりすることによって、数が多くなったり、少なくなったりするだけだというのである。

（『形而上学』984a8-10）

あるいはまたエンペドクレスにしても、この人の方がアナクサゴラスよりも一層広範囲に「愛」と「憎」という二つの原因を適用しているが、まだ不十分であり、またその用い方に一貫性を欠いている。……とにかくエンペドクレスは、以前の人々とは異なって、この原因をほかのと区別する考えを最初に導入した人であり、運動の原因をひとつだけではなく、相互に相反するものとしたが、しかし彼はさらに質料の意味での四元素を語った最初の人である。

（『形而上学』985a20-985b3）

万物の生成と消滅を元素と元素の結合と分離によって機械的に説明すること、またその結合と分離を愛と憎しみによって説明しようとすることは、思いつきとしてはなかなか面白いし、それなりに説得力もある。たしかに事物が生成するのは質料としての元素と元素が結合することによってであり、事物が消滅するのは結合していた元素と元素が分離することによってであり、また元素間のそうした結合と分離はひとえに愛と憎しみに因るのだという主張はわかりやすい。しかし、それは、本来、説明すべきものを何ひとつ説明してはいない。どうしてもともと独立している元素と元素が相互に結合したり分離したりするのか。もしそれが愛と憎しみに因るのだとすれば、その愛と憎しみはいったいどこから生ずるのか。どうして愛と憎しみという二つの対立的な原理を考えなければならないのか。おそらく、こうした素朴な疑問にエンペドクレスは満足な答えをあたえることはできないだろう。彼の考えは順序が逆転している。本来は、原因から結果が導出されなければならないのに、反対に、結果から原因が推論されている。元素自身はいかなる変化の原理も有しないとすれば、現実に見られる変化は何か元素の外にあるものによって説明されなければならない。それは質料因の外に運動因を認めることである。しかしそうした運動因はその存在の根拠をどこにも——それ自身の内にも、それ自身の外にも——見出すことはできない。というのも、もともとそれは窮余の一策にすぎなかったからである。つまりは一種のデウス・エクス・マキナであった。そしてこうした欠点は、大なり小なり、どの多元論者の思想にも認められる。けれどもエンペドクレスが万物の運動因として、たとえ不明瞭なものではあっても、「愛」と「憎」という精神的ないし理念的原理を導入したことは、古代ギリシア哲学の新しい展開を示すものといわなければならない。

土・水・火・空気が万物の元素（ストイケイオン στοιχεῖον）であるという考えは当時のギリシア人に一般的であったらしい。この点から見れば、エンペドクレスの思想は古代のギリシア人の通念を哲学的に体系化したものといえる。この場合、土は堅さを、水は湿気を、火は熱さを、空気は生命を、それぞれ象徴していると考えることができるだろう。これらは万物が有している基本的な性質であることは容易に認められる。あるいはまた、土は固体を、水は液体を、火は気体をそれぞれ代表していると考えることもできよう。万物はこれらの要素のどれか、あるいはそれらの結合と考えられる。そしてその場合は、空気は一般に運動を代表していると見ることもできるだろう。そう考えれば、万物は四元素から構成されているという主張はなかなか合理的であるともいえるだろう。

なお仏教では四大ということをいう。ここでいう「大」（mahā-bhūta）とは元素のことで、したがって四大は四元素と同様、万物を構成する四つの基本的要素のことである。具体的には土・水・火・風がそれであるが、これをエンペドクレスの四元素と比較すると、最後の元素である空気が風になっている。一般に、「風」（vāyu-dhātu）には動物を成長させる作用があると考えられているので、それが元素のひとつに加えられた理由であろう。しかし、こうした風の作用を、広義における運動や変化の原理と同性質であると考えれば、四元素説と四大説は容易に結びつく。だとすれば、これが、古代の人間の共通した自然観であったとも考えられる。

アナクサゴラス——種子（スペルマ）と理性（ヌース）

クラゾメナイのアナクサゴラス（Anaxagoras, 前五〇〇頃～前四二八）も、エンペドクレスと同様、不生不滅の永遠なる「有」のみが真実在であると考えたが、しかし彼は、エンペドクレスとは異なって、この「有」の数を有限ではなく、無限であると考えた。すなわちアナクサゴラスは、現実に見られる事物間の質的差異——形や色や味など——と同一の質的差異をもった無限に小さく、かつ無限に多くの有が存在すると考え、これらの有を万物の「種子」（スペルマ σπέρμα）と呼び、また「同質素」（ホモイオメレイア ὁμοιομερεία）とも呼んだ。それは今日でいう化学元素のようなものであろう。彼の説くところによると、この無限に多くの種子は一切の感覚的物質に内含されている。つまり「一切のなかには一切の部分がある」のである。しかるに、その感覚的物質が特定の元素名で呼ばれるのは、そのような性質をもった種子が他の性質をもったもろもろの種子よりも、その物質のなかにより多く含まれており、したがって優勢であるからにほかならない。

アナクサゴラスはこのような着想を食物の栄養の観察から得たものと思われる。われわれの食べる食物が骨や髪や肉になるとすれば、その食物はすでにそのなかに骨や髪や肉のような性質を部分的に含んでいなければならない。そうでないと、骨は骨でないものから、また髪は髪でないものから生ずることになり、不合理である。このような考えの根底には「無からは有は生じない」とするエレア的原理があることは否定できない。

では、このような根本的物質からの万物の生成はどのように説明されるか。アナクサゴラスは、エンペドクレスと同様、それを多なる有の場所的変化として機械的に説明しようとした。したがって、ここでも厳密な意味では生成や消滅は考えられていない。なぜなら何ものも生ずることもなければ滅することもなく、ただそれらが相互に結合したり分離したりするだけであるからである。それゆえにまた、この不動の有を動かす力が別個に考えられなければならない。エンペドクレスは「愛」と「憎」という二つの動かす力を考えたが、アナクサゴラスは万物の始動因として「理性」（ヌース νοῦς）を考えた。

アナクサゴラスによると、宇宙は最初すべての「種子」が混淆して無限に混沌とした状態にあった。この無秩序な宇宙の一点に、理性が旋回運動を起こさせることによって、さまざまな種子が分離し結合し、こうして万物が生成した。このように、アナクサゴラスの哲学の特徴は宇宙の動力因として初めてヌースという精神的原理を導入したことにある。それによって、また宇宙の秩序正しい運行が語られることになった。「かって有ったが今はないものも、現に有るものも、また将来、有るであろうものも、すべてヌースが秩序づけた」（『断片集』第2部、第59章B12）とアナクサゴラスはいっている。

しかし、このヌースは他のいかなるものとも混合せず、唯一にして独立的であり、もっとも純粋なものとしてとらえられているとはいえ、それはやはり物質的なものとして考えられていた。ということは、アナクサゴラスにおいてもまだ精神的なものを物質的なものから完全に切り離すことはできなかったことを示している。

アナクサゴラスの「理性」（ヌース）については、プラトンもアリストテレスも批判的である。プラトンは、『パイドン』のなかで、ソクラテスがアナクサゴラスのヌースの思想に大いに期待したが、実際はそれが事物の秩序と存在の原因とはならず、かえって物質的な空気や水をしてその原因としたことに大いに失望した旨を告白させ、またアリストテレスは『形而上学』のなかで、「理性を、宇宙創造の説明のために、ただ機械仕掛けの神として用い、物ごとがどのような原因で必然的にそうあるのかという難問で行き詰まった場合に、それをかつぎ出してくるが、その他の場合には、事物の生成の原因をすべて理性より以外のものに帰している」（『形而上学』985a20）と批判している。要するに、アナクサゴラスにおいては、理性はまだ独立した一個の原理とはならず、したがってまた純粋に理念的なものや精神的なものが万物の究極原理になってはいない。

ディオゲネス・ラエルティオスはアナクサゴラスについて、つぎのように伝えている。

アナクサゴラスは、ヘゲシブゥロスあるいはエウブゥロスを父とするクラゾメナイの人である。彼はアナクシメネスの弟子であり、また質料の上位に理性（ヌース）を設定した最初の人であった。読みやすく、しかも高邁な叙述がなされている彼の著作の冒頭にはつぎのように述べられている。「すべての事物は渾然としていたが、そこにヌースがやって来て、それらを秩序づけた」。そこから彼は「ヌース」と綽名されることになった。

彼は同質素（ホモイオメレイア）を万物の始元とした。というのは黄金が砂金と呼ばれている小さな粒子から構成されているように、万物も同質の小さな物体から合成されている、と彼は考えたからである。またヌースが運動の始元であった。そして物体のうちのあるもの、たとえば土は、重くて下方の場所を占めるし、あるもの、たとえば火は、軽くて上方の場所にとどまるが、水と空気とはその中間の位置にあるとした。つまりそんなふうに、水分が太陽によって蒸発させられて空気となったあとで、平たい大地が支えるようにしてその上へ海が沈んだというわけである。（『哲学者列伝』第2巻第3章）

宇宙は最初、混沌としていたが、そこに内部的要因から運動が生じて万物が生成したと考える点で、アナクサゴラスの思想はアナクシマンドロスのそれと共通点を有している。この点については、シンプリキオスは、アナクサゴラスの種子ないし同質素について説明したのち、つぎのように述べている。

こうしたことをアナクサゴラスは、アナクシマンドロスにそっくりの仕方で述べている。アナクシマンドロスがいうには、「無限なるもの」（ト・アペイロン）の分離に際して、類縁的なもの同士は寄り合い、万有のうちに黄金としてあったものが黄金となり、土としてあったものが土となる。これはその他のもののいずれについても同様であって、けっしてそれらが新たに生成するわけではなく、以前から内在していたのである。そして運動および生成の原因として、アナクサゴラスは「理性」（ヌース）を新たに設定し、それによって分離がおこなわれ、多数の宇宙世界やその他の諸事物の本性が生ずるとした。「したがって、かく解釈するならば（とテオプラストスはいう）、アナクサゴラスは、質料的な原因となるものを無限であるとし、運動因および生成の原因を理性（ヌース）という単一なるものとした、と考えることができよう。もっとも万物の混在は単一なるもので、形相的にも大きさにおいても無規定的なものと解するのであれば、彼は原理として無限なるものと理性とのふたつを主張していることになり、したがって明らかに物体的なる基本要素については、アナクシマンドロスとそっくりなものとしているのである。

（『断片集』第2部第59章A41）

原子論者——レウキッポスとデモクリトス　レウキッポス（Leukippos, 前五世紀頃）とデモクリトス（Demokritos, 前四六〇頃～前三七〇頃）レウキッポスとその弟子デモクリトスもまたエンペドクレスやアナクサゴラスと同様、不生不滅の多数の有を考えた。ただ後者との相違は、この有に質的な差異は認めず量的差異だけを認めたことと、この有を不分割的なもの、つまり「不可分割者」（アトモン ἄτομον）と考えた点にある。それゆえに彼らの思想は「原子論」（アトミズム atomism）と呼ばれる。原子論の創始者はレウキッポスであるが、彼は著作を残していない。原子論を理論化し体系づけたのはデモクリトスである。

原子論者によれば、宇宙には質的に同一な無限に多くの「原子」が存在する。原子はそれ以上分割できない微粒子であるが、それぞれの大きさと重さと形をもっており、したがって量的に区別される。ところで質的に同一な無数の原子が相互に量的に区別されるためには原子と原子を隔てる「虚空間」（ケノン κενόν）がなければならない。原子が充実した有であり、何ものもそのなかに入っていくことができないのに対して、虚空間は文字どおり充実せざる空虚なものである。そしてこの虚空間があるために、それぞれの原子は移動することができ、また相互に結合したり分離したりすることができる。このように空虚なものの存在を承認した点で、彼らはエレア的原理に鋭く対立している。原子論者にとって「非有は有に劣らず存在する」のである。

さて原子は物質の最小の構成単位であり、すべての物質は原子の合成体である。そうしてそれぞれの物質は原子の合成の形態、配列、位置などによって相互に区別される。物質そのものに内属しているのは大きさと重さと硬さのみであって、色・味・香のごときは物質そのものに内属しているのではなく、われわれの感覚による主観的な印象にすぎない。ここにもそれぞれの質的差異を捨象して量的差異のみを承認しようとする彼らの一貫した態度が見られる。

しかし原子論者と彼らの思想上の先行者であるエンペドクレスおよびアナクサゴラスとのもっとも大きな差異は、後者が不生不滅の有を不動のものと考え、それらを動かすものとして外部の力を想定していたのに対して、原子論者はこの有みずからが運動すると考えた点である。彼らによると、アトムは虚空間を通して移動し、相互に結合したり分離したりする。また、それによって万物は生成し消滅するのである。ここには他の多元論者に見られたような質料因と運動因との間の二元論はない。原子は万物の質料因であると同時に運動因でもある。

けれども原子が運動できるのは、そこに自由に入っていける虚空間があるからである。したがって、この点ではやはり二元論的要素は残っているといえる。しかも彼らは、いったい原子は何ゆえに運動できるのか――それは原子のもつ重さによるのか、それとも別の理由によるのか――を明らかにしていない。彼らはただ「必然によって」と述べているだけである。原子論者は万物の生成についての機械的説明を、エンペドクレスやアナクサゴラスよりもはるかに整合的におこなってはいるが、しかし彼らにおいてもエレア的「有」の原理とヘラクレイトス的「成」の原理が相互に有機的な連関をもって綜合・統一されるまでにはいたっておらず、両原理の単なる折衷ないしは並置に終わっている。けれどもその反面、彼らの徹底した量的・機械的自然観はやがてエピクロスに受けつがれ、さらには近代の自然科学に多大の影響をあたえた。

デモクリトスの原子論については多くの人が注釈や解説をおこなっているが、比較的まとまっているのはディオゲネス・ラエルティオスのそれである。

デモクリトスの学説は以下のようなものである。万物全体の始元（アルケー）はアトムと空虚（ケノン）であり、それ以外のものはすべて始元であると信じられているだけのものにすぎない。そして世界は数限りなくあり、生成し消滅するものである。また何ものも有らぬものから生ずることはないし、あらぬものへと消滅することもない。さらにアトムは大きさと数において限りのないものであり、それらは万有のなかを渦を巻いて運ばれているのである。そしてそのようにしてすべての合成物を、つまり火や水や空気や土を生みだすのである。なぜならこれらのものもまた、ある種のアトムの集積物だからである。また、これらのアトムが作用を受けぬもの、変化しないものであるのは、それらが堅固な性質のものだからである。また太陽や月は、それらにふさわしい滑らかで球形の塊（アトム）から合成されているし、魂（プシュケー）もまた同様である。そしてその魂はまた「理性」（ヌース）と同一のものである。また、われわれが物を見るのは、（対象から生ずる）「影像」（エイドーロン εἴδωλον）

が（われわれの眼の上に）落ちてくることによるのである。また万物は必然（アナンケー ἀνάγκη）によって生ずるのであるが、それは彼が「必然」と呼んでいる「渦動」（ディーネー δίνη）が、万物の生成の原因だからである。

（『哲学者列伝』第9巻第7章）

これを見ると、デモクリトスはエンペドクレスのいう四元素もまたアトムによって合成されたものであって、アトムは四元素の始元（アルケー）であり、また霊魂やヌースもまた球形のアトムによって合成されたものと考えていたことになる。さらにはこの「球形のアトム」という考え方にはアナクサゴラスの「種子」（スペルマ）との類似点が見られる。しかしながら量的な区別のみあって質的な区別のないアトムからどうして質的に異なった四元素が生じたり、また量的に規定されない霊魂やヌースが生ずるのかは不明である。原子論には、このような細部における矛盾が見られるが、いずれにしてもデモクリトスの思想はエンペドクレスやアナクサゴラスのような多元論者の考えを基にしながら、さらにそれらの思想を徹底していったものと考えることができるだろう。

原子論者のいうように、万物は多数の原子の結合によって生成し、また分離によって消滅するとすれば、それは人間においても当てはまらなければならない。するとわれわれ人間と他の存在者は質的に何の相違もないことになるだろう。原子は質的に同一であって、ただそれは重さと大きさと形態が異なっているだけだとすれば、その合成体である人間と他の存在者との相違もまた、その重さと大きさと形態の相違であるということになるだろう。そこに精神的要素が介入する余地はまったくない。また原子論によれば、おそらく人間の生死もまた原子の結合と分離によって説明されるだろうから、すべての人間は有限であるとともに無限であり、可滅的であるとともに永遠であり、不死でさえあるともいえるだろう。というのも原子そのものは生ずることも滅することもないのだから、その合成体である人間もまた究極的には生ずることもなければ滅することもないことになるだろうからである。原子論者は万物を物質的原子によって単に量的に説明することによって、世界における質的に異なった精神的要素をまったく排除する結果となった。少なくとも彼らの自然の考察においては、万物と質的に異なった人間という観念はまったく廃棄されてしまっている。

アリストテレスは原子論者の思想についてつぎのように解説している。

レウキッポスとその仲間のデモクリトスとは、「充実体」（アトム）と「空虚」とがすべての構成要素であると主張し、前者を「有るもの」（存在）だといい、後者を「有らぬもの」（非存在）だといった。すなわちこれらのうちの充実し凝固しているもの（固体すなわちいわゆる原子）は有るものであり、空虚で希薄なものは有らぬものだとしている（だから彼は「有らぬものは有るものに劣らず有る」ともいっている、というのは空虚の有るは物体（充実体）の有るに劣らず、との意である）、そしてこれらをすべての事物の質料としての原因であるとしている。なおまた、先に基体としての実体を一つであるとした人々が、他のすべての事物の生成をそれの受動態（様態）であるとし、この受動態の原理として希薄と濃縮とをあげたように、同じ仕方で彼らもまた、その（充実体相互の）差別を他のすべての受動態の原因であるといっている。ところで彼らの説によると、その差別に「形態」と「配列」と「位置」との三つがある。というのは彼らは、いずれの存在（充実体）もただそれの恰好と並び具合と向きとだけで差別されるといっているが、ここで格好というのは形態のこと、並び具合というのは配列のこと、向きというのは位置のことだからである。たとえばAとNとは形態により、ANとNAとは配列により、ΙとHとは位置によって差別される。さて運動については、それが何から始まり、またどのように諸存在のうちにおこるのか、他の人々とほとんど同様に彼らもまた顧みないで放置した。

（『形而上学』985b4-19）

原子論者の欠点は運動の原因が明確に説かれていない点にあるという、アリストテレスの以上のような指摘はそのとおりだろう。ヘラクレイトスを除いては、ソクラテス以前の思想家のなかで運動や変化をまともにあつかった思想家はいなかった。せいぜい臆見（ドクサ）として斥けられるか、位置の変化ないし結合と分離によって機械的に説明されるかであった。運動は積極的な原理となってはいない。たいていの思想家は、アルケーそのものは永遠不動であり、不生不滅であると考えている。これもまたギリシア的思惟方法の特質に数えられるだろう。

ソクラテス以前の哲学の回顧

ソクラテス以前の哲学を回顧して、イオニア学派の哲学は全体として万物の究極原理を水や空気や火のような質料的要素にもとめているのであるから、今日の用語でいえば唯物論であるともいえる。しかし上述したように、彼らにおいては、アルケーは同時に生命の原理とも考えられているので、単純に唯物論とは呼べないところがある。今日の分類法をそのままギリシア哲学に適用するのはよほど危険である。

全体としていえることは、この時代の哲学者は、今日でいう唯物論とか観念論とかの違いを問わず、まず直接に経験するものや目に見えるものを根本原理とする考えから出発して、しだいに目に見えるものの奥にあるものや背後に隠れているものに目をむけるようになった。同じく唯物論といっても、単純に水や空気を原理とする考えから、しだいにそうした原理の組み合わせに目を向け、究極的には目には見えない原子（アトム）や種子（スペルマ）のような微粒子を根本原理と考えるようになった。同じく観念論でも、具体的な数や比例を原理とするものから抽象的で普遍的なヌースやロゴスのような精神的原理をアルケーと考えるようになっていった。われわれはそこに哲学的思索の進歩を見ることができる。

また、万物のアルケーについて、ソクラテス以前の哲学者の考えはまちまちであるが、それでもそれを不生不滅の永遠な存在と考えている点では共通している。それは今日の用語でいえば、実体的なものであって、それ自身の存在を他の何ものにも依存していない。無論、そうでなければアルケーとは呼べないだろう。しかし、そうした考えはおよそ世界のなかに何ひとつ自性的なもの（西洋哲学の用語でいえば実体的なもの）の存在を認めず、一切のものを縁起によって生滅するものと考えた東洋的、とくに仏教的な考え方と鋭く対立している。それは実体の哲学であって、関係の哲学ではない。自性《じしょう》の哲学であって、縁起の哲学ではない。

さらに、この万物の根源からの一切のものの生成については、それを実体の内なる原理にもとめるもの、あるいは反対に、その外なる原理にもとめるもの、さらにはそのいずれでもない中間的なものにもとめるもの等、多種多様であるが、一般に、そうした宇宙における生成と消滅は機械的に、あるいは詩的な象徴によって説明される場合が多く、この点についての科学的な考察はきわめて希薄であるといわなければならない。それはともかく、こうした経緯をへてソクラテス以前の自然哲学は、やがてアテナイ期の古典哲学へと移行していった。

注

（1） H. S. Long, *Diogenis Laertii Philosophorum*, 2 vols., 1964, Oxford Classical Texts. ディオゲネス・ラエルティオス『ギリシア哲学者列伝』（加来彰俊訳）岩波文庫、一九八四〜九四年。ただし引用分は訳文どおりではない。以下、『哲学者列伝』と略記する。

（2） H. Diels-W. Kranz, *Die Fragmente der Vorsokratiker*, 3Bde. 1951-52, Berlin.『ソクラテス以前哲学者断片集』（内山勝利編訳）、岩波書店、一九九六〜九八年。ただし引用文は訳文どおりではない。以下、『断片集』と略記する。

（3） John Burnet, *Early Greek Philosophy*, 1982. バーネット『初期ギリシア哲学』（西川亮訳）以文社、一九七五年。ただし引用文は訳文どおりではない。

（4） *G. W. F. Hegel Werke in Zwanzig Bänden 18. Vorlesungen über die Geschichte der Philosophie 1*, Suhr Kamp Verlag, 1971, S. 295.『ヘーゲル全集』11『哲学史』（上巻、武市健人訳）岩波書店、一九三四年、三三六頁。ただし、引用文は訳文どおりではない。以下、『哲学史講義』と記す。

（5） Eduard Zeller, *Grundriss der griechische Philosophie*, 1883. ツェラー『ギリシャ哲学史綱要』（大谷長訳）未來社、一九五五年。ただし引用文は訳文どおりではない。以下、『ギリシャ哲学史綱要』と記す。

第2章　プラトンのイデア論

1　イデア論の梗概

「有」の原理と「成」の原理

ソクラテス以前の哲学者たちは、こぞって「自然」について探究した。アリストテレスは彼らを「自然学者たち」（ピュシコイ Φυσικοί）と呼んでいる（『形而上学』986b14）。彼らは世界が何でできているか。世界は何によって動いているか。存在と生成の原理は何であるかを探究した。要するに宇宙のアルケー（究極原理 ἀρχή）をもとめた。ミレトス学派の人々は主として万物の質料因を尋ね、それを「水」（タレス）であるとか、「ト・アペイロン（無限なるもの）」（アナクシマンドロス）であるとか、あるいは「空気」（アナクシメネス）であるとかいった。彼らは世界が何でできているか、その材料を探究したが、それは同時に生命の原理でもあると考えられている。また、そこでは存在の原理と生成の原理が明確には区別されていない。たとえば存在の原理としての「水」は不生不滅であり、恒常不変なものであるのに対して、生成の原理としての「水」はみずから変化するものであり、生成し消滅するものでなければならないが、ミレトス学派の人々は両原理を明確に区別することなく、自分たちの思想のなかに取り入れている。

これに対してパルメニデスを中心とするエレア学派の人々は、唯一不変の「有」（ὄν）のみが存在し、生成や変化はわれわれの感覚にあらわれる「臆見」（ドクサ δόξα）にすぎないと考えた。彼らの主張によれば、一切のものは「有るか、有らぬか」のどちらかであるが、「有らぬもの」（メー・オン 非有 μὴ ὄν）は考えることも見ることもできない。しかるに生成や変化は、そのなかに非有（無）を持ち込むことになるので、有の原理と矛盾するというのである。これに対してヘラクレイトスは「万物流転」（パンタ・レイ πάντα ῥεῖ）を説き、生成変化する世界こそ実在の世界であって、世界のなかには不変なるものや静止したものは何ひとつとしてないと説いた。

けれどもパルメニデスは、一方では、「有」のみが存在すると説きながら、他方では、たとえそれが死すべきものどもの臆見としてではあっても、ともかく生成し変化する世界の存在を認めた。またヘラクレイトスは不断に生成し変化する世界を実在と考えたが、そうした世界の根柢に恒常不変なロゴスの存在を想定していた。

これにつづく多元論者たち（エンペドクレス、アナクサゴラス、デモクリトス等）は、この「有」の原理と「成」の原理を調停しようとした。彼らの主張はさまざまであるが、そこに共通しているのは、不生不滅の多なる「有」を実在とし、それらの相互の結合と分離によって世界における生成と変化を機械的に説明しようとしている点である。しかしそれは真の意味での解決というにはほど遠いものであって、実際は、一と多、有と非有（無）、存在と生成といった二項的対立物の単なる折衷もしくは並列に終わっている。けれどもその思想のなかには、世界の根本原理について、従来の質料因と生成因（運動因）のほかに形相因や目的因などに関する思想が内含されている。

さてパルメニデスに代表される「存在」（ウーシア οὐσία）の原理とヘラクレイトスに代表される「生成」（ゲネシス γένεσις）の原理をあらたな角度から綜合・統一しようとしたのがプラトンである。多元論者たちは二つの原理をそれぞれ万物の質料因と運動因とに振り分けることによって、同一世界の内部でそれらを調停しようとしたが、プラトンは両原理の支配する二つの世界の存在をともに承認し、その内的連関を明らかにすることによって両原理の調停をはかろうとした。つまり彼は不生不滅の有を真実在とするエレア学派の見地に立ちながら、しかも感覚にあらわれる生成や消滅の世界を事実として承認したのである。

二世界説

一般にプラトン以前の哲学者たちにおいては、現実の物質的世界が唯一の世界であり、そこでは、観念的・形相的なものは、まだ物質的・質料的なものから完全に切り離されてはいなかった。したがって彼らの思想は、今日の用語でいえば、いずれも唯物論的であったといえる。たしかにピュタゴラスやエレア学派の思想には論理的・観念的要素が多々見られるが、それでも彼らのいう「数」や「有」はなお物質的なものであったのである。しかるにプラトンははじめて観念的・形相的なものを物質的・質料的なものから完全に分離して、永遠不動の超越界（イデア界）と生成流転する現象界とを対置した。これを「二世界説」（Zweiwelttheorie）という。こうしてプラトンにおいては、存在と生成との関係は「形相的なもの」ないしイデア界と「物質的なもの」ないし感覚界との関係として置き換えられ、また前者が真知の対象とされた――もっとも、後述するように、感覚界は単に物質的なものではなく、同時に形相的なものをも含んでいる。したがって、ここにはじめて真の意味での「形而上学」（metaphysica）が哲学の中心問題としてあらわれた。

イデアの語源

プラトンの哲学は一般にイデア論と呼ばれている。ἰδέα とは、ἰδεῖν（見る）という動詞から由来した言葉で、原義は「見られたもの」というくらいの意味である。プラトンはこの言葉を「理性」（ノエーシス νόησις）によって直観されたものという意味で用いた。彼によれば、感覚（アイステーシス αἴσθησις）によって見られたものは「臆見」（ドクサ δόξα）であるのに対して、理性によって見られたものは「真知」（エピステーメー ἐπιστήμη）である。したがってイデア界は真理の世界であり、感覚界は臆見の世界である。けれども見られるものはまた形のあるものでなければならない。それゆえイデアは単に抽象的・論理的なものではなく、また具体的な形をもったもの、すなわち形相（エイドス εἶδος）と考えられなければならない。ソクラテスは事物——とくに倫理的対象——の概念的定義をもとめた。たとえば個々の「正しいもの」や「勇敢なもの」に対して、「正義そのもの」や「勇気そのもの」を、いいかえれば正義や勇気の本質をもとめた。しかし彼はあくまでもそれを純粋に思惟の対象としてのみ考え、けっして実在とは考えてはいなかった。これに対して弟子のプラトンは、これを客観的実在と考え、イデアと呼んだ。ここには「存在するもののみが考えられうる。したがって、思惟と存在とは同一である」と説くエレア的原理が継承されている。こうしてイデアは真知の対象であり、「真実在」（オントース・オン ὄντως ὄν）であると考えられた。したがって「存在するもの、真実なもの、不変なものの概念的把握に関する学」である「弁証法」（ディアレクティケー διαλεκτική）は必然的にイデア論となる。

イデアとは何か

ではイデアは具体的にはどのような性格をもったものであろうか。一例をもってこれを説明してみよう。現象界には多くの美しいものや、また円い形をした多くのものがある。しかしこれら美しいものや円いものは、いずれも美それ自体でもなければ、円それ自体でもない。それらはどれも不完全なものであり、また絶えず変化するものである。これに対して完全でつねに自己同一的な美しいもの、あるいは円いものがプラトンのいうイデアである。それゆえイデアは現象から離れた永遠不動の非物質的な存在であるとともに、多くの対象に共通した一般者であり、美しいものを美しくあらしめ、円いものを円くあらしめている「本質」であり、「形相」である。しかしそれは単なる概念や定義のようなものではなく、客観的に実在するものであって、事物の自体的存在もしくは存在者の存在性である。さらに、それは事物の原型あるいは範型（パラデイグマ παράδειγμα）になるものであり、またその「理想」である。そして現象界における諸々の事物はイデアの「模倣」（ミメーシス μίμησις）であり、「似像」（エイコーン εἰκών）にすぎない。

　プラトンのいうイデアはこのように論理的、存在論的、目的論的な性格をもつものであった。けれどもイデアがこのように多様な意味をもつということは、たしかにイデア論の思想的豊饒さを示すものではあるが、しかしその反面、それは体系上の不整合をもたらす原因ともなっている。なぜなら論理的意味でのイデアと目的論的な意味でのイデアとはまったく一致するとはかぎらないからである。イデアは、論理的な意味では、多なる対象における共通的一般者、すなわち「多における一」の性格をもったものであるから、現象における共通した事物の数だけイデアも存在しなければならない。それなのにプラトンは無価値なもののイデア——たとえば塵とか汚物とかのイデア——の存在を否定した。というのもイデアは単なる事物の一般的本質という論理的な性格ばかりでなく、事物の模範とか理想とかいった目的論的な性格もあわせもっていたからである。とにかくプラトンはイデアの範囲に関しては定見をもたず、彼の考えはたえず動揺していたように思われる。アリストテレスによれば、晩年のプラトンはイデアの範囲を自然物の種にかぎったという。

善のイデア

イデア界の内的構造、すなわちイデアとイデアとの関係については、プラトンは明確な説明をあたえていない。ただ彼はもろもろのイデアのなかで「善のイデア」（ἡ τοῦ ἀγατοῦ ἰδέα）を最高のイデア、「イデアのイデア」として考えていた。そしてこの善のイデアを、有名な「洞窟の比喩」や「太陽の比喩」において、一切の存在と真理の原因であると説いているが、それははなはだ具体性に乏しいものである。また諸々のイデアを善のイデアから導き出してもいない。元来、イデアは事物の本質ないし原型であるのだから、その完全性という点では諸々のイデアの間に価値序列があるとは考えがたい。それにもかかわらずプラトンが善のイデアを最高のイデアと考えたことは少しく不合理であるけれども、おそらくそれはイデア論がもともと実践的見地から考え出されたものであったという理由によるのであろう。そしてこの点では、プラトンはソクラテスの忠実な継承者であったといえる。

分有と臨在

イデア界と現象界との関係については、プラトンはいわゆる「分有」と「臨在」の概念でもって説明している。たとえば現象界のあるものが美しいといわれるのは、それが美のイデアを「分有」（メテクシス μέθεξις μετέχειν）しているからであり、これを逆にイデアの方から表現すれば、美のイデアがその個物に「臨在」（パルーシア παρουσία παρεῖναι）しているからである。そして美のイデアそのものは不変不動であるのに対して、現象の個物が生成変化するのは、後者が他のイデアを分有することによって美のイデアから離れるからにほかならない。こうしてイデア界と現象界との関係が一応矛盾なく説明されてはいる。けれどもプラトンは個物がどうしてイデアを分有することができるのか、あるいはまたイデアがどうして個物に臨在するのかについては何ら説明をあたえていない。この点で分有（臨在）の思想は、アリストテレスが批判しているように、単なる「詩的な比喩」にとどまっており、具体性に乏しいことは否定できないだろう。元来、イデアは現象界から「離れてある存在」であると考えられているので、そうした超越的なイデアの世界と現象の世界との内的連関を説明することは、きわめて困難な課題であったと考えられる。

プラトンは最初の頃はイデアを万物の運動因（起成因）と考えていたようであるが、しだいにイデアを形相因ないし目的因と考える方向へ力点を移動せざるをえなくなった。したがってイデアと現実の個物との関係は原型（範型）と模像との関係になり、個物はイデアの不完全な「模倣」（ミメーシス μίμησις）であり、反対にイデアは個物の永遠なる理想として「思慕」（エロース ἔρως）の対象となった。これが、プラトンが分有と臨在の概念によってあらわそうとした内容である。

質料と非有

しかし、では個物の不完全性はいったい何に由来するのであろうか。プラトンはその原因を個物のもつ質料（物質）的要素にもとめている。イデアが純粋な形相であるのに対して、個物はいわば形相と質料との「混合」（メイクシス μεῖξις）であり、あくまで質料から離れることができないところに個物の不完全性の原因がある。それゆえ厳密な意味では、イデアと対立するのは現象の個物ではなく、質料（物質）である。プラトンはこの質料を「非有」（メー・オン μὴ ὄν）と呼んだ。それは形状を有しない無限定なものであり、この空虚な普遍的「空間」あるいは「場所」（コーラ χώρα）がイデア（形相）を受容することによって、現象界の個物が生成するのである。『ティマイオス』では、

「製作者」（デミウルゴス δημιουργός）はイデアを眺めながら、それに模して無限定な質料から自然を造ったと説明されている。

このようにして永遠で超越的なイデア界と有限で可変的な現象界とが並立することになった。プラトンの立場はエレア学派に近いけれども、しかし彼らのように感覚的世界を非有とは考えなかった。しかも注目すべきは、イデア界と現象界とが単に論理的・存在論的関係に立っているばかりでなく、理想界と現実界といった実践的・目的論的関係に立っていることである。ここに、ギリシア哲学史上はじめて観念論があらわれたといってよい。

2 『パイドン』におけるイデア論

初期著作におけるイデア論

プラトンのイデア論は主として中期の著作『パイドン』や『国家』あるいは後期の著作『パルメニデス』や『ティマイオス』にまとまった形で提示されているが、しかしその雛型というか思想の萌芽は彼の初期の著作に見られる。一般に、初期の著作はソクラテスの影響が強いと考えられているが、これらの著作には、個々の徳目や美について普遍的な定義をあたえることを目的としたものが多い。たとえば『カルミデス』は「節制」（ソープロシュネー σωφροσύνη）について、『リュシス』は「友愛」（ピリア φιλία）について、『ラケス』は「勇気」（アンドレイア ἀνδρεία）について、『エウテュプロン』は「敬虔」（ホシオス ὅσιος）について、『ヒッピアス（大）』は「美」（カロス κάλλος）についてて、それぞれ普遍的な定義をもとめている。それらはいずれも、ある種の事象に共通した一般的な性格や本質を明らかにしようとするもので、後のイデア論につながるものであるが、そこで定義された「節制」や「勇気」などの徳目や美はあくまでも概念であって、客観的な実在として考えられているわけではない。

『パイドン』におけるイデア論

プラトンの著作中、イデアが最初に説かれているのは中期の『パイドン』においてである。この対話篇は「霊魂について」という副題がついているように、霊魂をめぐる諸々の問題すなわち霊魂の浄化、死の練習、霊魂の不死性あるいは不滅性、認識の想起説などが論じられているが、そのなかでイデアあるいはエイドス（形相）について本格的な議論が展開されている。

本篇において、プラトンは「正しさ」や「美しさ」や「善」がそれ自体（アウト αὐτό）としてあること、そしてそれはそれぞれの存在の「本来的なもの」（実体・ウーシア οὐσία）であり、純粋なものであることを述べ、一般に、「美しいもの」や「正しいもの」や「善なるもの」は、こうした「正」自体、「美」自体、「善」自体を「分有」（共有・メテクシス）しているから、あるいは反対に後者が前者に「臨在」（現在・パルーシア）しているからだと語っている。たとえば「美しいものは、すべて美によって、美しくあらしめられて」いるのであり、「美によって、美しいものは美しい」のである。そしてこうした美そのもの、すべて美しいものを美しくあらしめている当のものを「形相」（プラトンはイデアとかエイドスとかいう言葉を用いているが、その意味内容に異同はない。まったく同一の意味で用いている）と呼んでいる。ここでは、イデアは感覚的な存在の原因ないし根拠として、あるいは自己同一性ないし不変性という性格をもったものとして語られている。

このことは、さらに「大」や「小」についてもあてはまる、とプラトンはいう。およそ「大」については、「それ自体として大なるもの」と「われわれの内にある大なるもの」とがある。これは「小」についても同様である。

しかるに「われわれの内にある大なるもの」は事物を比較することによって生ずるものであるから、それは同時に小なるものであることもある。たとえば「シミアスは、ソクラテスよりは大きいが、パイドンよりは小さい」という場合、シミアスは大なるものであると同時に小なるものであることになる。その場合、シミアスはシミアスであることによって、あるいはシミアス自体として大なるものであるのでもなければ、小なるものであるわけでもない。シミアスがたまたま持つにいたった「大」ないし「小」によってそうであるのである。ここでも、分有と臨在の観念は堅固であり、自己同一性の観念も堅固である。というのは、プラトンは、「それ自体として大なるもの」だけでなく、また「われわれの内にある大なるもの」も、自分自身が反対のものによって凌駕されることをのぞまず、反対のものが迫ってくるときには、自ら立ち去るか、滅んでしまうか、そのいずれかを選択するからであると述べている。少し分りにくい表現ではあるが、大は小になることをのぞまず、どこまでも大として自己同一性を堅持するということであろう。「反対性それ自身は、自分と反対の、〔他方の〕ものとなることはけっしてない」（103C）とプラトンは述べている。現実に「見られるもの」である「大なるもの」と「小なるもの」とは別個に、独立した超越的な「大」自体と「小」自体が実在し、「見られるもの」は、あるときは「大」のイデアを、またあるときは「小」のイデアを分有する、というのが『パイドン』におけるプラトンの考えであった。

さらに、プラトンは二とか三とか、あるいは偶数とか奇数とかいった数的観念についてもイデア原因説を説いている。たとえば二は偶数であるが、偶数は必ずしも二ではない。同様に三は奇数であるが、奇数は必ずしも三ではない。その場合、二は奇数と反対関係にあるわけではないが、だからといってその奇数性を受けいれることはない。同様に、三は偶数と反対関係にあるわけではないが、だからといって偶数性を受けいれることはない。

そしてこうした考えは霊魂の不死説に結びつけられている。プラトンは問う。数が奇数となるのは、そこに何が生じてくるからなのか、と。答えは、そこに一が生じてくるからである。では身体が生命あるものとなるのは、何がそこに生じてくるからなのか。答えは、霊魂が生じてくるからである。ということは、ちょうど一がつねに奇数をもたらすものとして、やってくるように、霊魂はつねに生をもたらすものとして、やってくる。ところで生の反対は何であろうか。それは死である。だとすれば、先に述べたように、反対性はその反対になることはけっしてないのだから、霊魂は死を受けいれることはけっしてない。したがって霊魂は不死なるものである。ちょうど三は偶数とはならず、奇数が偶数になることはないのと同様、また火が冷たいものとはならず、火の内にある熱性が冷とはならないのと同様、不死なるものがまた不滅であるとすれば、死が霊魂に迫ってくるときに霊魂が滅びるということはない。

このようにプラトンは「大」と「小」、「奇数」と「偶数」のような反対性は、それ自体、その反対になること、たとえば「大」が「小」になったり、「奇数」が「偶数」になったりすることはけっしてないということ、また同様に、「二」や「三」のようなそれ自体は「偶数」の反対ではないものも、「偶数」になることはけっしてないということから、つねに「生命」をもたらすものとしてやってくる「霊魂」は、「生命」の反対である「死」を受けいれることはけっしてない、ゆえに霊魂は不死であり不滅である、と論結している。ここには、なお「霊魂は生命をもたらすものである」という前提自身の当否についての検討が課題として残っているように思われるが、ともかくプラトンは彼のイデア論、とくに（感覚的世界に対する）その原因性と自体性あるいは自己同一性というイデアの性格から霊魂の不死説を結論づけているのである。

事物の超越的標準としてのイデア

『パイドン』では、感覚的事物とイデアとの因果関係が主たるテーマになっているといえるだろう。感覚的諸事物のなかに何か共通したものがあるとすれば、それは何か同一の原因を有していると考えなければならない。たとえば異なったものが、円い時計とか、円い屋根とか、円いボールとかいったように、いずれも円いといわれるのは、それらの事物が共通して円いという性質を有しているからだと考えられる。だとすれば、それらの事物に円いという性質をあたえる客観的な標準がなければならないだろう。しかもそうした標準は感覚的な事物の外に、超越して存在しなければならないことになる。そうでないと、異なった事物がともに円いといわれる理由が説明できないからである。ある種の感覚的事物は、こうした外的に超越的な標準に照らしてはじめて円いといわれるのである。そしてこの超越的な標準こそが、ほかでもない円のイデアなのである。現実の円い事物は、いずれも不完全ではあっても、また可変的で可滅的ではあっても、ともかくその標準たる円のイデアの性質を分有することによって、あるいはこれをイデアの側からいえば、円のイデアがそうした事物に臨在することによって、はじめて円いという性質を得ることができるのである。

以上がイデア論の最初の形態である。ここでは、再三述べたように、イデアは主として感覚的事物の存在の原因ないし根拠として語られているが、正確にいえば、イデアは感覚的事物や性質の物理的原因としてではなく、もっぱらその論理的根拠として語られている。プラトンにおいてはイデア界と感覚界を結ぶ確固とした媒介項が欠けている。イデア界から感覚界が時間系列に即して必然的に生成して来るのではなく、イデアはつねに感覚的事物の存在の永遠なる論理的根拠として語られているのである。

3　『国家』におけるイデア論

太陽の比喩

「正義について」という副題をもった『国家』においては、プラトンは正義についての種々の見解の検討から始めて、国家の守護者がもつべき自然的素質、守護者の教育の仕方とその内容、守護者の遵守すべき規範や任務等を検討し、ついで国家（ポリス πόλις）と国民（ポリテース πολίτης）の徳である「知恵」「勇気」「節制」「正義」の定義、いわゆる「四主徳説」に論及し、さらには理想国家のあり方や哲人王思想について語ったあと、「善のイデア」について、いわゆる「太陽の比喩」「線分の比喩」「洞窟の比喩」など多くの譬喩を用いて語っている。

知識と真理の原因である「善のイデア」を、物が見られることとの原因である太陽に譬えたのが「太陽の比喩」である。われわれは視覚によって物を見るが、しかし視覚と対象だけでは物は見えない。そこに第三の契機として光が介在しなければ、どのような物の形も色もけっして見ることはできない。光はわれわれに物をもっともよく見るようにさせ、物をもっともよく見られるようにさせる。そしてこの光の原因は太陽であるから、結局、太陽が視覚と物が見られることとの真の原因であることになる。視覚あるいは目は太陽そのものではないが、感覚器官のなかではもっとも太陽に類似したものであり、目は見るという機能を、あたかも太陽から注ぎ込まれるような形で所有している。また太陽は、それ自身は視覚でもなければ目でもないが、視覚の原因であり、また視覚によって見られるものの原因である。

感覚的世界において、太陽が「見るもの」（視覚）と「見られるもの」（物）に対して有しているこのような関係を、「善のイデア」が知識的世界において、「知るもの」と「知られるもの」に対して有している関係に準える。ちょうど陽光が対象を明るく照らし出し、夕闇が対象をぼんやりと霞ませるように、霊魂が「真」と「有」を照らしているものに向かう場合は、対象に真理性があたえられるが、反対に生成・消滅するものに向かう場合は、「臆見」にとらわれて真理から離れてしまう。この意味で、知性が向かう「善のイデア」はすべての知識と真理の原因であり、それは認識主体に対しては正しい認識機能を提供し、また認識対象に対しては真理性を提供する。まさしく「善のイデア」は知識と真理の原因である。

ここでプラトンが善のイデアと呼んでいるのは、知識と真理の原因ないし根拠と考えられるから、それは善のイデアではなく、「真のイデア」と呼ぶべきであろう。しかしプラトンはそれを善のイデアと呼んでいる。またそれを単なる知識や真理をも超越したものであると考えている。そのことは、あたかも光と視覚を太陽に似たものと考えるのは正しいけれども、それを太陽そのものと考えるのは正しくないのと同様だというのである。「知識と真理は善に似ているけれども、それらをそのまま善と考えるのは正しくない。善のあり方はそれよりももっと貴重なものである」（508E-509A）。

同様に、存在や実在も、この善のイデアによって根拠づけられている。それらはそれ自体で善のイデアと同一なのではなく、その位格においても能力においても、善のイデアはそのような実在（イデア）

のさらに彼方に超越している、とプラトンはいう。もともとイデアは物の本質であり形相をいうのであるから、物の種類の数だけイデアも存在することになり、またそうしたイデア相互の間に上下優劣の関係があるわけではない。それなのに、ここでは、プラトンはあらゆるイデアを超越したイデア、いわばイデアのイデアともいうべきものを考え、それを「善のイデア」と呼んでいる。そしてそれを、さし当りはあらゆる知識と真理の根拠と考えている。

線分の比喩

さて、この「太陽の比喩」につづいて、思惟によって「知られるもの」と感覚によって「見られるもの」との関係が「線分の比喩」によって語られている。プラトンは既述した「善のイデア」を可知界の原因とし、また「太陽」を可視界の原因として、両者の関係をこの「線分の比喩」でもって説明しようとしているが、しかし実際に「線分の比喩」によって示されているのは、可知的世界における知性と悟性、可視的世界における感覚と影像の相互関係もしくはそれらの真理性の度合いであって、両世界の原因としての善のイデアと太陽の超越性でもなければ、両者の相互の関係でもない。この意味で、「線分の比喩」は若干、前後の脈絡から逸脱した感を免れず、事実、それはただ提示されただけで、そこから何の論理的展開も、あるいは何らの帰結も示されてはいない。単なる付録的な意味合いが強い。ただプラトンが一般に思惟的世界と感覚的世界、可知的なものと可視的なもの、範型と似像、原物と影像の関係をどのように考えていたのかが、この比喩によってよく示されている。

では「線分の比喩」とはどのようなものであろうか。

ここに一つの線分（AB）があるとする。今、この線分を長さが異なる二つの部分（AC、CB）に切

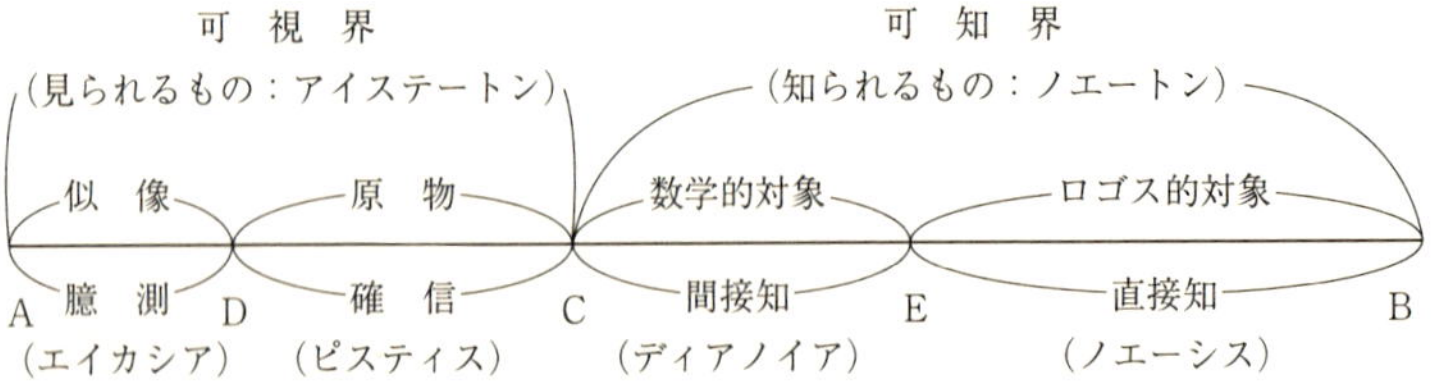

AC：CB＝AD：DC＝CE：EB

断する。つづいて線分ACを同じ比例（AC：CB）にしたがって二つの部分（AD、DC）に切断する。その場合、ACは「感覚によって見られるもの」（アイステートン αἰσθητόν）であり、CBは「思惟によって知られるもの」（ノエートン νοητόν）である。またADは似像（影や水面等に映る像）であり、DCは似像が似ている当のもの（原物）、たとえば動物とか、植物とか、人工物とかである。

するとAC：CB＝AD：DCであるから、これを具体的な対象に当てはめると、「感覚によって見られるもの」：「思惟によって知られるもの」＝「似像」：「原物」という関係が成立する。

つづいて線分CBを先程と同じ割合で二つの部分（CE、EB）に切断する。その場合、CEは思惟によって知られるもの、たとえば数学や幾何における対象であり、EBはロゴス自身によって把握されるものである。するとAC：CB＝CE：EBであるから、「感覚によって見られるもの」：「思惟によって知られるもの」＝「似像」：「原物」は、同時に「数学的思惟」：「ロゴス的思惟」の関係に等しいことになる。プラトンは一番上位にある部分（EB）を「知性的思惟」すなわち「直接知」（ノエーシス νόησις、エピステーメー ἐπιστήμη）、二番目の部分（CE）を「悟性的思惟」すなわち「間接知」（ディアノイア διάνοια）、三番目の部分（DC）を「確信」すなわち「直接的知覚」（ピスティス πίστις）、最後の部分（AD）を「影像知覚」すなわち「間接的知覚」（エイカシア εἰκασία）と呼んでいる。そして、結論として、「思惟によって知られるもの」と「感覚によって見られるもの」との関係は、ノエーシスとディアノイアの関係に等しく、またピスティスとエイカシアの関係に等しいと語っている。

この線分の比喩によって、プラトンが数学や幾何学の対象物をイデアと感覚的事物の中間においていることがわかる。すなわちそれは知性的なものであり、知られるものであって、感覚的事物のように見られるものではないが、だからといってイデアそのものではなく、感覚的な要素を有し、あたかも影や映像が感覚的事物の似像であるように、数学的・幾何学的対象物はイデアの似像である。

また、ここからプラトンの芸術に対する低い位置づけも、ある程度は理解することができるだろう。というのも感覚的世界はイデア的世界の模像であるが、芸術作品は原物の模写であり、したがって原物の似像であるから、それは「模倣の模倣」であることになろう。したがって、またそれは真実の世界からもっとも遠ざかったものであるというのである。

三つの寝台の比喩
――プラトンの芸術観

このことに関して、『国家』第十巻には「三つの寝台」の比喩が語られている。画家が描いた寝台は大工が作った寝台の写像である。しかし大工が作った寝台もまた実在界にある「寝台のイデア」の模倣である。すると画家の描いた寝台はイデアの「模倣の模倣」であり、「模像の模像」であることになり、真実在から見れば、二段階も遠ざかった似像にすぎないものとなるというのである。そしてこれと同じことが詩や創作についてもいえる、とプラトンは語っている（597E–607B）。そこに、われわれは「哲人王」思想を説いたプラトンの、哲学に対する詩や芸術の位置づけが有体に表現されているのを知ることができる。プラトン自身はきわめて優れた芸術的才能を有った人物であったが、彼の説く理想国家の理念からすれば、芸術はイデアの似像である感覚的事物のさらなる似像であり、真実の世界からはほど遠い虚構の世界と考えられた。

洞窟の比喩

「線分の比喩」につづいて、『国家』第七巻の冒頭には「洞窟の比喩」が語られている。それはおよそつぎのようなものである。

地下の洞窟に囚人たちが閉じ込められている。手足と首を縛られ、身動きできない状態で、ただ前方にある壁だけを見ている。彼らは子供のころからずっとそうした姿勢で座していると考えてみよう。洞窟のはるか上方には火が灯っていて、その灯りが彼らの背後から照らしている。また、この火と囚人たちの間に一本の道が通っており、その道に沿って低い壁が作られている。それはちょうど人形遣いの前に衝立が置かれていて、その上から操り人形を出して見せるのと同じ具合である。その道を人々が人間や動物などを担ぎながら通っていく。そしてその姿が洞窟の壁に影となって映っている。

さて、このような状況においては、おそらく囚人たちは洞窟の壁に映った影を真実のものと思うだろう。そして通路を通る人たちの声を影自身の発する声と思うだろう。けれども、もし囚人たちの誰かが縛《いまし》めを解かれ、首をめぐらすよう強いられ、背後にある火の灯りの方に向かって歩いて行かされたとしたらどうだろうか。彼は目がくらんでよく見えず、眩しくて苦痛を感じ、元の方へと逃げようとするだろう。そして壁に映った影を依然として実物だと思うだろう。

そこで、誰かが強制的にその囚人を洞窟の外に引っ張って行って、太陽の光の下に晒《さら》したとしたらどうであろうか。その場合、おそらく囚人たちの眩しさと苦痛はその頂点に達し、彼らはけっして真実の物を見ることはできないだろう。

このように上方の世界を見るには慣れが必要である。いきなり太陽を見ても、眩しいばかりで何も見えない。ただ苦しいだけである。そこで、最初のうちは影を見れば、いちばん楽に見える。つぎに水面に映った実物の影像を見、それから直接に可視的世界にある実物を見るようにすればよい。そしてその後で、天空に目を移して夜空の月や星を見、最後に昼間の太陽を直接に見るようにするとよい。そうすれば囚人は、太陽こそがすべての目に見える世界の統括者であり、またこれまで自分が洞窟で見てきたものの原因でもあることを理解するだろう。そして洞窟のなかにいる仲間を憐みこそすれ、けっして再び地下の世界に戻りたいとは思わないだろう。

以上が、洞窟の比喩の前半部分である。さて、その後半では、この可視界における太陽と可知界もしくは叡知界における善のイデアとの関係が論じられている。先の比喩における囚人の住まいは「太陽の比喩」における「可視的世界」に、また背後の「火の灯り」は「太陽」の働きに準えることができる。また囚人が踵を返して上方へ向かい、上方にある事物を見ることとは、霊魂が「思惟的世界」ないしは「叡知的世界」へと昇華していくことに準えることができる。そして――これが、プラトンが一番強調するところなのだが――こうした思惟的世界の極限に「善のイデア」が存在している。したがって、善のイデアこそ一切の真と美を生み出す原因であるのである。それは「可視的世界においては、光と太陽を生み出し、思惟的世界においては、みずから主人となって君臨しながら、真実と知性を提供する。それだから思慮ある行為をしようとするものは、この善のイデアを観想しなければならない」(517C)。ここからプラトンは、為政者は可視的世界を離れて、ひたすら叡知的世界に目を向けるべきであると説き、また教育とは、この「向け変え(ペリアゴーゲー περιαγωγή)の技術」にほかならない、と説いている。

それはいわば霊魂を、夜を交えた昼から「真実の昼」へと向け変えることであり、真実在へと昇華させることであるというのである。そうして、これこそが「真の哲学」（ピロソピア・アレテー φιλοσοφία ἀλήθη）である、と説いている。

善のイデア

「太陽の比喩」「線分の比喩」「洞窟の比喩」はいずれも、一切のものの上に君臨する「善のイデア」の超越性と根源性と卓越性ないし真理性を示そうとしたものであるといえる。それは可視的世界と思惟的世界の両界の根源であり、その存在の根拠ないし原因でもある。またそのようなものとして一切のものから超越しており、一切のものをはるかに凌駕している。それはいわば「イデアのイデア」であり、一切の事物の存在と真実の根拠である。

太陽は可視的世界の根源であり原因であるように、善のイデアは可知的世界の根源であり原因である。けれども可視的世界が思惟的世界の模倣であるという点からすれば、善のイデアはまた太陽やその光の根拠でもある。したがって真の哲学は、この可滅的な可視的世界から目を向き変えて、ひたすら永遠不動の真実在である善のイデアを志向するものでなければならない。これが『国家』で語られている一連の比喩の要諦であるといえるだろう。そこでは、前述したように、すべての事物に対する「善のイデア」の超越性と優越性が語られているが、実際に、後者から前者がどのようにして生起してくるかはまったく語られていない。たしかに「善のイデア」はすべての事物の存在の原因とされているが、正確にいえば、それは形相因であって運動因ではない。したがって両者の具体的連関が明らかではない。プラトンはイデアと感覚的事物を真剣に結びつけようとしているというよりも、むしろ徹底して両者を切り離そうとしているように見える。そして「善のイデア」を知性的思惟の究極の目的因としてひたすら観想することを説いているように見える。それは『パイドロス』に出てくる「二頭の馬を御する馭者」の譬えにあるように、感覚的世界を厭離してイデア界へと飛翔しようとするものである。「哲学は死の練習である」という主張や「霊魂の浄化説」はこうした脈絡のもとに語られている。

4　『パルメニデス』におけるイデア論

『パルメニデス』におけるイデア論　ところで後期の著作に属する『パルメニデス』には、これまで述べたイデア論とは違ったイデアの側面が描かれている。この対話篇の特徴はソクラテスが主人公ではなく、むしろパルメニデスやその弟子ゼノンが主たる答弁者となっていて、ソクラテスが彼らの答弁のいわば引立て役に回っていることである。ソクラテスの二〇歳頃の対話という設定になっているが、年代的に見て少しく無理があるようにも思われる。

この対話篇では、イデアについての論述は主としてその前半部分においてなされている。ソクラテスはパルメニデスとゼノンに対して、やや唐突に「類似」と「不類似」について、つぎのようにいう。個々の類似しているものとは別個に、独立に「類似」（ホモイオス ὅμοιος）そのもの、すなわち「類似」のイデアが存在しており、また反対に、個々の類似していないものとは別個に、独立に「不類似」（アノモイオス ἀνόμοιος）そのもの、すなわち「不類似」のイデアが存在している。そして個々の類似しているものは、「類似」のイデアを分有することによって、他のものと類似しているのであり、また反対に、個々の類似していないものは、「不類似」のイデアを分有することによって、相互に類似していなのである。そしてこれは「一」や「多」についてもいえる。たとえば私は一であるとともに多である。というのも、私という存在は右の部分と左の部分は別のものであり、前の部分と後ろの部分は異なっており、上の部分と下の部分も違っている。したがって私は多であるが、それは私が「多」のイデアを分有しているからである。しかし、一方、私たちは七人いるとした場合、私はそのうちの一人であるが、それは、その場合、私は「一」のイデアを分有しているからである、と。

これをうけてパルメニデスは、もう一度その論点を整理した上で、ソクラテスに問いかける。同じように、「正」や「美」や「善」のイデアが、個々の正しいものや、美しいものや、善なるものとは別個に、それ自体として独立に存在していると思うかどうか、と。これに対してソクラテスは、即座に、そうしたイデアは実在すると答える。そこで、パルメニデスはさらに問いかける。ではそれと同じように、人間のイデアとか、あるいは火や水のイデアというものがあるかどうか。たとえば現実のすべての人間とは別個に、独立に人間自体とか人間のイデアというものがあるかどうか、と。この問いかけに対しては、ソクラテスは、一瞬、返答をためらう。すると、その逡巡の様子を見て、パルメニデスは畳みかけるように、毛髪や泥や汚物のような無価値なものについても、はたして毛髪のイデアとか、泥のイデアとか、汚物のイデアとかいったものがあるのかどうか訊ねる。それに対してソクラテスが、そうしたイデアは存在しないと答えると、パルメニデスは「それは君がまだ若いからだ。もっと哲学的な訓練を積めば、これらの事物のどれをも軽視したりはしないだろう」(130A-E) と答えて、この問答は終わっている。

さて、われわれはこのソクラテスとパルメニデスとのやりとりを、いったいどのように理解したらよいだろうか。

イデア論の矛盾

問題の根本は、イデアが事物の「本質」や「種」あるいは「そのもの」や「自体」のような、純粋に論理的な性格をあらわすとともに、一方では、「模範」「範型」「理想」「目的」のような価値的な性格をもっている点にある。論理的な意味では、すべてのものにその形相としてのイデアがなければならないが、価値的な意味では、毛髪や泥のような価値のないもののイデアや、汚物や悪や醜のような反価値的なもののイデアを考えることは困難である。誰しも理想的な善を考えることはできても、理想的な悪を考えることはできない。理想的な美を考えることはできても、理想的な醜を考えることはできない。それは観念としても存在としても矛盾するからである。

それでは人間や馬のイデアの場合はどうであろうか。たとえば人間のイデアとは、いったいどのような性格のものなのであろうか。それは男性なのか、女性なのか、年配者なのか、若年者なのか、太った人なのか、痩せた人なのか。それを規定するのは困難である。だとすれば人間のイデアというのは純粋に精神的な存在であって、何ら肉体的要素をもたないものなのだろうか。人間の本質は精神にあり、身体にはないのであろうか。けれども、そもそも男性でも女性でもないような理想的な人間自体などというものを真面目に考えることができるだろうか。もし考えられたとしても、その場合、もはやそれは人間のイデアではなく、精神のイデアあるいは霊魂のイデアであることになろう。

このような問題は数学的・幾何学的対象についてもいえる。たとえば現実にある一つのものとか、二つのものに対して、一のイデアとは何なのだろうか。二のイデアとは何なのだろうか。もしそれらが論理的意味だけでなく、価値的意味をも内含しているとすれば、その場合、それらは理想的な範型としての一や二でなければならないだろう。しかし、もうそうだとすれば、では理想的な範型としての一や二と現実にある一や二はいったいどこがどう違うのだろうか。おそらく誰もその違いを指摘することはできないだろう。

そしてこのことは三角形や円のような幾何学的なイデアについてもいえる。たしかに現実にある三角形や円は完全なものではないのに対して、三角形のイデアや円のイデアは完全であり、定義どおりのものであるとはいえるだろう。では、たとえば内角の和が二直角であるような三角形こそ三角形のイデアであるとすると、はたしてそれは正三角形なのか、直角三角形なのか、二等辺三角形なのか。それともそのいずれでもないものなのか。あるいは三角形のイデアはそのいずれでもあり、またいずれでもないものなのか。もしそうだとすれば、正三角形でも、直覚三角形でも、二等辺三角形でも、不等辺三角形でもあり、またそのいずれでもないような三角形のイデアを、はたしてわれわれは考えることができるだろうか。もともとイデアは物の形相をいうのであるから、それは具体的なものでなければならない。しかるに三角形や円のイデアは、それとは反対に、もっとも抽象的なものであることになるだろう。また具体的なイデアをもとめようとすれば、われわれは三角形のイデアのほかに正三角形のイデア、直角三角形のイデア、二等辺三角形のイデア、不等辺三角形のイデア等、多くのイデアの存在を認めなければならないことになる。このことは人間のイデアや馬のイデアについても同様である。人間一般のイデアのほかに男性のイデア、女性のイデア、老人のイデア、青年のイデア、子供のイデア等、多くのイデアの存在を考えなければならないだろう。だとすれば、イデアはアリストテレスのいうように、事物の単なる二重化にすぎないことになる。否、それどころか、事物の多重化であることになるだろう。

したがって、イデアは物の本質ないし形相であり、またそのようなものとして、本来、観念的ないし概念的なものであって、けっして実在するものではないと考えるのが穏当な意見であるように思われる。それなのに、イデアを、現実にある個々のものから離れて独立に存在する超越的な実在であると考えるところに、イデア論の矛盾があるといわねばならない。それは現実の世界と理想の世界を分離し、現実の世界を価値なき世界として厭離し、ひたすら理想的なイデア界にわれわれの霊魂を向け変えようとするものである。そして、前述したように、死の練習説や霊魂の浄化説、さらには霊魂の不滅説はここから生じてくる。こうした主張はいずれもイデアの世界が単なる観念界ではなく、実在界であるという前提のもとにはじめて可能となる。しかしプラトンのイデア論の矛盾もまた、こうした前提から生じているのである。

本質としてのイデアと価値としてのイデア

そもそもこの問答においてプラトンが立っている位置はさだかではない。彼がこうした問題についていったいどのような考えをもっていたのかが明確に示されてはいない。ただ問題提起をしているだけなのか、それとも自分のイデア論がかかえている矛盾を正直に曝《さら》け出しているのか、その真意がはっきりしない。この節の最後のところで、「毛髪、泥、汚物、その他およそ価値のないもの、つまらないもの」について、愛知の学である哲学の精神が十分に浸透すれば、「けっしてそれらを軽視することはしないだろう」とパルメニデスの口を借りて語っているが、それがはたしてどのような意味なのか、そこにどのような意図があるのかについても、何も語っていない。この意味では、『パルメニデス』は未完正の作品と見るべきではなかろうか。

もしここでパルメニデスがいっていることがプラトンの真意であるとすれば、「価値のないものを軽視してはならない」ということは、価値のあるものと価値のないものを区別してはならないということであり、したがってまた諸々のイデアの間に価値の序列はないということでもあろう。もしそうだとすれば、それは『国家』で提示された「善のイデア」の超越性と優越性の主張と矛盾することになるだろう。

またこのことは反価値的なものについてもいえるのではなかろうか。われわれとしては是非とも訊ねてみたい。善のイデアに対して悪のイデアがあるのかどうか。正のイデアに対して邪のイデアがあるのかどうか。さらには美のイデアに対して醜のイデアがあるのかどうか、と。おそらくプラトンはそれらの存在を否定するだろうが、しかし多のなかの一とか、種とか、本質とかいったような論理的な意味においてばかりでなく、また事物の自体的な意味においても、さらには範型や典型としても、そうしたイデアの存在を考えることはけっして矛盾ではないのではなかろうか。各々のイデアは自己の反対のものになることはけっしてないという（前述した）原則からすれば、中途半端な悪や邪や醜はけっしてイデアではないことになる。したがって徹底した邪や悪や醜がなければならない。それは純度の高さと完璧さを具有している。したがって、この意味で、それは邪や悪や醜の範型であり、典型である。このように考えて少しも不都合はないのではなかろうか。あるいは先のパルメニデスの言葉はこのような意味合いを含んだものであるかもしれない。

この点に関して、バーネットは、イデア論はもともとプラトンの思想ではなく、ピュタゴラス哲学のソクラテス的発展の産物であり、後にプラトンがソクラテスの教説から転向せざるをえなくなったと感じたときに、その理由説明として『パルメニデス』を書いたのだ、という穿った解釈をしている（『プラトン哲学』五八～六七頁参照）。

5 『ティマイオス』におけるイデア論

デミウルゴスによる天地創造

「自然について」という副題のついた『ティマイオス』では宇宙の製作者デミウルゴス（δημιουργός）による宇宙の創造が語られている。プラトンはまず、事物を二つのものに分ける。ひとつは「つねに有るもの、生成しないもの」であり、他のひとつは「つねに生成していて、有ることのないもの」である。前者は理性（ヌース）の対象、知られるもの」（ノエートン νοητόν）であり、後者は感覚（アイステーシス）の対象、「見られるもの」（ホラートン ὁρατόν）である。そして宇宙はデミウルゴスが理性的対象すなわちイデアをモデルにして、それに似せて質料から感覚的事物を造ったと語られている（27D-34A）。

けれども、問答の展開の途中で、これに第三の要素を付加している。それはイデアの受容者としての空間ないし場所（コーラ χώρα）である。デミウルゴスがイデアに似せて質料から物を作る場合、そうしたイデアを受け取るものがなければならないだろう。イデア（形相）自身は質料をもたない。反対に、質料自身はイデアをもたない。だとすると、このイデアを質料化し、質料をイデア化する媒介者がなければならないことになる。それがイデアを受け取る場所としての普遍的な空間（コーラ）であるというのである。この空間においてイデアはみずからをあらわし、質料はみずからを形相化する。こうしてはじめて感覚的事物の世界が成立するというわけである。このような考えには、パルメニデスの「一者」、エンペドクレスの「四元素」、デモクリトスの「空間」（ケノン κενόν）、さらにはアナクサゴラスの「理性」（ヌース νοῦς）の思想が取り入れられているといえるだろう。この点をもう少し詳しく考察してみよう。

イデアの受容者コーラ

『ティマイオス』一八において、プラトンは宇宙の形成要素として三つのものをあげている。第一は、そのモデルになる理性の対象すなわちイデアである。これは理性によって知られるものであり、またそのようなものとして恒常不変で、つねに自己同一を保持している。第二は、感覚によって見られるものである。それはモデルの模写ないし似像であって、つねに生成変化している。そして第三は、あらゆる生成変化がそこで生ずる場、いわばそれらの養い親としての「空間」である。それは感覚に頼らずにとらえられるものであり、自分自身は生成変化することなく、しかも一切の生成変化するものに、その場所を提供する。「およそ有るものはすべて一定の場所に、一定の空間を占めて有るものでなければならない」（52B）。

では、この場所とはいったいどのようなものであろうか。プラトンはこれをきわめてとらえがたいものだとしている。というのも、イデアの似像がそこで成立する「場所」、いわばイデアの受容者は、それ自身はどのような似像とも無縁のものでなければならず、したがってどのような形をももたないものでなければならない。要するに、「場所」は、それ自身は目には見えないものであり、しかも目に見えるものの生成の原因でもあるから、そのようなものとしてイデア的性格の一面を有している。プラトンはこの三者を父と母と子の関係に模している。すなわち目に見えるもののモデルであるイデアが父であるとすれば、それを受け入れる場所（普遍的空間）が母であり、イデアに似せて空間のうちに生成してくる感覚的事物が子であるというのである。

さらにプラトンはこの場所と質料との関係について、場所自身はいかなる質料でもないが、この場所の火化された部分が、いつでも火としてあらわれ、液化された部分が水としてあらわれ、土や空気の場合も、そうした土や空気の模像を受け入れるかぎりにおいて土や空気としてあらわれる、と説いている。

また、プラトンはこの四元素が幾何学的粒子の形を有していることを想定し、火は正四面体、空気は正八面体、水は正二十面体、土は正六面体であるという仮説を述べ、さらにはこの四種の粒子の相互作用と相互変換によって、いいかえれば分解と結合によって、「熱い」「冷たい」「重い」「軽い」あるいは「快」「苦」などの感覚的性質を説明し、つづいて「心臓」「肺」「胃」「肝臓」「骨」「髄」等の身体の各部分がどのように合目的に構成されたかを順次に語っている。しかし、この点については改めて論ずることにしたい。

形相と質料の媒介者コーラ

さて、こうした主張にはプラトンの数学趣味が有体に見られるが、われわれは議論を元にもどして、イデアと空間と感覚的事物の関係をもう一度考察してみよう。

前述したように、プラトンはこれら三者の関係を父と母と子の関係に譬えている。イデアは感覚的事物の範型であり、子はその似像ないし模像であり、空間はイデアを受け入れる場所である。宇宙の製作者であるデミウルゴスはイデアを範型として、空間のなかに質料（四元素）から感覚的事物を作った。空間（コーラ χώρα）は形相（イデア ἰδέα）と質料（ヒュレー ὕλη）の媒介者であり、イデアはこの場において自らを質料化し、また質料は同じくこの場において自らを形相化する。こうして感覚的事物は生成する。これがプラトンの基本的な考えである。

だとすると感覚的世界にある事物はイデア（形相）と質料（四元素）と場所から成立していることになるだろう。イデアと質料は直接にかかわることはない。両者は相互に離絶した別個の存在者である。既述したように、イデアは「つねに有るものであって、生成しないもの」であるのに対し、感覚的事物は「つねに生成していて、有ることのないもの」である。そして、このように対極にある両者を結びつけるのが空間（場）であって、空間はイデアと質料の媒介者である。この普遍的な空間においてイデアは自らを具体化し、質料は自らを形態化する。だとすればこの場所こそもっとも根源的なものであって、自己のうちに一切のものを内含しているといえるのではなかろうか。イデアが空間において自らを質料化するということは、超越的なイデアが下降して空間のなかに内在化するということであり、また質料が空間において自己を形相化するということは、諸々の質料が相互に結合して空間のなかで具形化するということである。いずれの作用もただ空間を媒介としてのみ成立し、空間なくしては不可能である。この意味で、空間はもっとも根源的であるといわねばならない。

またイデアが空間において自らを質料化するということは、イデア自身が空間的性質をもっていなければ不可能であろう。両者がまったく異質であるとすれば、相互に結合するということもありえない。この意味で、イデアは空間的であり、空間はイデア的である。同じように、質料が空間において自らを形相化するということは、質料自身が空間的性質をもっていなければ不可能である。ということは、質料自身が空間的であり、空間自身が質料的であるということである。したがって空間はイデア的であると同時に質料的である。空間はイデアと質料の結合の原理であり、イデアの内在化の原理である。

コーラと絶対無

ここまではプラトン自身の思想に潜在的に含まれているといえるだろう。そこで、ここから、もう一歩踏み出して考えてみよう。プラトン自身は、イデアと質料と空間をまったく別個のものとして、したがってまた相互に外的なものとして考えている。けれども、われわれはイデアと質料を空間（場）にとって外的なものとしてではなく、むしろ反対に、空間に内属する二つの要素として考えることができないだろうか。空間自身はいかなる形をももたないものである。その意味では、それは無であり、非有である。しかし、空間は単なる形の欠如としての無ではない。消極的で否定的な無ではない。それは自己の内にあらゆる形を現出させる。一切の感覚的事物を生起させる。この意味で、空間は、そこにおいて一切の形が形成され、あらゆる事物が生成してくる基盤であり源泉である。場としての空間は、形の欠如としての否定的な無すなわち非有ではなく、反対に、あらゆる形を生み出す根源的で能動的な無である。空間は自己の外に、超越的な形相を有しているのではない。形相は空間から離れてあるのではなく、空間自身の内にあるのである。イデアとは、こうした根源的な無としての空間が自己を表現する形にほかならない。それは空間自身の自己限定の形式である。すべて形の有るものは形のないものから生ずる。というのも形のあるものが別の形のあるものから生ずるとすれば、その別の形の有るものの形の原因を訊ねなければならず、かくして無限に遡源していかなければならないからである。それだから、結局、有は無から生ずるといわなければならない。プラトンのいう「空間」あるいは「場」（コーラ）は単に静止した虚空間のようなものではなくて、どこまでも活動的な創造的空間であるべきなのではなかろうか。

また質料とはこうした空間の異名であって、それは空間と別個のものではない。プラトン自身も空間と質料を区別しないで、両者を同一視しているところがある。とかくわれわれは形相と質料を分けて、両者をまったく異質のものと考えがちであるが、そうした区別立てには何の根拠もないのではなかろうか。それは実在の抽象化の産物にほかならない。実際、形相のない質料はどこにもないし、同様に、質料のない形相もどこにもない。カントを捩っていえば「質料を欠いた形相は空虚であり、形相を欠いた質料は盲目である」。感覚的事物は質料と形相の結合体であって、質料と形相はその構成要素である。質料と形相はそれぞれ独立した別個のものであるのではなく、唯一実在の二つの局面であると考えなければならないのではなかろうか。いいかえれば、質料と形相はともに普遍的な空間である場所（コーラ）の具象化の要素であり、それ自身は無である場所の有形化の契機である。

このように質料と形相は、相互に独立した二つの対蹠物ではない。「場所」がそれ自身のうちに有している二つの要素であるのである。質料と形相は空間の外から到来するものではなく、空間自身が生み出す二つの契機である。質料は空間の特殊化の契機であり、形相は空間の一般化の契機である。前者は空間の具体化の契機であり、同じく後者は空間の本質化の契機である。そしてこの両契機が結合することによって、一切の感覚的事物は生起する。この意味で、一切のものは場所自身の自己限定の諸相である。

以上は、プラトン自身の所論から離れたイデア論、というよりも場所論である。それは筆者の単なる思いつきにすぎないものであるが、このように考えることによってイデア論がかかえている多くの矛盾が解決されるように思われる。とかくプラトンは事物を二つに分ける傾向がある。形相と質料、イデア界と感覚界、「知られるもの」と「見られるもの」、「有るもの」と「変化するもの」、「真知」と「臆見」

等々。しかし、それはわれわれが直接に経験する、あるがままの具体的な世界ではなくして、むしろ思惟によって抽象化された観念的な世界にすぎないのではなかろうか。

イデア論の総括

最後に、プラトンのイデア論を総括しておこう。

プラトンのイデア論は、一言でいえば、パルメニデスの「有」の原理とヘラクレイトスの「成」の原理を綜合統一しようとしたものである。パルメニデスは、「永遠に有るものであって、けっして変化することのないもの」すなわち「有」ないし「一者」を実在と考えた。反対に、ヘラクレイトスは「つねに変化してやまないもの」を世界の真相と考えた。「万物は流転する」が彼の哲学の標語である。これに対してプラトンは、この相互に対立する二つの世界の存在をともに認め、それをイデア界と感覚界と呼んだ。そしてこの両世界の相互の関係を原因性、本質性、実在性、価値性等の多様な観点から明らかにしようとした。彼のイデア論にはきわめて豊饒な思想が含まれている。プラトンはきわめて卓越した直観的な思想家で、その神々しい閃きは著作の随所に珠玉のごとく鏤《ちりば》められている。多くの読者を魅了するゆえんである。まさしく思想の宝庫といってもよい。その精神は今日においても、なお生々として受けつがれており、西洋的思惟の原型もしくは範型でありつづけている。

けれども、一方、プラトンのイデア論は体系性と統一性に欠けている。その内容は各々の著作によって、あるいはそれが書かれた年代によって異なっており、また関心の方向も大きく変化している。われわれは彼のいうイデアについて何か統一したイメージを作り上げることは困難である。そこにあるのは、イデアがもっている多様な側面であって、そうしたさまざまな側面は必ずしも相互に有機的につながってはいない。われわれが目にするのはイデアが有している多くの断面図である。したがって、われわれはイデアの本質について断定的に語ることはきわめてむずかしい。

プラトンは、最初、イデアを感覚的事物の存在の原因ないしは根拠として考えていた。イデアは事物の本質や自体として、あるいは原型や範型として考えられた。感覚的世界のなかにある事物や性質は、それぞれのイデアを分有することによって、あるいはイデアがそのものに臨在することによって、はじめてそのようなものとしてあると考えられた。イデアは物や性質の原因であり、根拠であると考えられた。しかし、よく考えて見ると、それはアリストテレスが指摘しているように「詩的な比喩」にとどまっていて、具体性に欠けている。事物がどのようにしてイデアを分有するのか、反対に、イデアがどのようにして事物に臨在するのかについては少しも明らかではない。論理的に十分納得のいく説明がなされているとはとてもいえない。

むしろプラトンのイデア論においては、イデアと感覚的事物を結びつけることよりも、反対に、両者を切り離して、イデアの超越的で理想的な性格を強調することの方に力点がおかれているように思われる。プラトンの考え方は本質的に二世界論的であって、イデア界と感覚界をつなぐ基本原理を欠いている。彼が、原因としてのイデアから結果としての感覚的事物が生起するということを、真面目に考えているようにはとても見えない。むしろ両世界を切断して、そこに価値的区別をもうけ、変化してやまない感覚的世界を取るに足りないものとして軽視し、永遠なるイデア界へ飛翔することの肝要を説いているように見える。どのイデアも事物の本質であり、範型であるという点では同一であるはずなのに、諸々のイデアの上にさらに「イデアのイデア」として「善のイデア」を説いているのも、このような価値論的見地からの発想であるといわねばならない。「知られるもの」と「見られるもの」を分けて前者を理性の対象とし、後者を感覚の対象としたのも、また前者は「真知」の対象であり、後者は「臆見」の対象であるとしたのも、同一の見地からであるといえるだろう。

　霊魂の浄化説や霊魂の不滅説もこうした価値論的な観点から考えられたものである。ともかくプラトンのイデア論は実践的要素が濃厚であることは論を俟たない。実践の立場においては現実と理想の対立が前提される。当然、価値は理想の方向にある。感覚界とイデア界の関係はこの現実と理想の関係に容易におきかえられるから、イデアが理想化されるのは当然のなりゆきである。したがって、理想から現実が出てこないように、イデアから事物は出てこない。両者はまったき対立物である。プラトンが説こうとしたのは、イデアから事物がどのようにして生起するかということではなく、むしろ反対に、イデアを感覚的な事物から切り離して、精神の目をひたすらイデアの世界に向け変えることであった。そしてこうした二世界論的な思考様式は、その後の西洋哲学の長い伝統となった。

第3章　プラトンの宇宙論と霊魂論

1　『ティマイオス』における宇宙創造説の第一段階

『ティマイオス』の意図

プラトンの自然観ないし宇宙論は後期の対話篇『ティマイオス』に体系的に叙述されている。しかし、『ティマイオス』はただ単にプラトンの自然観や宇宙論を叙述したものではない。それは『国家』の後をうけて、理想的な国家を述べる目的で書かれたものである。プラトンはこの作品のなかで、国家が成立する以前の人間の本性がどういうものであるかを、はるか遠く宇宙の生成と構造のなかでとらえようとしている。本篇で宇宙の生成について論ずる前に、その導入部のところで、先に『国家』で論じた「理想国家」についてのソクラテスの考えの梗概をもう一度示したり、最終部で人間の霊魂とその本性について論じたりしているゆえんである。さらには、この作品は古代の伝説の島アトランティスの国制や風土や産物などを論じた『クリティアス』（未完）へとつながっている。それは両作品における登場人物が同じ顔ぶれであることからもうかがわれる。こうしたことから、おのずと『ティマイオス』がプラトンの著作に占める位置と役割をうかがうことができるだろう。

以下の議論を円滑に進めるために、まず『ティマイオス』の梗概を示しておこう。

この対話篇のなかで、最初に、主人公であるティマイオスは、存在するものに、「恒常不変なもの」「生成しないもの」と「恒常不変でないもの」「生成するもの」とを分ける。前者はつねに自己同一を保持しているもので、理性（ロゴス λόγος）によって思惟されるものであるのに対して、後者はつねに生成消滅の過程にあるもので、臆見（ドクサ δόξα）によって感覚されるものである。しかるに生成するものには何か原因がなければならない。原因なくして何ものも生成することは不可能である。また何かを形成する場合、製作者が何らかの範型をもっていれば、それだけすぐれたものが製作されることは自明である。

以上のことを前提した上で、ティマイオスは宇宙（ウラノス οὐρανός、コスモス κόσμος）の創造を叙述していく。

イデアの似像としての宇宙

まず考えなければならないのは、宇宙は始まりがなく、永遠の昔からあったものなのか、それとも始まりがあって、無から生成したものなのか、そのどちらであるのかということである。この問題に対してティマイオスは、宇宙は始まりをもち、生成したものであると答える。なぜかといえば、宇宙は見られるものであり、触れられるものであり、物体的なものであるが、すべてこうしたものは感覚されるものであり、臆見によって把握されるものであるからである。臆見によって見られるものは「生成するもの」であることは先に述べたとおりである。

しかるに「生成するもの」には原因がなければならない。製作者ないしは創造者（デミウルゴス δημιουργός）がなければならない。また製作ないし創造にあたっては何かモデル（範型）となるものがなければならない。では、そのモデルは恒常不変で、つねに自己同一を保持しているものなのか、それともつねに生成変化しているものなのか、そのどちらであるのか。もし製作者が宇宙を良きものとして創ろうとしたのであれば、彼は永遠不動の自己同一者をモデルにして、それに似せて宇宙を創造したことは疑いの余地はない、とティマイオスはいう。それだから宇宙はロゴスと思慮（プロネーシス φρόνησις）と理性（ヌース νοῦς）によって把握される永遠なる同一者に模して造られた。したがって宇宙はイデアの「似像」（エイコーン εἰκών）であるのである。

四元素と比例（アナロギア）

ではデミウルゴスはどのように宇宙を創造したのであろうか。デミウルゴスは善なるものであるから、できるだけ自分に似たように善なる宇宙を創造しようとした。質料としての世界は無秩序であったから、それをできるだけ秩序あるものにしようとし、「理性」（ヌース）を「霊魂」（プシュケー ψυχή）のうちに、また霊魂を「身体」（ソーマ σῶμα）のうちに宿らせるような仕方で宇宙を創造した。その結果、宇宙は霊魂を具え、理性を具えた生きものとして生成した。「この宇宙が、理性によって把握されるもののうち、もっともすぐれていて、すべての点で完全なものに似ていることを神（テオス θεός）は望んだ」[1]（30D）とティマイオスはいっている。この霊魂と理性をもった生命あるものとしての宇宙という観念がプラトンの宇宙論の特質といっていいだろう。

ところで宇宙を創造するには材料（質料）がなければならない。デミウルゴスは材料として火と土という対極的なものを、また両者の中間にあるものとして水と空気を用い、それらが相互にできるだけ「比例」（アナロギア ἀναλογία）するように構築した。すなわち〈火〉対〈空気〉が〈空気〉対〈水〉に等しく、〈空気〉対〈水〉が〈水〉対〈土〉に等しいように構築した。そこにはつぎのような意図があった。第一に、それが完全な部分からなる最大限に完全な全体であるような生きたものであること、第二に、それが存在する唯一の宇宙であること、第三に、それが老いもしなければ病にかかることもないことである。いいかえれば、デミウルゴスはどれも完全な材料から、ひとつの全体として完結した不老不病のものとしてこの宇宙を構築したというのである。

またデミウルゴスは、この宇宙に完全な形をあたえるため、あらゆる形を内に含んでいる円球の形をあたえ、それを「中心からどの方向への距離も等しい球体」に仕上げた。この完全な球体の宇宙は有限であるが、自足的であるから、そこからは何ひとつとして出ていくこともなく、また反対に入ってくることもない。さらに、この宇宙を手足でもって運動する必要のないように、つねに同一の場所で循環運動をするように作り上げた、といっている（30C-34A）。

以上のような宇宙創造説にはエンペドクレスの四元素説、ピュタゴラスの比例（調和）の思想、パルメニデスの「有」の概念、アナクサゴラスの「理性」（ヌース）の考えが取り入れられているのは明白である。この点で、プラトンの宇宙創造説はソクラテス以前の自然哲学の総合統一の試みであるともいえるだろう。

宇宙の霊魂と身体の生成

一方、デミウルゴスはこの宇宙の中心に霊魂を置き、この霊魂を宇宙の全体に、またその周囲にくまなく行きわたらせた。宇宙の霊魂と身体との関係は主人あるいは支配者と被支配者との関係にあり、デミウルゴスは霊魂をその本性においても、また能力においても、より先なるものとして作った。

では、そうした霊魂はどのようにして作られたのであろうか。ティマイオスの説明はつぎのとおりである。

　デミウルゴスは、「分割不可能で、つねに自己同一を保持している有」と「分割可能な有」の中間に、その両者を混ぜ合わせて第三の種類の有を作り、また「同」（アウト αὐτό）と「異」（タ－テロン θάτερον）についても、それらのうちの分割不可能なものと、物体の領域の分割可能なものとを混ぜ和せて第三の混合物を作り、さらにそれらを混ぜ和せてひとつのものにした。そしてそうした後に、この全体を、そのどれもが「同」と「異」と「有」から混合された部分に区分した。(2) ティマイオスは、この霊魂の分割の仕方を子細に述べているが（35B–36D）、あまりに煩瑣であるので、ここでは割愛することにする。ともかく霊魂は比例と割合と数列によって分割されており、そこにピュタゴラス的思考の影響が顕著に認められる。

　こうして宇宙の霊魂の組織全体が構築されると、つぎにその身体となるものの全体を霊魂の内部に組み立てていき、両者の中心と中心を合わせて適合させていった。そして霊魂は、その中心から宇宙の果てにいたるまで、あらゆるところに組み込まれ、またその周囲全体を外側から覆い、みずから自分の内部で回転しながら、不断の知的な活動をつづけるべく踏み出したという（36D–E）。

太陽・惑星・動物・人間の誕生

　以上のようにして宇宙の霊魂と身体の生成が叙述されると、今度は、時間が永遠をモデルにして作られたこと、太陽、月、金星、水星などの七つの惑星が時間の数を区分し、これを見張るものとして作られたことが語られ、またこれらの惑星が、そのうちなる「同」と「異」の循環運動によって、どのようにそれぞれの軌道を回転していくかが詳細に論じられている（37B–39E）。

また、この後、神々、鳥類、水棲類、陸棲類の生成について順次に語られ、いよいよ最後に、人間の男性と女性の誕生について、さらには人間の身体の重要部分である頭、手足、目と視覚、耳と聴覚について論じられている。一言でいえば、それらは「理性」(ヌース νοῦς)と「必然」(アナンケー ἀνάγκη)との結合から、その両要素の混成体として作られたというのである。ここで「必然」といっているのは火・空気・水・土の四元素を指しているようである。これらの元素は理性によって説得されないかぎり、秩序を欠いた働きをすると考えられているようである。

『創世記』との比較

ここまでが全四四節の内容の一七節までの梗概である。デミウルゴスが無から宇宙を創造したという思想は旧約聖書の『創世記』を想起させ、またあらゆる可能性のなかから最善の世界を製作したという思想は、後のライプニッツの『弁神論』を彷彿させる。

けれども『創世記』においては、主は無から天地を創造したのに対して、『ティマイオス』においては、デミウルゴスは無から天地を創造したのではなく、イデアに似せて材料(四元素)から天地を創造したのである。いいかえれば、(形相の欠けた)材料を秩序づけ、これにできるだけ良き形をあたえたのである。それだからデミウルゴスは厳密な意味では世界の創造者ではなくして製作者であることになるだろう。

もっとも『創世記』の冒頭にも、「地は形なく、むなしく、闇が淵のおもてにあり、神の霊が水のおもてをおおっていた」(1・2)と記されているから、天地創造以前の世界がまったくの無であったわけでもない、と解釈することもできるだろう。だとすれば、『ティマイオス』の天地創造説と『創世記』のそれは、きわめて近似した考えであるといえるだろう。この点からすれば、キリスト教の教父たちがいうように、プラトンの天地創造説は『創世記』をもとにしているといえるかもしれない。しかし旧約聖書学者ヘルマン・グンケル（Herman Gunkel）は、『創世記』の物語が古代オリエント神話をもとにして書かれたものであることを明らかにしている。[3] もしグンケルの指摘したとおりだとすれば、『創世記』と『ティマイオス』はともに古代の東方民族神話にもとづいたものであるということにもなる。

また『ヨハネによる福音書』の冒頭には、「初めにロゴスがあった。ロゴスは神とともにあった。ロゴスは神であった。このロゴスは初めに神とともにあった。すべてのものはこれによってできた。できたもののうち、ひとつとしてこれによらないものはなかった」（1・1-3）とある。これを文字どおりにとれば、天地はロゴスにしたがって創られたということであろう。するとこの文章は、天地はイデアを模倣して創られたという『ティマイオス』の思想と符合するようにも思われる。ロゴスをイデアに置きかえれば両説の間に齟齬はないといえるだろう。

けれども『ヨハネによる福音書』におけるロゴスは「ことば」であって、それは神の意志を表現するものである。「神は〈光りあれ〉といわれた、すると光があった」といわれるように、神の言葉は神の命令であり、神の意志の端的な表現である。これに対してイデアを模倣して天地を創造したとする『ティマイオス』の天地創造説は、デミウルゴスの意志の表現ではなく、世界の理性的な構築を説こうとするものである。いいかえれば、それは世界の論理性を主張しようとするものであるといってよい。[4] しかも聖書の場合は、天地は神の意志であるロゴスそのものの表現であるが、『ティマイオス』の場合は、天地はイデアそのものの表現ではなく、イデアの模倣であり、似像であるところに相違がある。プラトンにおいては、現実界はイデア界からの堕落であって、けっして積極的な世界とは考えられていない。

2　宇宙創造説の第二段階

イデアと感覚物とコーラの関係

さて、デミウルゴスは何もないところから世界を創造したのではなく、四元素を材料として、それに形相を付与することによって世界を創造したのである。だとすると、そうした材料がそこで形相化される場としての空間がなければならないだろう。ちょうどデモクリトスの原子論において、原子と原子が結合して事物ができるという場合、原子と原子が自由に動くことのできる空間（ケノン κενόν）がなければならなかったように、事物を形成する材料がそこでイデア（形）を受けとる場所がなければならない。イデアの受容者としての場所ないし空間がなければならない。これがティマイオスの宇宙創造説の第二段階を形成するものである。

そこで、ティマイオスはもう一度、二種の有について語っている。ここで二種の有というのはイデアと感覚物（アイステートン αἰσθητόν）である。前者は「モデルとなるもの」、「理性の対象となるもの」、「つねに自己同一を保持しているもの」であり、後者は「モデルの模造品」、「生成するもの」「可視的なもの」である。プラトンはこれに第三のものをあらたに付け加える。それはいわば「受容者」（ヒュポドケー ὑποδοχή）と呼ばれるものであって、文字どおりイデアを受けとるもの、あるいは（形相と質料の）媒介者である。それでしばしば「乳母」にたとえられている。この三者は「生成するもののモデル」（イデア）と、「生成するもの」（感覚物）と、「生成する場所」すなわち「生成するものが、そのなかで生成する当のもの」（空間）とである。そしてこの三者の関係は父と母と子の関係に比せられる。すなわち形相（イデア）が父であり、受容者（コーラ）が母であり、感覚物（アイステートン）が子である。

この場合、注意しなければならないのは、受容者（場所）は、それ自身のなかに受容するもの（イデア）とはまったく無縁であるということである。というのも、もし受容者が、自分が受容するあるものと形が似ているとすれば、自分と形の似ていないものを受容するとき困難を来たすだろうからである。それだから受容者自身はいかなる形をももたないものでなければならない。譬えでいえば、それは風呂敷のようなものであろう。風呂敷は、自分がいかなる（立体的な）形をもたないからこそ、どのような形のものをも包むことができる。これと同様に、空間（コーラ）は、それ自身はいかなる形をももっていないから、どんな形のものをも受け容れることができる。

またこの受容者は火・空気・水・土のような四元素でもないし、それらの諸元素の混合物でもない。それはいかなる形をももたないものであり、目には見えないものであり、あるいはまた何でも受け容れるものであり、理性の対象の一面をもっていて、とらえがたいものである。この四元素と受容者との関係をティマイオスはつぎのように述べている。

そのもの（受容者）の火化された部分が、いつでも火としてあらわれ、液化された部分が水としてあらわれ、土、空気の場合も、同じく受容者がそうした土や空気の模像を受容するかぎりにおいて、そのようなものとしてあらわれる。（51B）

ここには受容者について積極的な主張がなされているように思われるが、その点については後に述べることにして、もう少しティマイオスの論旨を追っていくことにしたい。

以上のことをまとめると、つぎのようになるだろう。

宇宙の生成には三つのものが前提される。

第一は、形相（イデア）である。これはけっして生ずることも滅することもなく、つねに自己同一を保持している。また自己のなかに他のものを受容することもなく、反対に他のもののなかに入っていくこともない。けっして見えることもなく、一般に感覚されないものであって、ただ理性（ヌース）の対象となるものである。

第二は、感覚物（アイステートン）である。これは生成し消滅するものであり、つねに変化し運動しているものである。ある場所に生じては、またそこから滅していくものである。感覚の助けを借りて、「臆見」（ドクサ）によってとらえられるものである。

第三は、空間（場所・コーラ）である。これは生成消滅するものに、その場所を提供するものである。およそ有るものは、どこかになければならず、また一定の場所を占めていなければならないだろう。それが、ここでいうコーラである。コーラはこのようなものとして、それ自身は生じもしなければ滅することもなく、したがってまた感覚によって見られるものでもない。こうしてティマイオスは、先に「受容者」（ヒュポドケー）といっていたものを、明確に「場所」（コーラ）として確定する。

この「場所」はデモクリトスの「空間」（ケノン）と似ているが、ケノンが、原子がそのなかを移動する単なる虚空間であるのに対して、「場所」（コーラ）は、先の引用文にもあるように、そこで四元素や、その混合物である感覚物が占有する、いわば部分的な空間であると考えられる。すなわち存在の材料である諸元素が、イデアの受容者である場所（コーラ）において、イデアを受けとることによって感覚物が生成するというのである。

宇宙創造の原理としてのコーラ

このように宇宙の生成には三つの要素が考えられている。まず、そのモデル（範型）となるイデアである。つぎに、その材料となる諸元素である。そして最後は、この材料が、そのなかで形を受けとる場所、すなわち材料がみずからを有形化する空間である。デミウルゴスは永遠不動のイデアを模型にして、材料である四元素を用いて、場所（コーラ）のなかに感覚物を生成させた。これが第二段階における宇宙の生成説である。一応、説明としては合理的であるように思われるが、そこにはいくつか問題点が含まれている。それはいずれも「場所」（コーラ）の観念にかかわるものである。

まずコーラの性格がきわめて曖昧であることが指摘されねばならない。「場所」（コーラ）は目によって見られることもなく、また生成もしなければ消滅もしないという点では理性の対象であるイデアに似ている。一方、それは、自分自身はどのような形ももっていないという点では、感覚物の材料である四元素に似ている。コーラはいわばイデアと材料（要素：ストイケイオン στοιχεῖον）の中間者であり、また両者の仲介者あるいは媒介者でもある。

けれども、先の引用文では、イデアの受容者であるコーラの「火化された部分が、いつでも火としてあらわれ、液化された部分が水としてあらわれる」と述べられていた。この文章を文字どおりに理解すると、コーラの「火化された部分」が「火」となってあらわれ、「液化された部分」が「水」としてあらわれるということであろう。だとすれば、コーラと火や水とは本質的に別個のものではなくて、火や水はコーラ自身の部分であり、その発現であることになるだろう。火・水・空気・土という四元素があるのではなく、それらは場所自身の発現であることになるだろう。火そのものとか、水そのものとかいうのはどこにも存在しないことになる。あるのは場所自身の部分であり、その発現である。そしてこのことは、これら四元素の混合物であるあらゆる感覚物についてもいえるはずである。目に見える一切のものは場所自身の発現であり、その形相化であることになるだろう。

一方、イデアは四元素などの感覚的諸性質や感覚物から独立に存在することは不可能である。なぜかといえば、もしそうだとするならば、それがどうして四元素や感覚物に臨在するのか、みずからを具現するのかを説明できない。というのもイデアそのものは永遠不動であって生成変化することはなく、つねに自己同一を保持していると考えられているからである。それだからティマイオスは、イデアは感覚物の単なる範型であって、デミウルゴスはイデアをモデルにして、これに模して感覚物を作ったという。そしてこの意味で、すべての感覚物はそれぞれのイデアを分有しているのだという。

けれども論理的に考えれば、イデアが場所のなかにみずからを具現するということは、イデア自身が場所的性格をもっていなければ不可能であろう。それは理性によって知られるものであるイデアがコーラにおいて見られるものとなるということでなければならない。この場合、イデアからコーラに向かう道はない。というのもイデア自身はいかなる内在化の原理をもたないからである。したがってコーラの方からイデアに向かう道を考えなければならない。つまりコーラは自己自身をイデア化するのである。

こうしてコーラは、一方では、四元素（ストイケイオン）の形相化の原理であり、他方では、イデアの具現化もしくは個体化の原理でもあることになる。プラトン自身も、「それ自体でそれぞれのものとして独立にある」(αὐτὸ καθ' αὐτό)ようなものがはたして存在するのかどうかという疑問を提示しているが(51C)、それは感覚物の材料(要素)についても、またその形相についてもいえるだろう。むしろ両者はコーラがもっている二つの契機と考えなければならないのではなかろうか。形相としてのイデアと質料としてのストイケイオンがあって、両者がコーラにおいて結びついて感覚物(アイステートン)になるというのではなく、コーラ自身がみずからを具象化して目に見えるものになるのだと考えなければならないのではなかろうか。もしそうだとしたら、コーラは静的で受動的なものではなく、反対に、どこまでも動的で能動的なものと考えなければならない。そしてイデアとストイケイオンはこうした活動的なコーラがもっている二つの契機と考えられる(5)。

四元素と正多面体

この後、プラトンは四元素の粒子の結合を種々の正多面体の結合として幾何学的に叙述している。たとえば火の粒子は正四面体であり、空気は正八面体、水は正二十面体、土は正六面体であるとされる。そしてそれが二個合わさって正八面体である空気の粒子が形成されると説いている。そして火・土・水・空気の四元素の相互の作用と、分解と結合の仕方が、原則として三角形による分解と結合として説明されている。ここにプラトンの数学趣味が有体にあらわれているといえるが、彼自身も確信をもってこうした自説を展開しているのではなく、それらをありそうな仮説として述べているにすぎない。それゆえ、われわれはその論旨を逐一詳細に検討することは控えたい。

こうして各々の粒子とそれらの分解と結合の仕方を幾何学的に論じた後、プラトンは「動」と「静」について、さらには「熱い」「冷たい」、「重い」「軽い」、「快」と「苦」などの感覚的諸性質について、さらには「心臓」「肺」「胃」「腸」などの身体の諸器官とその合目的なはたらきを、いずれも前述した粒子の分解と結合の作用として説明している。そして彼が最後に説いているのが、身体と霊魂との関係である。

霊魂と身体の調和

まずプラトンは、一般に、美の本質は均整や調和にあるが、身体の美しさも全体の均整と調和にあることを説き、こうした均整と調和が保持されているとき、身体はまた健康でもあると説いている。そしてこのような均整や調和は身体と霊魂の間の関係にも要求されるといっている。たとえば霊魂の方は力強く、あらゆる点で偉大であるのに、他方、身体の方はあまりに脆弱であるような場合、またその反対であるような場合、そこには均整と調和が失われているから、そうした人間は美しくなく、また健康でもない。身体の一部、たとえば足とか頭とかが極端に長すぎたり大きすぎたりした場合、その身体は美しくはなく、また健康でもないように、身体と霊魂の合成体である人間の、霊魂の方が強大で身体の方が虚弱である場合には、霊魂の激しい運動が身体にさまざまな病気をもたらす。またそれとは反対に、霊魂よりも身体の方がはるかに強大である場合は、人間がもっている二つの欲望、すなわち身体に由来する食欲と霊魂に由来する知識欲のうち、食欲の方を優勢にさせ、知識欲の方を委縮させ、弛緩させて、最大の病気である「無知」を作り出す。

これを防ぐ最大の方法は霊魂と身体の均衡以外にはない。そのため、日頃、精神的な仕事に従事している人は体育にも親しむ必要があるし、反対に、身体的な仕事に従事している人は音楽や文芸や、さらには哲学にも親しむ必要がある。こうしてプラトンは霊魂のはたらきと身体の運動との適度の均衡を力説しているが、その場合でも、「個々の生きものの三角形が、そもそもの最初においてすでに、ある一定の時間までは、十分に事足りるだけの能力はもつけれども、その限度を超えると、けっして生きられないように構成されているから」（89C）だと、幾何学を根拠にして説明している。いかにもプラトンらしいとはいえるだろう。しかし、ここで説かれている霊魂と身体の均衡と調和という考えは、いわゆる霊魂の不死説や死の練習説とは異なった要素を含んでいるともいえる。それは身体の健康を、霊魂の健全なはたらきにとって不可欠のものとする考えであって、身体は霊魂の桎梏であるという考えとは異質な性格のものであるといえるだろう。

霊魂の世話

とはいえ、霊魂が、そして霊魂の最上のものである理性が身体の上位にあり、身体を教え導いていく役割をもったものであるという考えは健在であって、プラトンは理性を「ダイモーン」と呼び、身体を天界へ向かって持ち上げているものだともいっている（89D–90B）。そして理性を霊魂のうちで最大限に不死性にあずかるものであるから、これを十分に世話し、そうすることによってもっとも良き生をまっとうしなければならない、と説いている。この霊魂の「世話」については、後に見るように、『パイドン』でも説かれているが、『ティマイオス』では、「各々に対して、それに固有の養分と動きをあたえてやること」（90C）であると規定している。

以上のように、プラトンは『ティマイオス』の最終部分で、霊魂の世話や霊魂の不死について触れているが、その所説はあまりに断片的に過ぎ、われわれがそれについて検討するに十分な材料を提供していない。そしてこの点については、『パイドン』や『国家』の方が豊富な資料を提示している。

3　プラトンの霊魂論

霊魂の浄化（カタルシス）

『パイドン』では、文字どおり、霊魂にかかわるさまざまな問題が論じられている。ソクラテスの思索の動機が霊魂への配慮にあったことは周知のことがらである。しかし霊魂への配慮がおこなわれるためには、そもそも霊魂とは何かということが明らかにされねばならないだろう。また霊魂とは何かを知るには、霊魂と肉体との関係が明らかにされなければならない。

そもそも「知を愛する者」（哲学者、ピィロソポス、φιλόσοφος）は霊魂を肉体から分離させなければならない、とプラトンはいう。なぜかというと、真実は見ることや聞くことなどの肉体的なはたらきのうちにはなく、思惟（ロギゼスタイ λογίζεσθαι）のはたらきのうちにあるからである。しかるに思惟のはたらきは、霊魂がどのような感覚のはたらきや、快苦の感情によっても煩わされることがないときにもっともよく発揮される。ということは、霊魂が肉体と接触することなく存在そのものにいたろうとするときに、最善の仕方でおこなわれる。この意味で、哲学すなわち「知を愛すること」は死を学ぶことであり、死の練習である。

霊魂が肉体から分離することとは、霊魂が肉体という桎梏から解き放たれることであり、自己自身のうちに住まうように慣れさせることである。いいかえればそれは霊魂の浄化（カタルシス κάθαρσις）である。だとすると、霊魂の浄化は、霊魂の、肉体からの分離と解放にある。しかるに霊魂の肉体からの分離と解放は死と呼ばれる。それだから「知を愛するもの」はつねに自分の死を練習していることになり、したがってまた死は何ら恐れるべきものではなく、むしろ歓迎すべきものとなるだろう。

霊魂の不死（アータナシア）

死とは霊魂が肉体と分離することであり、肉体が肉体だけのものとなり、霊魂が霊魂だけのものとなるということである。この霊魂と肉体の分離ということについては『ゴルギアス』（524D）にも同趣旨のことが語られているが、『パイドン』では、それが「霊魂が霊魂だけのものとなる」ということであり、またそこに重要な意味があるのだということが語られている。そして霊魂の不死説はここから出てくる。

プラトンは霊魂の不死（アータナシア ἀθανασία）を説くにあたって、死後の霊魂のあり方についての従来の二つの考え方を提示している。ひとつは、ホメロス流の伝統的な考え方であって、霊魂は肉体から離れると、ハデス（冥界 Ἅιδης）にいたるが、そこで、まるで気息や煙りのように雲散霧消して滅びてしまうという考え方である。もう一つは、オルフェウス教と結びついたピュタゴラス学派の考え方であって、「霊魂は、ここよりかしこにいたって、かしこに存在し、またふたたびここにいたり、死せる者から生まれ出る」というものである。無論、プラトンは後者の説を支持する。プラトンによれば、一般に、相互に反対関係にあるものは、その一方はかならずその反対から生ずる。大きいものは小さいものから、強いものは弱いものから、悪いものは善いものから。そしてその反対も同様である。だとすれば「生きているもの」は「死んでいるもの」から生ずることになるだろう。ここには「このものは転化してかのものとなり、かのものが転化してこのものとなる」[6]（B88）と説くヘラクレイトスの考え方が継承されている。

「目覚めていること」に対して「眠っていること」があるように、「生きていること」に対して「死んでいること」がある。そして「目覚めていること」から「眠っていること」が生ずるように、「生きていること」から「死んでいること」が生じ、またその反対も然りである。すると「生きていること」から「死んでいること」への過程があるように、「死んでいること」から「生きていること」への過程もなければならないことになる。いいかえれば、それは死から生への蘇がえりの過程である。だとすれば死者たちの霊魂がふたたび蘇がえるべく冥界で存在していたということになるだろう。というのも、もし生きているものが死んで蘇がえらないとすれば、死んだものだけがあることになって、万物はいつか死に絶えてしまうことになるだろうからである。

プラトンの霊魂不死説の批評

以上のようなプラトンの所説には誤謬推理があることは明白である。たとえヘラクレイトスのいうように、万物はその反対物から生ずるということを認めたとしても、したがってまた「生きているもの」は「死んでいるもの」から生ずるということを認めたとしても、その「生きているもの」と「死んでいるもの」が同じ霊魂であるという証拠はどこにもない。生きているものが死に、死という無から生が生ずるのは道理であるとしても、新しく生れてくるものが、死んだものと同じ霊魂をもっているということは証明できない。もし「万物は転化する」ということを認めるのであれば、ヘラクレイトス自身がいっているように、「われわれは同じ河に二度と入ることはできない。たとえ河は同じでも流れる水は異なったものである」(7)ということをも認めなければならないだろう。これと同様に、「死んでいるもの」から「生きているもの」が生ずるとしても、その生ずるものが死んだものと同じ霊魂であるという証拠はどこにもない。プラトンの霊魂の不死説には一種の詭弁が認められる。そこでは、普遍的な生死と個別的な生死が同一次元で論じられているが、しかし一般に死から生が生ずるということと、ある個別者の死からその者の生が生ずるということとはまったく別のことがらである。

知識は想起（アナムネーシス）である

さて、ここからプラトンはまた知識は「想起」（アナムネーシス ἀνάμνησις）であるという結論を導き出している。

われわれがあるもの（A）を見て、それがあるもの（B）と等しいという場合、かならずしもそのAとBがまったく同一であるといっているわけではない。そこには、ぴったりとは符合していない部分があることを容認している。たとえば現実にある美しいものは美しさ自体ではない。たしかに両者は類似してはいるが、現実にあるものには何か欠けている要素がある。それは不完全なものであって、美そのものではないということをわれわれは承知している。ということは、われわれは等しいもの（A・B）と、等しさ自体（C）とを区別しているということであろう。また同時に、等しさ自体を知っているということでもあろう。というのも、われわれが等しさ自体を知っているのでなければ、AとBが等しいということをも知ることができないであろうからである。だとすれば、われわれはすでに等しさ自体を知っていて、あるもの（A）を見たときに、等しさ自体（C）を想起し、そのあるもの（A）とあるもの（B）とが等しいことを知るのだということになる。

思うに、生まれる以前にそれらの知識を得ておきながら、生まれてくるときに失ってしまい、後になって感覚を通して、それらの存在についての知識をふたたび得るのだとしたら、その場合、知ると

いうことは想起することだということになるだろう。（75E）

すると、ここから霊魂が不死であるという結論が生ずる。というのも、霊魂が肉体の死とともに滅びるのであれば、われわれはかつて有していた知識を想起するということは不可能であるからである。霊魂は人間のなかに存在する以前にも、肉体から離れて、しかも知識をともないながら、存在していたということになる。（76C）

霊魂の不死説と知識の想起説については『メノン』でも語られている。『メノン』における想起説の特徴は、それが『パイドン』や『国家』においてのように、イデア論と結びつけて語られるのではなく、イデア論が説かれる以前の原初的な形で、しかも直截に語られているところにある。

ここでは霊魂が不死であることと、知識が想起にほかならないことが何の前提もなく、いきなり提示され、論じられている。そして知識が教えによってではなく、想起することによって得られることがひとつの事例でもって示されている。

ソクラテスはメノンの召使いの子供に、あたえられた正方形の二倍の面積をもった正方形を作図するにはどうしたらよいかという問題をあたえる。無論、召使の子供はその問題に即座に答えることはできない。それは、今日のわれわれでも答えることのできない、なかなかの難問である。無学な子供に答えられるはずはない。そこでソクラテスはごく簡単で基本的なことから質問をする。最初のうちはソクラテスの質問に容易に答えていた子供も、しだいに答えを見出すことができなくなったり、間違った答えを出したりする。たとえば、最初、あたえられた正方形の一片の長さを二倍にすることを思いつくが、それだと出来上がった正方形の面積は四倍になってしまうことは瞭然である。そこでソクラテスは出来上がった四倍の面積をもつ正方形を四つのブロックに分け、それぞれのブロックを半分にするにはどうしたらよいかを訊ねる。こうして問答を積み重ね、行き詰まると元に戻ってもう一度考え直していく過程で、その子供は、あたえられた正方形の対角線を一片とする正方形を作図すれば、それがあたえられた問題の答えになることを知る。問答のなかでソクラテスは何も子供に知識を授けるわけではない。ただ辛抱強く問答を繰り返しているだけである。答えはその子供が自分自身で見出している。知識は子供自身から生まれている。ソクラテスはただその手助けをしているにすぎない。いわゆる「産婆術」（マイエウティケー μαιευτική）の見本のような「対話」（ディアレクティケー διαλεκτική）である。

けれどもこの対話によって、はたして知識は想起であるという結論が生ずるだろうか。奴隷の子供が正方形や面積などの幾何学的な知識を生まれつき持っていて、ただそれをソクラテスとの問答を通して思い出したのだといえるだろうか。むしろその子供は霊魂のまったくの白紙の状態から、ソクラテスの適切な導きによって、一歩一歩、知識を獲得していったという方が理にかなっているのではなかろうか。思い出したのではない、学んだのである。有から有が生じたのではなく、無から有が生じたのである。後にロックが生得観念を否定して、精神は生まれたときは何も書かれていない「白紙」（タブラ・ラサ tabula rasa）の状態であったが、経験によって一つひとつ観念を自分の内に形成していったと主張しているように、霊魂はまったくの無の状態から、理性と経験の助けによって、徐々に知識を蓄えていったというべきである。そしてもしそうだとすれば、この想起説によって根拠づけられた霊魂の不死説もまたその正当性を失うことになるだろう。

4 プラトンの徳論

四主徳――知恵・勇気・節制・正義

『国家』は「正義について」という副題がついている。正義とは何かを論ずるのが『国家』の意図である。では「正義」（デカイオシュネー δικαιοσύνη）とはいったい何であろうか。一言をもっていえば、プラトンは正義を調和と見た。国家にもとめられているのは「知恵」であり、「勇気」であり、「節制」である。そしてこの三つの徳がそれぞれに過不足なく、その能力を発揮し、国家全体がつり合いのとれた状態が「正義」であるとプラトンはいう。

理想的な国家の構成要素の第一は「知恵」（ソピア σοφία）である。ここで知恵というのは特定の分野の「知識」ではない。たとえば大工や農業などの技術にかかわる知識ではない。国家を統治するための知識である。「完全な意味での統治者」としての知識である。したがって、それは国民全員にもとめられるような知識ではなく、国家の統治者にもとめられる知識である。したがって国家の統治者としては哲学者がもっともふさわしいことになるだろう。

国家の第二の構成要素は「勇気」（アンドレイア ἀνδρεία）である。勇気とは一種の保持である、とプラトンはいう。ここでいう保持とは、おそろしいものとはいったい何であり、どのようなものであるかについて、法律によって、また教育を通して形成された考えを守護することである。どのような苦痛や、快楽や、欲望のうちにあっても、それを守り抜いて、投げ出したりしないことである。これもまた国民全員にもとめられるものではなく、軍人にもとめられる徳目である。軍人は、恐ろしいものと、そうでないものとについて、法にかなった考えを、どんな場合においても保持することがもとめられる。それが勇気であるというのである。

第三の構成要素は「節制」（ソープロシュネー σωφροσύνη）である。節制とは、一種の調和や秩序のことで、さまざまな欲望や快楽を制御することである。すると節制には二つの側面があることになる。ひとつは、素質の優れたもの、あるいは支配するものと、素質の劣ったもの、あるいは支配されるものとの間に成立する、どちらが支配すべきかについての考えの一致であり協和である。もうひとつは、「放埒」（アコラシアー ἀκολασία）の反対概念であって、それは霊魂の優れた部分が劣った部分を支配し統御している状態であると考えられている。いずれにしても優れたものが劣ったものを統御して、そこに調和が保たれている状態が節制であると考えられている。そして、この点で、先の知恵や勇気のように、国家の特定の構成員や階級にもとめられる徳目ではなくして、すべての人に共通にもとめられる徳目であるところに、「節制」の特徴があり、またその点で、「正義」の徳と共通点を有している。けれども、優れたものや、支配するものにしたがうという点で、それは統治者や軍人以外の階層にとくにもとめられる徳目であるともいえる。

以上のように、「節制」に関するプラトンの説明は二義的であり、一方では、節制は快楽や欲望を制御することであり、したがってまた自己に打ち勝つことであると規定されるとともに、他方では、誰が国家を支配すべきかについて、支配者と被支配者との間に合意が成立しているときに、こうした合意や調和が国家のもつ節制であると考えられている。

最後に、正義（ディカイオシュネー δικαιοσύνη）である。正義とは、以上の三つの徳に活力をあたえ、それらを存続させる働きをするものと考えられる。正義はいわば国家全体にかかわる徳であって、国家を構成する三つの階級がそれぞれに固有の徳を発揮しているとき、すなわち統治者は知恵を、軍人は勇気を、またその他の者は節制につとめているとき、そうした国家は正義の国と呼ばれる。

ポリスとポリテース

そして国家についていわれたことは個人についてもあてはまる、とプラトンはいう。彼は人間の霊魂を理知的な部分と気概的な部分と情欲的な部分に分ける。そして国家に知恵があるのと同じ仕方で個人にもまた知恵があり、国家が勇敢であるのと同じ仕方で個人も勇敢であり、国家において優れたものが劣ったものを統治して、秩序と調和が保たれているように、個人において（劣っている）あらゆる欲望が（優れている知恵や勇気によって）よく制御されているのと同じ仕方でよく制御されている。また、このようにして国家を構成する三つの階級がそれぞれの能力や役目を果たすとき、その国家が正義の国と呼ばれたように、霊魂を構成する三つの部分がそれぞれ固有のはたらきをするとき、その個人は正義の人と呼ばれる。プラトンは霊魂における正義を身体における健康と比較して論じている。ちょうど身体が健康であるとは、身体の諸要素がその本来のあり方にしたがって統御されている状態にあるということであるように、霊魂が正義にかなっているということは、霊魂の諸要素が本来のあり方にしたがって統御されている状態にあるということだというのである。ここに秩序や調和を重んずるギリシア人の価値観がよくあらわれている。プラトンの徳論はこうしたギリシア人の価値観を代弁するものであるといえるだろう。

この知恵（理知的部分）と勇気（気概的部分）と節制（情欲的部分）の関係については、『パイドロス』

では、翼をもった二頭の馬車を御する御者の譬え話で示されている。一頭は従順な馬（勇気）であって、御者の命令どおり、まっしぐらに天界に飛翔しようとするが、もう一頭は性悪な馬であって、情欲や快楽に執着し、感覚的世界へ舞い戻ろうとする。この相反する二頭の馬を操って、御者（知恵）は天界（イデア界）へと飛翔しようとする。そこに霊魂の「浄化」（カタルシス κάθαρσις）が語られ、またそこから、哲学は「死の練習」であるという教説が生ずる。

このことについてプラトンは、『パイドン』では、一般に、真に何かを知ろうとするなら、われわれは肉体から離れ去らねばならず、霊魂それ自身によって、ものごとのそれ自体を観想しなければならないと語り、こうして霊魂を肉体からできるかぎり分離すること、霊魂をいわば肉体という束縛から解き放して、それ自体において住まいうるように慣れさせなければならないと説き、最後に、もし霊魂の肉体からの解放と分離を死と呼ぶならば、哲学すなわち知を愛しもとめるとは、死を練習することであり、したがって知を愛するもの（哲学者）にとって、死はいささかも恐怖とはならないということを語っている（67C-E）。

5　霊魂の不死説

霊魂の穢れ

『国家』の最終部分では霊魂の不死についての議論が展開されている。その箇所で、プラトンはまず善と悪の定義をおこなっている。一般に、善とは、事物を保全し利益をあたえるものであり、反対に、悪とは、事物を損なったり滅ぼしたりするものである。また、すべての事物にはそれぞれ固有の悪がある。たとえば身体にとっては病気、食物にとっては黴《かび》、木材にとっては腐朽、金属にとっては錆《さび》がそれである。そしてそうした悪が事物に侵入し事物を犯すと、事物は破壊され滅亡する。だとすれば、反対に、事物がそうした固有の悪に犯されないかぎりは、滅ぶということもまたない。たとえば身体は病気におかされないかぎりは滅びるということもない。食物の腐敗という悪によって滅びるということはない。ただ腐敗した食物が身体のなかに入ってきて、身体に固有の悪すなわち病気をつくり、それが身体を蝕《むしば》むときに、身体は滅びるというべきである。身体を滅ぼすのは病気であって、食物の腐敗ではない。ただ食物の腐敗は病気を引き起こすひとつの要因になっているというにすぎない。

以上のことを霊魂にあてはめていうと、霊魂にはそれを悪化させる何ものかがある。たとえば不正、放縦、怯懦《きょうだ》、無知などである。けれどもこうした悪が霊魂のなかに入り込むことによって、霊魂が駄目になり滅びるということはない。事物はそれに固有の悪によってのみ滅ぼされるのであって、それとは別のものに属するものによって滅ぼされることはないからである。

では霊魂はどうして害われるのであろうか。プラトンによれば、それは霊魂が肉体と結びつくことによって、あるいは肉体との結びつきから生ずるさまざまな災いによって、傷つけられたり、損なわれたりするのである。それだから霊魂が肉体から離れて浄められ、その本来の姿にもどったとき、それは神的で不死で永遠な存在になる。したがって霊魂はその本来の姿においては不死であるという。霊魂はその固有の悪を自分のうちにはもっていない。ただそれが肉体と結びつき、それによってさまざまな災いを受けるとき、不浄なものとなるのである。

これが『国家』における霊魂の不死説の梗概である。霊魂の穢れの原因は肉体との結びつきにあるのであって、霊魂それ自体は神聖であり不滅であるいうのが、その根本の趣旨である。

エルの物語

ところで『国家』の末尾には有名な「エルの物語」が語られている。それは霊魂の死後ないしは生前の運命を述べたものであって、その「エル」という名前からしても、東方のヘブライ思想に由来するものである。また、そこにはオルフェウス教やピュタゴラス学派に共通した思想が盛り込まれている(8)。

物語の梗概はつぎのとおりである。エルは戦争で最期をとげた後、肉体から切り離され、他の多くの霊魂とともに、ある不思議な場所につれていかれる。そこには天の穴と地の穴があり、裁判官たちが座っていて、やってきた霊魂たちを、その生前のおこないに応じて、どちらかの穴に行くように命じる。どちらの穴にも往路と復路があって、先に地の穴に落ちたものは汚れと埃にまみれてその場所に戻って来、天の穴から昇ったものは清らかな姿でその場所に降りてくる。それぞれの滞在期間は千年と定められている。それは霊魂が生前におこなった行為のちょうど十倍分の償いと褒美を得るためである。そして長い旅路を終えて元の場所にもどってきた霊魂たちはお互いの経験を語り合う。一方は楽しかった経験を笑いながら楽しそうに話し、他方は恐ろしかった経験を涙ながらに物語る。プラトンはとくに地の穴に落ちたものの味わう恐怖について細々《こまごま》と書き記している。

さて地の穴と天の穴から戻ってきた霊魂たちは、籤を引いて、その順番にしたがって次の生涯を自分で選ぶ。どんな生涯を選ぶかは本人の自由であり、また籤の順番はその霊魂の禍福とは必ずしも関係はない。エルの語るところによると、一番籤を引いたものは、躊躇することなく独裁僭主の生涯を選んだ。

しかし彼はそうした生涯に、わが子の肉を食らうことや、その他数々の災いが運命として含まれていることに気がつかなかった。そうした運命を後で知って嘆いたがどうにもならなかった。この男は天の穴を降りてきたものであったが、彼は真の知を追及することなく、ただ習慣によって徳を身につけたものであって、苦悩によって学ぶということがなかったからである。これに対して、地の穴から戻って来たものは、自分自身がさんざん苦労し、また他の人の困苦をも見てきたので、けっして愚かな選択はしなかった。それで、一般論としては、多くの霊魂にとって良い生涯と悪い生涯が入れ替わることになった。

エルはその具体的な例をあげている。かつて（ディオニュソスに仕える狂乱の女たちに殺される）オルフェウスであった霊魂は白鳥の生涯を選び、（ミューズの女神たちに挑んで敗れた）タミュラスの霊魂は夜鶯の生涯を選び、（トロイア戦争のギリシア軍の武将で、死んだアキレスの武具甲冑をめぐってオデッセウスと争って敗れた）アイアースは人間に生まれることを嫌い、（妻とその情夫によって殺害された）アガメムノーンもまた人間に生まれることを嫌って鷲の生涯を選んだ。そして最後の籤を引いたオデッセウスは前世における数々の苦労の経験から、名声をもとめる野心を離れて、平穏な一私人としての生涯を選んだ。そして、たとえ自分が一番籤を引いたとしても、同じ生涯を選んだだろうといったという。そこには人生についての深い知恵が織り込まれているといえるだろう。

こうして霊魂たちがつぎの生涯を選び終えると、彼らは女神アナンケー（必然）の前を通って、忘却（レーテー λήθη）の野へ赴き、放念（アメレース ἀμελής）の河のほとりで宿営し、そこで定められた分量の水を飲むことに決められていたが、多くの霊魂は自制することができず、定められた分量よりも多く飲んだので、飲んだ途端にすべてのことを忘れてしまった。そしてすべての霊魂が寝静まった真夜中に、雷鳴がとどろき、大地が震撼した。すると霊魂たちは、あたかも流星が飛んでいくように、突如として、方々に、新たな誕生のために空高く運び去られた。

エル自身は河の水を飲むことを禁じられていたが、自分がどこを通って、どのように肉体にもどってきたかはわからなかった。けれども、不意に、目を開けてみると、明け方に、自分が埋葬のために薪の上に横たわっているのを見出したのだという。

なかなか示唆に富んだ物語であるが、プラトンはソクラテスのつぎの言葉をもって、この物語を、そしてまた『国家』全体を締めくくっている。

もしわれわれがこの物語を信ずるならば、それはまたわれわれを救うことになるだろう。そしてわれわれは、「忘却の河」を無事に渡って、霊魂を汚さずにすむことだろう。しかし、もしわれわれが、私のいうことにしたがって、霊魂が不死であり、あらゆる善や悪に耐えうるものであることを信ずるならば、われわれはつねに向上の道をはずれることなく、あらゆる努力を尽くして正義と思慮とにいそしむようになるだろう。そうすることによって、この世にある間も……また正義の褒賞を受け取るときが来てからも、われわれは自分自身とも、神々とも、親しい友であることができるだろう。そしてこの世においても、またわれわれが物語った、あの千年の旅路においても、われわれは幸福であることができるだろう(9)。（621C–D）

霊魂の輪廻と肉体の輪廻　この「エルの物語」で描かれている輪廻説と仏教的輪廻説とは似て非なるところがある。エルの物語では、もともと霊魂と肉体は別のものと考えられており、肉体の方は滅びるが、霊魂が永遠に存続し輪廻転生すると考えられている。すなわち「霊魂の輪廻」(メテンプシュコーシス μετεμψύχωσις metempsychosis) である。霊魂は (自分が宿っている) 肉体が滅びると、別の肉体に宿って転生する。また新しい肉体が滅びると、さらに別の肉体に宿って転生を繰り返す。その場合、「エルの物語」にあるように、前世で人間の肉体に宿った霊魂は、来世では必ずしも別の人間の肉体に宿るわけではなく、鷲に宿ったり、夜鷲に宿ったりする。いいかえれば人間と畜生との間を往来する。

この点は仏教の輪廻説と同様である。けれども仏教的輪廻説では、霊魂と肉体は分離されておらず、人間がそのまま畜生に、畜生がそのまま人間に生まれかわると説かれる。霊魂が人間から畜生へとその宿る場所を変えるのではなく、人間自体が畜生に転生し、畜生自体が人間に転生するのである。つまりは肉体の輪廻 (メテンソーマトーシス μετενσωμάτωσις metemsomatosis) が説かれる。そこには霊魂と肉体の二元論はない。霊魂と肉体とを区別するという考え方は希薄である。

また仏教的輪廻説においては、前世における行いの善悪に応じて来世における禍福が決定される。高い身分に生まれるか、それとも低い身分に生まれるか、あるいは人間に生まれるか畜生に生まれるかは偏に前世における行いしだいである。そこには善因善果・悪因悪果の因果応報の観念が健在である。これは、仏教には人格的な神が存在せず、したがって人間を審く審判者としての神が存在しないことと関連があるだろう。行為の善悪に応じて禍福を賦する審判者が存在しないとすれば、正しい行いをしようとする動機づけができない。そのため輪廻が審判者の役割を担っているのである。それだから輪廻は生死輪廻であるとともに業報輪廻でもある。

これに対して「エルの物語」では、霊魂は来世の存在を籤引きによって選び、自分の意志で何に転生するかを選ぶことができる。したがって現世で正しい行いをしたものが、必ずしも来世で幸福な生涯を送ることができるとはかぎらない。むしろ現世で悪い行いをしたものの方が、苦労を多く積み、人生というものを深く反省する機会に恵まれるので、その外面の華やかさにとらわれることなく、真に充実した生を選択することが多いということが暗示されている。ここには人生というものに対する深い洞察と知恵が潜んでいるといえるだろう。けれども、エルの物語においても、現世の行いの善悪に応じて、あの世で地の穴から下りていくものと、天の穴から昇っていくものとに分けられ、それぞれ千年間、業苦と至福の対照的な生活を送った後、一堂に会して来世の自分の生を選択すると考えられているので、仏教の輪廻説とは異なった形ではあるけれども、やはり因果応報の観念は健在であるともいえる。いずれにしても応報主義はわれわれの倫理的生には不可欠の要件である。しかし、それがどういう形で説かれるかというところに東西の思考様式の相違があるといえるだろう。

注

（1）『プラトン全集』12、岩波書店、一九七五年、ただし引用文は訳文どおりではない。以下同様。

（2）この「分割できない有」と「分割可能な有」および「同」と「異」とは何であるか、またそれら相互の関係はどうなっているかについては種々の解釈があるが、そうした煩瑣な問題はプラトンの宇宙観にとって本質的な問題ではないと思われるので、ここでは触れないことにする。『全集』「解説」参照。

(3) Herman Gunkel, *Schöpfung und Chaos in Urzeit und Endzeit*, 1895.
(4) 山田晶「デミウルゴスについて」『プラトン全集』12、岩波書店、「月報」参照。
(5) 拙稿「プラトンのイデアについて」(『研究紀要』日本大学経済学部、第七七号)、二〇一五年、参照。
(6)『プラトン全集』1、岩波書店、一九七五年、ただし引用文は訳文どおりではない。
(7) H. Diels-W. Kranz, *Die Fragmente der Vorsokratiker*, 3Bde. 1951-52, 11 B12.
(8)『プラトン全集』11、岩波書店、一九七六年、「訳注」(七四一頁)参照。
(9)『プラトン全集』11、ただし引用文は訳文どおりではない。

第4章　アリストテレスの形而上学

1　アリストテレスの形而上学の梗概

イデア論の批判

プラトンのイデア論を批判的に継承することによって、みずからの哲学体系を構築したのがアリストテレスである。彼はプラトンに対するもっとも鋭い批判者であったとともに、根本的には、その思想のもっとも忠実な継承者であった。アリストテレスは、プラトンと同様、自然におけるある存在の種（または類）をではなく、存在としての存在、すなわち「存在そのもの」（τὸ ὄν ᾗ ὄν）をあつかうのが「第一哲学」（πρώτη φιλοσοφία）の任務であると考えた。けれどもプラトンがそうした本質を、感覚的事物から離れてある不動の実体すなわちイデアと考えたのに対して、アリストテレスは感覚的事物こそ真の実体であり、普遍（本質）は個物のうちに宿ると考えた。彼は『形而上学』のなかでプラトンのイデア論を再三にわたって執拗に批判しているが、それらの批判の矛先は、結局のところイデアの超越的な性格に向けられているといえるだろう。

アリストテレスによれば、イデアは感覚的事物から離れて存在する不動の実体であるから、個物の生成や存在の原因とはなりえない。たしかに『パイドン』では、イデアが個物の存在と生成の原因であると述べられているが、しかしたとえイデアであっても、個物は、これを動かすもの（運動因）がなくては生成しえない。またプラトンは「分有」（メテクシス μέθεξις）とか、「臨在」（パルーシア παρουσία）とかいう概念でもって、イデアが感覚的事物の存在の根拠であることを示そうとしているけれども、それは単なる「詩的な比喩」にとどまっている。さらに、イデアは感覚的事物の認識に関しても何の役にも立たない。というのも、もし実体（本質・ウーシア οὐσία）があるなら、それらは感覚的事物に内在しているはずであるからである。要するに、イデアは超越的で永遠不動の実体であるのだから、個物の存在や生成や認識の根拠とはなりえないというのである。

ここからさらにアリストテレスは、イデアはじつは感覚的事物をその内容を変えずに永遠化したものにすぎず、したがって感覚界を二重にしたものにすぎないという批判を導き出している。アリストテレスの言によれば、イデアとは感覚的事物に「自体」（αὐτό）を付加したものにすぎない。人間とか馬とかいうかわりに、人間自体とか、馬自体とかいわれるだけである。しかし個物の形相と形相それ自体とは、いったいどう違うのだろうか。実際、われわれは「二」のイデアと現実の「二」がどう違うのか説明することは困難であろう。このようにイデアとは、いわば「永遠化された感覚物」にほかならず、したがってまた感覚物の外に超越的なイデア界を考えることは感覚界の無益な二重化にすぎない。アリストテレスは、変転きわまりない現象界に対して、恒常不変なイデア界が考えられたのは学問的認識の可能性を保持するためであったことは率直に認めている。しかし、それが要するに超越的存在と考えられ、個物からまったく切り離されてしまったために、個物の存在や生成や認識の原理として相応しくないという点を批判するのである。

ではアリストテレス自身はどう考えたのか。

四原因説

アリストテレスは、プラトンのように普遍的な概念や本質が個物に対して超越的に存在しているとは考えず、反対に、個物に対して内在的であると考えた。彼にとっても恒常的で普遍的なものが真実在であり、個物の本質であると考える点ではプラトンと何ら変わるところはなかったが、しかし彼は、プラトンとは異なって、形相が質料と不可分であるということを主張したのである。こうしてプラトンにおけるイデア界と現象界との、いわば超越的二元論が、同一個物の内部における内在的二元論に置きかえられた。

アリストテレスによれば、事象を成立させている原理または原因として四つのものが考えられる。質料因、形相因、運動因、目的因である。質料（ヒュレー ὕλη）とは、あるものが生成するときのその基体（ヒュポケイメノン ὑποκείμενον）であり、また形相（エイドス εἶδος）とは、あるものをして「それがいったい何であるのか」（ト・ティ・エーン・エイナイ τὸ τί ἦν εἶναι）を示す当のもの、すなわち物の本質であり、さらに運動因（キヌーン κινοῦν）とは、一般にものを始動させる原因であり、最後に目的（テロス τέλος）とは、ものがそれを目指して生成変化するところのものである。これを家屋でもって例示すれば、質料は木または石であり、形相は家屋という概念であり、運動因は建築家であり、目的は現実の家屋である。しかし運動因と目的因は、その本性上、形相因と一致する。なぜかといえば、運動因としての建築家とは、質料としての木や石を家屋という形相へともたらすものにほかならないから、真の運動因は形相であるともいえるし、また目的因としての現実の家屋はまさしく家屋の形相と一致するからである。したがって四原因は、結局、相互に他に還元できない質料と形相とに統括することができる。

質料と形相

では質料と形相はどのような関係にあるだろうか。

アリストテレスによれば、質料とは、無規定なものであって、まだ具体的な個物すなわち「このもの」（トデ・ティ τόδε τί）としての形態をとっていないものである。しかも、それは現実的な形態をとる能力を潜在的にもった基体すなわち可能態（デュナミス δύναμις）である。これに対して形相とは、可能態としての質料が「このもの」として現実になったものであり、完成された現実態（エネルゲイア ἐνέργεια、エンテレケイア ἐντελέχεια）である。質料はまだ何ものでもないが、何ものかに成りうるものであり、その何ものか（形相）の実現を目指して運動しているものである。この点で、アリストテレスの質料は、それを単なる非有（メー・オン μὴ ὄν）と考えたプラトンとは対照的に、きわめて力動的な基体として考えられている。質料は非有でも現実態でもない。それは現実への可能態であり、まだ完成されていない現実態である。したがって質料はわれわれにとって先なるものであり、形相は後なるものであるが、しかし可能態は現実態を前提するから、形相は本性上先なるものである、といわれる。

だがアリストテレスにおける質料と形相の区別は、プラトンにおける現実界とイデア界との区別のように、絶対的なものではなく、きわめて相対的なものである。それは、ある関係においては質料であるが、他との関係においては形相となりうる。たとえば木材は机に対しては質料であるが、まだ切られていない原木に対しては形相であり、また反対に霊魂（プシュケー ψυχή）は肉体（ソーマ σῶμα）に対しては形相であるが、理性（ヌース νοῦς）に対しては質料である。したがって現実の個物はすべて質料と形相との統合体（シュノロン σύνολον）であって、どんな低次の個物であっても、そのなかに何ほどかの形相を包含しているということになる。

こうして存在の全領域は、形相を少しも含まない「質料の質料」としての「第一質料」（プロテー・ヒュレー πρώτη ὕλη）を最低の段階とし、また反対に、質料を少しも含まない「形相の形相」としての「第一形相」（プロテー・エイドス πρώτη εἶδος）を最高の段階とする位階的・目的論的な段階を構成する。けれども形相をまったく欠いた純粋質料はまったくの無規定であって、現実には存在しえない。現実に存在している最低次の個物といえども、何らかの形相を含んでいるからである。同様にして、質料をまったく欠いた形相も現実には存在しえない。アリストテレスはこのような完全現実態（エンテレケイア ἐντελέχεια）としての第一形相を、感覚的世界を超越した存在と考え、それを神（テオス θεός）と呼んだ。感覚的現実界を超越した第一形相としての神は超越的世界に存在する。

神——第一の不動の動者

神は純粋な形相であって、いかなる可能性をももたない永遠なる完全現実態（エンテレケイア）である。それは質料を有しないから不可分な一者であり、また非物質的であるから叡知的な存在者である。なぜかというと神が神以外の対象を思惟するとすれば、神は一個の可能態に堕することになるからである。したがって、その思惟は自体的思惟であり、「思惟の思惟」（ノエーシス・ノエーセオース νόησις νοήσεως）である。つまりそれは自己自身に対する直観であり、「観想」（テオーリア θεωρία）である。アリストテレスはここに最高の善と最高の幸福とを見た。

また形相は、前述したように、運動因であるとともに目的因でもあるから、神はすべての運動の絶対的始源であり、第一動者（プロートン・キヌーン πρῶτον κινοῦν）であるとともに、万物の究極目的であり、最高善である。アリストテレスはそれを「第一の不動の動者」（ト・プロートン・キヌーン・アキネー

トン τὸ πρῶτον κινοῦν ἀκίνητον）という言葉で説明している。神は、自己自身は不動でありながら、しかも他のものを自己の方へ動かすのである。それはちょうど「愛される者が愛する者を動かすように動かす」のに似ている。そして、ここに、アリストテレスの目的論的世界観が有体に表現されているといえるだろう。

けれども、このような「第一の不動の動者」としての神は、感覚的事物や質料からまったく切り離された超越的存在であり、またその点でプラトンのイデアときわめて類似している。実際、アリストテレスが神にあたえた諸規定、すなわち不動、永遠、不可分、非物質性、純粋形相、超越性などは、ことごとくイデアにもあてはまるものである。この点で、もともとイデアのもつ超越的性格に反対して、形相を質料に内在させたアリストテレスは、結局、その第一形相すなわち「不動の動者」の思想において、プラトン的立場に逆戻りしたということができるだろう。

2 アリストテレスのプラトン批判

『形而上学』の書誌

プラトンのイデア論に対するアリストテレスの批判は『形而上学』第一巻、第十三巻、および『断片集』に収録されている「哲学について」「イデアについて」などに、まとまった形で展開されている。このうち『形而上学』第一巻は紀元前三四八〜三四五年頃、第十三巻は三三五年以後の作と見られている。したがって両巻の執筆時期には一〇年余の開きがあることになる。当然、プラトンのイデア論に対するアリストテレスの関心と評価にも違いが見られる。また、この第一巻の第九章と、第十三巻の第四章、第五章とほぼ同じ内容である。ということは、第十三巻は第一巻を下敷きにしているか、あるいは両巻は同一の資料にもとづいていることを予想させる。その際、関連があると思われるのは『断片集』に収められている「イデアについて」である。

現在の『アリストテレス全集』に蒐集された著作以外に、アリストテレスが書いた一連の著作があったことは多くの歴史家や哲学者が証言している。今日、著作の原物そのものは残っていないが、そうした散逸したアリストテレスの著作について伝記者が記したものを集めたものが『断片集』として全集に収録されている。「イデアについて」もそのひとつで、彼らが伝えている内容をまとめてみると、アリストテレスは若い頃に『イデアについて』という題名の本を書いたらしい。一巻本という説と二巻本という説とがあるようであるが、いずれにしてもプラトンの晩年あるいは没後の間もない時期に書かれたと見るのが通説になっている。もしそうだとすれば、『形而上学』第一巻と第十三巻の内容上の重複は、ともに『イデアについて』をもとにしているからとも考えられる。

実際、三者を比較してみると、きわめて類似していることが一目瞭然である。アリストテレスのイデア批判の原型はここにあると見て、まず間違いはないだろう。けれども今日残っているのはアリストテレスの書いた原本ではなく、後の歴史家や哲学者たちの書物のなかにあるアリストテレスの原本からの断片的な引用や、それについての解説・コメントの類である。したがって、それらは二次的資料と見なければならない。それで、以下、アリストテレスのイデア批判を考察するにあたっては、あくまで彼の『形而上学』を基本とし、「イデアについて」および「哲学について」は補完的に触れるにとどめたい。

「形而上学」の語源

周知のように、アリストテレスの『形而上学』は最初から確固とした意図や構想をもって、順序正しく体系的に叙述されたものではなく、異なった時期に、異なったテーマについて書かれた論文や講義草稿類を、後に全集の編者が集めて一本としたものである。紀元前五〇～六〇年頃と推測されているから、アリストテレスの没後、三〇〇年近くが経過している。『形而上学』(metaphysica) という題名も、アリストテレス自身がつけたものではなく、「自然学的諸著作の後に」(τὰ μετὰ τὰ φυσικά) 配置するという、(全集の編者) アンドロニコス (Andronikos ho Rhodios) の残したメモが、そのまま後の学問名になったことは周知のことがらである。「後に」という意味のギリシア語 μετά が、同時に「超えて」という意味も有しているところから、「自然学を超えた学問」として「形而上学」という名称が定着した。「超自然学」ともいうべき性格のものである。内容的にはアリストテレスのいう「第一哲学」(πρώτη φιλοσοφία) に符合している。

ちなみに「形而上学」という日本語は『易経』(繋辞上篇) にある「形而上者謂之道、形而下者謂之器」(形より上の者、之を道と謂い、形より下の者、之を器と謂う) に由来している。命名者は井上哲次郎で、彼の編纂した『哲学字彙』(明治一四年) に見える。

プラトン哲学の三つの源泉

アリストテレスの『形而上学』は「すべての人間は生まれつき知ることを欲する」(Πάτες ἄνθροποι τοῦ εἰδέναι ὀρέγονται φύσει) という有名な言葉で始まっている。人間は動物のようにただ感覚や記憶を有しているだけでなく、経験知、技術知をも有し、さらには理論的な知である「知恵」(σοφία) を有する。知恵ないし哲学は物事の究極の原理を対象とするものである。事物の原因には質料因、運動因、目的因、形相因があるが、最初の哲学者たちは主として質料因すなわち

「世界は何でできているか」を探究しようとした。アリストテレスはタレスからデモクリトスにいたる哲学者たちの思想を簡単に素描したあと、プラトン哲学の性格を明らかにするとともに、そのイデア論に対して徹底した批判を加えている。

アリストテレスによれば、プラトン哲学には三つの源泉がある。ひとつはヘラクレイトスの万物流転説であり、もうひとつはソクラテス的精神、すなわち普遍的なものへの志向であり、最後のひとつはピュタゴラスの数論である。プラトンはヘラクレイトス主義者であるクラテュロス（Cratylus）に接して、万物はつねに生成消滅しているので、これらの事物については真の認識は得られないという確信を得た。そしてその確信を生涯にわたってもちつづけた。またソクラテスからは、つねに普遍的なものを問いもとめ、それを定義することの重要性を学んだ。しかるに感覚的事物はつねに運動変化しているから、普遍的な定義をあたえることは不可能である。そこでプラトンは感覚的事物とは異なった恒常不変なイデアの存在を想定し、前者は何らかの意味において後者とかかわることによって、事物として存在しえると考えた。それはピュタゴラス学徒が、「事物は数を模倣することによって存在する」といったのを、「事物はイデアを分有することによって存在する」と言い換えただけである。しかし、プラトンは、この「かかわる」とか「分有する」とかいうのは、具体的にはどういう意味であるのかを少しも説明していない、とアリストテレスはいっている(1)。

またアリストテレスによれば、プラトンは感覚的事物とイデアの中間に、もうひとつの存在すなわち数学的対象を想定している。そしてそれらは永遠不動であるという点では感覚的事物と異なっているが、数学的諸対象には多くの同類が存在するのに対して、イデアは唯一にして単独であるという点で、イデアとは異なっている、といっている。この点については、同種の批判が『断片集』の「哲学について」においても見られる。

さらにプラトンは、イデアはあらゆる存在の原因であり、また構成要素であると考えた。あらゆる事物は質料としては「大と小」あるいは「二」が、形相としては「一」がそうした原理であるとした。イデアが「一」の原理であるということはわれわれにも容易に理解できるが、質料が「大と小」ないし「二」の原理であるというのは少しく理解しがたい。はたしてそれはどのような意味であるのだろうか。

アリストテレスによれば、ピュタゴラス学徒は無限なものを「一」としたのに対して、プラトンは無限なものを「二」とし、それは「大と小」から成ると考えたという。ここでいう「無限なもの」（ト・アペイロン τὸ ἄπειρον）とは、無限定なものというくらいの意味で、本質上、多であるようなもののことである。いいかえれば、それはより大なるものでも、より小なるものでもありうるものであり、この意味で「不定の二」ともいわれる。要するに、感覚的世界は無限定な多なる世界であって、さまざまな程度の大なるものや小なるものが存在するというくらいの意味であろう。

またアリストテレスは、ピュタゴラス学徒とプラトンの「数論」の違いについて、ピュタゴラス学徒は数を事物と別の存在とは考えなかったのに対して、プラトンは「一」や「数」は感覚的事物とは別個に存在すると考えた、と指摘している。これは、「万物は数である」と考えたピュタゴラス学徒に対して、「数」をイデアと感覚的事物の中間的存在者と考えたプラトンとの考えの違いを指摘したものであろう。(2)

さて、同巻第九章には、プラトンのイデアについて二三か条の批判が提示されている。その多くは前述した内容と重複している。また、そのなかには一頁以上の長いものもあれば、一行余りの短いものもある。さらにはその本質を突いていると思われるものもあれば、揚げ足取りのようなものも見られる。以下、取捨選択して、重要だと思われるものだけをかかげ、若干、コメントを加えてみたい。

実在の二重化

⑴イデアは感覚的事物の原因として考えられているが、そのことによって事物と同数の、あるいはそれ以上の実在を想定することになった。というのもイデアは単なる観念や概念ではなく、事物とは別個に、超越して存在する独立した実在と考えられているからである。

たとえば、一つのものには「一」のイデアがあり、二つのものには「二」のイデアがあり、多くのものには「多」のイデアがあることになる。否、それどころか、たとえば一人の大柄な男性は、「人間」のイデアと、「大」のイデアと、「男性」のイデアいう多数のイデアを分有ないしは併有していることにもなる。まさしくこれは実在の二重化であり、否、むしろ多重化であるといわねばならないだろう。

⑵認識の観点からいえば、認識の対象となるすべてのものについてイデアはあることになるだろう。すると、イデアが「多の一」であるという点からすれば、否定的にいわれる事物、たとえば醜いものや、不正なものについてもイデアがあることになり、またイデアは、その本性上、永遠で変化しないものであるはずなのに、「消滅する事物」についてもイデアがあることになってしまう。さらに、事物間の関係については、自体的に存在する類はないはずなのに、等しいものに対しては「同一性」のイデアが、違うものに対しては「差異性」のイデアが存在することになる。そして最後に、いわゆる「第三の人

間」を説くことになるからである。

この条はプラトンのイデア論の盲点を突いているといえるだろう。これらの批判は、もしイデアが単なる論理的な観念であるとすれば、何の有効性ももちえない。われわれは「醜」や「不正」の観念をもっているし、「同一性」と「差異性」の観念ももっている。そこには何の問題もない。上記のような問題は、われわれがイデアを超越的で理想的な実在であるとする前提においてはじめて生ずる。

第三の人間　ところで、ここでいわれている「第三の人間」(τρίτος ἄνθρωπος)とは、つぎのようなものである。

もし現実に存在する個々の者が人間と呼ばれるのは、それが「人間のイデア」を分有しているからだとすれば、個々の人間と「人間のイデア」の間にはある類似性ないし共通性がなければならないことになるが、そうした類似性ないし共通性を指摘するには、さらにそのための尺度ないし標準となる「第三の人間」が存在しなければならない。そしてこの「第三の人間」は、現実の個々の人間と「人間のイデア」に共通した性質を有するものでなければならない。もしそうだとすれば、この「第三の人間」が現実の個々の人間と「人間のイデア」と共通する性質をもっていることを証する「第四の人間」が存在しなければならないことになり、こうして無限背進に陥るというものである。これもまたイデアが実在の二重化ないし多重化にほかならないとする批判のひとつと考えられる。

(3)イデア説はその元来の主張を無実化してしまう。というのは、元来、数の原理は「一」であり、「二」から生じているはずなのに、イデア説によると各々の数がイデアであることになるから、そもそもの前提と矛盾するというものである。

この点については既に触れておいたので、ここで繰り返す必要はないだろう。要するに、数の基本原理としての「二」が相対化されて、その本来もっている原理的性格を失うという批判である。

(4)もしイデアが単なる観念や概念ではなく、同時に実在でもあるとすれば、実体についてばかりでなく、その諸属性についてもそれぞれイデアが実在することになる。すると一つの感覚的事物が多くのイデアを併有していることになるだろう。

たとえば、先に述べたように、一人の大柄な男性は人間というイデアだけでなく、「大」というイデア、「男性」というイデアを併有していることになり不合理である。したがって実在としてのイデアは実体のイデアに限るべきである、とアリストテレスは語っている。

また、アリストテレスはこれに類した不合理をいくつかあげている。たとえば、あるものが「二倍」というイデアを分有しているとした場合、それは同時に、「永遠」自体をも付帯的に分有していることになるというのである。というのも「二倍」のイデア自体は永遠であるから、「二倍」のイデアを分有している事物も付帯的に永遠を分有していなければならないというわけである。

(5)イデアは生成消滅する感覚的事物に対しても、また永遠な諸天体に対しても何の役にも立たない。というのもイデアはこれらの事物の運動や変化の原因ではないし、他の諸事物の認識の原因でもないからである。

たしかにプラトンは、たとえば『パイドン』において、イデアは事物の原因であると説いている。事物はイデアを「分有」（メテクシス μέθεξις）することによって、あるいはイデアが事物に「臨在」（パルーシア παρουσία）することによってはじめて存在しえるという。けれどもそれは単なる「詩的な比喩」にすぎず、それでもって現実の事物の生起を説明することはできない。プラトンの関心はイデアと事物を結びつけることよりも、むしろ両者を切り離して、精神の眼をイデア界に向け変えることを説いていることは既述したとおりである。

(6)前項と内容上、重複するが、イデアが事物の原因となりえないことを批判している。ソクラテスはソクラテス自体がなくても生起しえる。その際、ソクラテスなるものが永遠であろうとなかろうと何の関係もない。また、同じ事物に対して多くの原型が考えられる。したがってまた多くのイデアが考えられる。するとイデアは原型でもあり、模像でもあることになって不合理である。

この箇所は少々分かりづらいが、たとえば同じ人間に対して、「人間」のイデアだけでなく、「二足動物」のイデア、「動物」のイデアをその原型として考えることができる。すると人間のイデアは現実の人間の原型であると同時に、その類である「動物」のイデアの模像であることになるというのであろう。

(7)ある事物の実体はその事物から離れては存在しえない。同じように、ある事物のイデアはその事物から離れては存在しえないのではないか。『パイドン』では、イデアは事物の存在と生成の原因であると語られている。ところがプラトン学徒は家とか指輪とかいった物のイデアの存在を認めていない。これは矛盾ではないか。

『形而上学』第三巻第三章で、アリストテレスは、プラトンは「イデアは自然による事物が存在するだけ、それだけ多く存在する」といったと伝えている。また家の存在の原因は大工であり、指輪のそれは宝石細工師であるから、プラトンはそうしたもののイデアを認めなかったのであろう。けれども同じ感覚的事物のうちのあるものにはイデアを認め、他のものには認めないというのは矛盾であるという指摘と考えられる。

(8)もし数がイデアであるとすれば、どうしてそれが事物の原因であるといえるだろうか。たとえばある数は人間であり、他のある数はソクラテスであり、また別のある数はカリアスであるなどというのは馬鹿げている。たとえ前者が永遠であり、後者はそうでないとしても、そうした区別はまったく意味がないだろう。その場合、たとえ数を比例や割合におきかえて、イデアは単なる数ではなく、数的比例であると主張したとしても、数的比例と数とは同一とはいえない。

しかし、この点については、プラトンは必ずしも数をイデアと考えていたのではなく、たとえば「線分の比喩」などにおいては、数学的対象をイデアと感覚的事物の中間者と見ているから、アリストテレスの批判は必ずしも当を得ていないように思われる。

(9)これから先の数項は、同じく数をイデアと考えることに対する批判や矛盾の指摘である。たとえば多くの数から一つの数が生ずるとはいえるが、多くのイデアから一つのイデアが生ずるとはいえないとか、もともと数というのは量的な差異を示すものであって、質的には違いはないはずであるが、もし数がイデアであるとすれば、それぞれの数が種的に異なっていることになって不合理であるとかいった類《たぐい》のものである。しかし、これらは(8)に指摘した理由によって、これ以上検討する必要はないものと考える。

(10)プラトン学徒は諸々の実体をその原理に還元しようとするとき、線を長さと短さから、面を広さと狭さから、立体を深さと浅さからなるものと考えている。しかしどのようにして面が線を含み、立体が面を含むといえるのだろうか。というのも、「長さ・短さ」自体は「広さ・狭さ」自体とは異なっているし、また「深さ・浅さ」自体とも異なっているからである。たとえば「広さ」は「深さ」を下位の種として含む類ではない。というのも、もしそうだとすると、立体は一種の平面だということになるだろうからである。

この批判は一種の揚げ足取りであろう。というのも「長さ」と「広さ」と「深さ」は本質的に異なったものではなく、同じ線の度合い、もしくは次元の違いとも考えられる。だとすれば、この批判の前提そのものが崩れるだろう。しかし、こうした批判はアリストテレスの実体観から生じている。アリストテレスにとっては個物こそ第一の実体なのであって、点や線や面はその「区分」(διαίρεσις)にすぎないからである。(3)

⑾知恵は事物の原因についての探究であるはずなのに、プラトン学徒はこれを放棄している。というのも彼らは生成や変化の原因について何ひとつ明らかにしていないからである。前にも指摘したように、彼らは事物とは別の実体(イデア)の存在を考え、「分有」とか「臨在」とかいった空語をもってそれを説明している。

これは先の批判⑸の焼き直しであるが、イデア論の急所を突いている。

⑿理性や自然の目指している目的を探究するのが哲学の最重要課題であるのに、そうした目的因とイデアとの関係が明らかにされていない。

これはプラトンの後継者となったスペウシッポス(Speusippus)などの数学偏重に対する批判と思われる。彼らはイデアと数学との関係の研究に没頭し、イデアの数学化を目指した。アリストテレスがプラトンの死後、アテナイを離れたのは、このことが一因であったといわれている。

⒀イデア論は「運動」をうまく説明できない。たしかにイデアそれ自体は永遠不動であるはずだから、運動や変化の原因とはなり得ないであろう。けれどもあらゆる種に対して、その原因や原型としてのイデアが存在するとすれば、「運動」や「変化」のイデアがなければならない。しかもそうしたイデア自体は運動もしなければ、変化もしないことになって矛盾である。

⒁「すべてが一つである」ということを証明することができない。たとえば「すべての人間は動物である」という場合、人間を一人ずつ枚挙していく方法でもっては、すべての人間が同じ動物であるということを証明しえない。たとえそれができたとしても、それでもって動物が人間という種に対する類であるということにはならない。われわれは動物の上に、さらに生物という類を考えることができる。その場合、動物は多くの生物の一種であることになり、もはや「一」ではなくなるだろう。

⒂線や面や立体がどのようにして存在するのか、またどのような性能を有しているのかを説明することができない。というのもこれらは数ではないので何のイデアももたないからである。

この批判もプラトン自身に対する批判というよりも、プラトン学徒に対する批判と考えられる。なお「一〇」から「一三」の批判も、事物の構成要素の探究に関するプラトン学徒の態度に対する批判であって、イデアそのものに対する批判ではないので、ここでは採りあげないことにする。

イデアと類と種との関係

これとは別個に、また部分的に重複するが、『形而上学』第七巻第十四章ではイデアと類と種の関係における矛盾が指摘されている。たとえば人間と馬とを比較してみよう。個々の人間に対して人間自体としての人間のイデアがなければならない。同様に、個々の馬に対して馬自体としての馬のイデアがなければならない。しかもこの人間のイデアや馬のイデアは現実にある個々の人間や馬とは離れて、独立に存在している。これはプラトンのイデア論の前提条件である。

また人間は動物である。したがって人間は動物のイデアを分有していなければならない。馬も動物である。したがって馬もまた動物のイデアを分有していなければならない。その場合、動物のイデアは一にして同一であるはずである。そうでないと、動物のイデアは多であることになり、複数の動物自体があることになるが、それはイデアの定義に反する。したがって人間のイデアが「一」であり、馬のイデアが「一」であるように、動物のイデアも「一」でなければならない。人間と馬は同じく動物のイデアを分有していることにおいて一致している。

さて、ここまではよいとして、では人間と馬との差異は何にあるか。両者の違いはいろいろ指摘することができるだろうが、かりに人間を二足動物とし、馬を四足動物と考えてみよう。人間と馬の種差は二足であるか四足であるかにある。すると動物自体は一であるはずなのに、その一が同時に多であることになる。これは矛盾であろう、というのがアリストテレスの言い分である。

この矛盾を避けるために、「二足動物」のイデアとか、「四足動物」のイデアを考えても、事態をますます混乱させるだけである。というのもわれわれはさらに人間とチンパンジーとの違いや、馬とロバとの違いを指摘することができるからである。われわれは動物のイデアのほかに無限に多くの種差の数だけイデアを考えなければならなくなる。したがってまた「動物」自体は「一であるとともに多」であるといわなければならなくなる。それだからイデアは事物の外に離れて存在するのではなく、事物の内にあると考えなければならないというのがアリストテレスの主張である。イデアを個物から離れた超越的な存在と考えると、一つの個物が多くのイデアを分有していることになり、それは存在の二重化、否それどころか多重化を帰結させる。したがってイデア（形相）は感覚的事物の外に実在するのではなく、むしろ事物に内在する属性もしくは本質と考えるべきだというのであろう。

3　四原因説

質料・形相論

さて、アリストテレスのプラトン批判はこのくらいにして、つづいてアリストテレス自身の思想を検討することにしたい。プラトンの根本思想がイデア論であったとすれば、アリストテレスのそれは質料・形相論であるといえるだろう。ところで、質料・形相論はもともと事物の原理や原因の探究から導き出されたものである。アリストテレスは、タレスからプラトンにいたるまでの哲学者たちが、いわば漠然とした形で万物のアルケーと考えていたものに、じつは質料因、形相因、運動因、目的因の四種があることを明らかにし、それぞれの特性とその相互の関係について、かなり詳しく論じている。それがアリストテレスの「四原因説」と呼ばれているものであって、『形而上学』第一巻、第五巻および『自然学』第二巻にまとまった形で述べられている。彼の質料・形相論はこうした四原因説の論理的帰結と考えてよい。したがってまたそれは古代のギリシア哲学者のアルケー論の精華ないしは総決算として位置づけられるだろう。

既述したように、『形而上学』は「すべての人間は、生来、知ることを欲する」という有名な言葉で始まっている。知識は感覚から始まり、記憶、技術、推理へと進んで、知恵にいたる。ここで「知恵」（ソピア σοφία）というのは、事物の第一の原因や原理に関する知識のことである。では、なぜ人間は知恵をもとめるのか。アリストテレスによると、人間が知恵をもとめる動機は「驚異」（タウマゼイン θαυμάζειν）の感情にほかならない。われわれは事物が現にそのようにあるのを見て、なにゆえにそのようにあるのかに驚異の念をもつというのである。ここには、プラトンと同様、知的もしくは科学的関心が哲学的思索の動機であることが語られており、この点で、生老病死という「四苦」や「悲哀の意識」といった実践的・人生観的関心が哲学の始まりであると説いた釈迦や西田幾多郎の場合とは鋭い対照をなしている。

事物の原因（アイティオン）　さて事物がなにゆえにそのようにあるのかを問うことは、事物の原因（アイティオン αἴτιον）を問うことである。ここでアイティオンというのは、もともとは「責めを負うべきもの」とか「責任のあるもの」とかいう意味である。アリストテレスはこの言葉を、一般に事物が存在したり生成したりすることに責任のあるもの、つまりは「必要条件」というくらいの意味で使用している。(4)

アリストテレスは事物の原因、すなわち事物の存在と生成に必要な条件を四つあげている。第一は、事物の「実体」であり、「その何であるか」（本質、ト・ティ・エーン・エイナイ τὸ τί ἦν εἶναι）である。すなわち「形相因」（エイドス εἶδος）である。第二は、事物の「材料」であり、「基体」である。これを「質料因」（ヒュレー ὕλη）と呼ぶ。第三は、事物の運動の原因であり、その始まりである。つまり事物の「運動因」（キネーシス κίνησις）であり、「始動因」（アルケー ἀρχή）である。第四は、事物が目指しているもの、「究極因」（ヘネカ ἕνεκα）であり、「目的因」（テロス τέλος）である。

この四原因については、『自然学』の第二巻第三章でも論じられている。その骨子はほぼ同様であるが、ただそれぞれの原因について、いくつかの具体的な事例があげられている。第一は、事物の構成要素としての「質料」であり、銅像における青銅、銀杯における銀がそれである。第二は、事物の「何であるか」（本質）をあらわす「形相」または「原型」であって、「類」や、その説明方式に含まれる「種差」がそれである。第三は、事物の最初の始まり、すなわち始動因であって、たとえば子に対する父がそれである。第四は、事物の終わり、いいかえれば事物がそのためにある「目的」であって、たとえば散歩の目的は健康である。アリストテレスはこの四原因を、事物の「基体」「構成要素」、事物の「何であるか」「本質」、事物の「能動者」「運動因」、事物の「終極」「善」ともいっている。

質料因

さて、アリストテレスは事物の存在と生成に必要な条件として四原因について述べたのち、タレスからプラトンにいたる古代ギリシアの哲学の流れを俯瞰している。アリストテレスによれば、最初の哲学者たちはもっぱら自然が何でできているか、その質料因をもとめた。タレスは万物の根本原理は「水」（ヒュドール ὕδωρ）であり、万物は水でできているといった。おそらくタレスがこのような考えをもつにいたった理由は、すべての生命には水気があり、熱いものさえも水気をもっていることを見たからであろう。それゆえタレスは「大地も水の上にある」（983b21）といったのだ、とアリストテレスは伝えている。

これに対してアナクシメネスは万物の原理は「空気」（アエール ἀήρ）であるといい、ヘラクレイトスは「火」（ピュール πῦρ）であるといい、エンペドクレスはこの三つに「土」（ゲー γῆ）を加えた四元素（水・空気・火・土）が原理であるといった。エンペドクレスによれば、これら四元素（ストイケイア στοι χεῖα）そのものは生成することも消滅することもなく、それらが一つに結合したり、あるいは一つから分離することによって万物が生成し消滅するのである。これに対してアナクサゴラスは無限に多くの原理を考え、この同質素（ホモイオメレス ὁμοιομερές）が結合したり、分離したりすることによって万物は生成し消滅すると説いた。

運動因

これまでの説明はもっぱら万物が何でできているか、その材料は何であるかが説かれているが、しかし質料因だけでは万物の生成は説明できず、その質料因が一つであるにせよ、また多数であるにせよ、それらを動かす原因（運動因）がなければならない。しかるにパルメニデスは万物の原理を永遠不動で変化しないものであると考える一方、臆見（ドクサ δόξα）の道として変化や運動を認め、その原因を光と闇、あるいは火と土といった対立する二つの原理に帰している。けれども存在するものが善くあったり美しくあったりするのが、土・水・火・空気のような物質に起因するとは考えがたいところから、またそれらが単なる偶然によって生ずるとも考えられないところから、たとえばアナクサゴラスは「理性」（ヌース νοῦς）が世界の秩序と配列の原因であると説いた。

こうした始動因や目的因を最初に説いた人として、アリストテレスはヘシオドスやパルメニデスをあげている。というのも彼らはともに神の「愛」（エロス ἔρως）を始動因としてあげているからである。下ってエンペドクレスは「愛」（ピリアー φιλία）と「憎」（ネイコス νεῖκος）を四元素の結合と分離の原因として説いた。しかし彼らはそれを明確な知見にもとづいて主張しているわけではなく、また限定された範囲でしか用いていない、とアリストテレスはいっている。たとえばアナクサゴラスにしても、理性をただ万物の生成のための「機械仕掛けの神」（μηχανῇ χρῆσθαι Deus ex machina）として使用し、その他の場合には水や空気などに帰している。エンペドクレスは運動の原理としての「愛」と「憎」を、より広い範囲で用いているが、しかしその使用法は一貫性を欠いている。というのも「愛」は却って物を分離させ、反対に、「憎」は結合させることがあるからである。たしかに憎は物をその構成要素に分解させるが、それによって火は火と結合し、土は土と結合する。同様に、愛は異なった元素を結合させるが、それによって元素はもとの元素群から分離させられるからである。

最後にレウキッポスとデモクリトスは「充実体」すなわち「原子」と「空虚」が一切のものの構成要素であると考えた。原子はそれ自身で運動するものであるが、空虚は原子に劣らず「あるもの」である。というのも、虚空間があることによってはじめて原子はその位置や形態や配列を変えることができるからである。

数と比例

以上の哲学者たちと異なった考えを示したのはピュタゴラスとその学徒である。彼らは存在の属性すなわち第一の要素は数であると考えた。また音階や天界の動きも割合や比例で表わせるところから、一切のものの原理は数であるとし、数を万物の構成要素と見た。彼らは十という数を完全数と考え、それが宇宙全体を支配している原理と見た。それで天体の数も十と考え、また相反する十対の対立原理、すなわち有限と無限、奇数と偶数、一と多、右と左、男と女、静と動、直線と曲線、明と暗、善と悪、正方形と長方形からすべてのものは生成すると考えた。しかしピュタゴラスとその学徒は数を万物の形相因として考えていたのではなく、それを一切のものの実体として、いいかえれば構成要素として考えていたように見える。

以上、ピュタゴラス学徒にいたるまでのもろもろの哲学者たちの思想を俯瞰してきたが、そこでは、もっぱら質料因と運動因がもとめられており、形相因や目的因は実質的には考究の対象とはなっていない。形相因と目的因がはじめて本格的にとりあげられたのはプラトンのイデア論においてである。そこで、アリストテレスはプラトンのイデア論について詳細に解説し、それを二三か条にわたって徹底的に批判している。しかしこの点については、すでに論じたので、ここでは割愛することにし、論点をアリストテレス自身の四原因説に転ずることにしたい。

四原因の相互の関係

一般に、万物の原理や原因と考えられているものに四種のものがあることを明らかにしたのち、アリストテレスはその四種の原理や原因の相互の関係を論じている。

その第一は、同じ事物に複数の原因があることである。たとえば、同じ銅像の原因として青銅をあげることもできるし、彫像術をあげることもできるし、彫刻家をあげることもできるだろう。青銅という材料や基体がなければ銅像は存在しない。同様に、彫像術や範型がなければ現実の銅像は形成されえない。さらには彫刻家がいなければ銅像は作られない。青銅は銅像の質料因であり、彫刻術や範型はその形相因であり、彫刻家は運動因である。また二つの事物は相互に他方の原因である場合がある。たとえば労苦は幸福の原因であるが、反対にまた幸福は労苦の原因でもある。というのも幸福は労苦を通して獲得されるという意味では、労苦は幸福の原因であるが、幸福を得るには労苦がともなうという意味では幸福は労苦の原因であるからである。さらには、同一のものが背反するものの原因でもある場合がある。というのも事物はそれが存在するときと存在しないときの両方の原因であるからである。たとえば舵取りの存在は船の安全の原因であるが、その不在は難船の原因でもある。船の難破は舵取りの不在に責があるという意味で、原義どおりの原因ともなる。

ここからアリストテレスは事物の原理や原因を上述した四種類にまとめている。第一は事物の基体あるいは構成要素としての原因であり、質料因である。第二はその事物が何であるか、本質すなわち「形相因」であり、第三は事物の変化や運動の原因（始動因）であり、第四は事物の終わり、すなわち目的や善である「目的因」である。

また同じく原因といっても、直接的な原因もあれば、遠隔的な原因もある。たとえば健康に関しては、医者は直接的な原因であり、技術者は遠隔的な原因である。また一オクターブに関しては二対一の比は直接的な原因であるが、数は遠隔的な原因である。

さらには自体的な原因もあれば、付帯的な原因もある。たとえばある彫像の自体的な原因は彫刻家であるが、付帯的な原因はポリュクレイトスであり、人間であり、白人である。

こうして四種の原因とそれら相互の関係を論じたのち、それが結局、形相因と質料因の二種に還元されるとし、形相と質料との関係を詳細に論じている。

4　質料と形相

可能態と現実態

アリストテレスの用語法によれば、感覚的世界においてあるものはすべて質料（ヒュレー ὕλη）と形相（エイドス εἶδος）をもったものであり、両者の「統合体」（シュノロン σύνολον）である。たとえば、今、私が座っている椅子も、向っている机も材料は木材でできており、またそれぞれに独自の形を有していて、それによって座る、書く、読むなど、一定の機能を果たしている。同様に、私の身体は種々の元素から成っており、また独自の形態と生命を有していて、それによって歩く、食べる、寝るなど、さまざまな行動をしている。この点では、質料と形相は感覚的事物の内なる二つの要素である。

しかしアリストテレスは同時に、質料と形相とを、ただ単に現実にあるものの二つの構成要素としてのみならず、事物と事物との間にある「可能態」（デュナミス δύναμις）と「現実態」（エネルゲイア ἐνέργεια）との目的論的関係にあるものとしてとらえている。すると、同じく質料と形相の統合体である現実の事物が、他のものとの比較において可能態ともなり、また反対に、現実態ともなる。いいかえれば、質料と形相の統合体それ自身が、他のものとの関係において、同時にまた質料とも呼ばれ、あるいは形相とも呼ばれるというのである。このように質料と形相という観念は二重の意味で用いられている。

一例をもってこれを示してみよう。たとえば質料としての木材は、潜在的に机になる可能性を有しながら、いまだ机という具体的な形相をもっていないものと考えられる。これに対して机は現実に机という独自の形相をもったものとして考えられる。それだから木材は可能態であり、机は現実態である。木材は机という形相の欠如態であり、潜勢態であるが、机は実際に（机という）形と本質を具現したものである。

けれども、一方、この木材を原木と比較すると、原木は質料であり、木材はその形相である。原木は木材になる可能性（能力）をもちながら、まだ現実には木材となっていないものであるから可能態であり、反対に、木材はその現実態である。こうしてすべての感覚的事物は質料であると同時に形相でもあるという複合的性格を有している。すなわち、それは、より下位のものと比較すると形相（現実態）となり、反対に、より上位のものと比較すると質料（可能態）となる。こうして感覚的世界はもっとも低い段階から、もっとも高い段階にいたるまで、連続した位階的・目的論的秩序を形成していると考えられる。

けれども、こうした位階的・目的論的秩序はただ単に感覚的事物の世界を形成する原理であるばかりではなく、同時にまた精神的・叡知的世界にも通底した原理でもある。たとえば霊魂（プシュケー ψυχή）は肉体（ソーマ σῶμα）と比較すると形相であるが、理性（ヌース νοῦς）と比較すると質料である、とアリストテレスはいっているが、これを感覚的事物間の可能態と現実態の関係として考えることはできない。ただ単に、肉体を、霊魂になる可能性をもちながら、まだ霊魂という具体的な形相をもっていないものということはできないし、同様に霊魂は理性になる可能性をもちながら、まだ理性という具体的な形相をもっていないものであるということもできない。(5) 原木―木材―机という第一の関係と、肉体―霊魂―理性という第二の関係はかならずしも同一というわけではない。前者には、文字どおりの意味での質料と形相の関係が成立するが、後者においてはそうではないからである。そこには、ただ上下の位階的・目的論的秩序関係があるだけである。しかるに、もしそこにも質料と形相の関係があるとすれば、われわれは質料と形相という観念そのものを、その本来の意味とは異なった意味で理解しなければならなくなるだろう。すなわち質料は一般に事物の材料ではなく、その欠如態ないしは未完成態であり、したがってそれは低次の存在形態である。これに対して形相はもはや事物の単なる形態ではなく、その充足態ないしは完成態であり、したがってまたそれは高次の存在形態である。こうしてすべての事物はその最低次の存在形態（第一質料）から最高次の存在形態（第一形相）にいたる目的論的位階秩序のなかにそれぞれの位置を占めていることになる。

　このように、質料と形相ないしは可能態と現実態の関係についてのアリストテレスの考えには、二重の関係が認められる。第一の関係は純粋に質料と形相、可能態と現実態との関係であるが、第二のそれはむしろ目的論的な位階関係を表示するものである。そしてこの二種の相互の関係が明確に区別されることなく、混淆し混合して用いられているところに、アリストテレスの質料・形相論の特質がある。そしてまたそこに少しく問題点も内含されているといえるだろう。

位階的・目的論的世界観

　先に、木材は机の質料であり、机は木材の形相であるといった。木材は机になる可能性をもちながら、まだ机になっていないものである。したがって木材は可能態であるのに対して机はその現実態である。ということは、机は木材に対してより高次の存在であり、反対に木材は机に対してより低次の存在であることになる。というのも、単なる可能性の段階にとどまっているものよりも、それが現実になったものの方が優れていると考えられるからである。こうして一切の存在するものはそれぞれ純粋な可能態の段階から完全な現実態の段階にいたるまでのかぎりない位階的・目的論的な秩序において配列され、それぞれの地位があたえられる。

　けれども、視点を変えて見れば、木材は机になる可能性をもっていると同時に、寝台になる可能性をもっており、さらには家屋になる可能性をももっている。また木材はこのほか工芸品にもなり、食器にもなり、橋梁にもなり、船舶にもなる。いいかえれば木材は無限の可能性を秘めている。一方、机はそのひとつの限定にすぎない。たしかに机は木材の形相であり、現実態であるが、同時にそれは木材の他のあらゆる可能性を否定したものである。したがってそれは積極的な性格を有していると同時に、否定的で消極的な性格をも有している。もしそうだとすれば、木材の本質や形相よりも、机の本質や形相の方が優れているとどうしていえるのだろうか。むしろ事物の本質それ自体においては上下や優劣の差異はないといわなければならないのではなかろうか。事物は、それが何であれ、それぞれに固有の本質をもっているのであり、したがってまたそれぞれに他のものとは比較できない絶対的な価値を有している、と考えなければならないのではなかろうか。

また同じく木材の形相である机と、寝台や家屋の関係はどのように説明されるのであろうか。それらは木材の形相であるという点では同一である。したがってそれらの間に目的論的な位階や秩序があるとは考えられない。机と寝台を較べて、机が質料であり、寝台が形相であるとは誰もいわないだろう。机が可能態で、寝台がその現実態であるとも誰もいわないだろう。この点は寝台と家屋の関係についてもいえるし、工芸品と食器に関係についてもいえるだろう。さらには、これを一般に押し広げていけば、植物と動物、魚類と鳥類と獣類、哺乳類と人類などの関係についてもいえるだろう。だとすれば、一切のものは形相をまったく含まない第一質料から、反対に、質料をまったく含まない第一形相にいたるまでの、無限に多くの目的論的階梯の、そのどこかに自分の位置を有しているという考え方そのものに疑問の余地があるといわねばなるまい。こうした目的論的位階秩序という観念そのものが間違っているのではなかろうか。そしてもしそうだとすれば、そうした秩序の究極の頂点に位置する超越神という観念そのものもまた間違っているといわなければならないのではないだろうか。

もともとアリストテレスにおいては、形相は事物を超越したものではなく、事物に内在的であると考えられていたはずである。プラトンのイデアの超越的性格が否定されていたはずである。それなのに、イデアのイデア、形相の形相としての神がどうして超越的性格をもっているのか。それは解決しがたき矛盾といわなければならない。アリストテレスの哲学における最大の矛盾といってもいいだろう。

そこで、この点の議論を深めるために、もう一度、アリストテレスの所論にもどって、質料と形相の関係を検討し直してみよう。

第一質料と第一形相

すべての事物は上位のものと比較すると質料となり、下位のものと比較すると形相となる。この意味で、質料と形相という概念は自体的なものではなく、相対的なものである。それ自体で質料というものもなければ、それ自体が形相であるようなものもない。どのような事物も質料であるとともに形相でもあることになる。

では、こうした相対的な関係をその極限にまで押し進めていったらどうなるだろうか。すると、既述したように、一方の極限には、もはやどのような意味でも形相とはならない、純粋に質料だけのものが考えられ、反対に、もう一方の極限には、もはやどのような意味でも質料とはならない、純粋に形相だけのものが考えられるだろう。一方には、まったく形相的要素のない、純粋に質料的な世界が考えられ、他方には、反対に、まったく質料的要素の欠如した純粋に形相的な世界が考えられる。そしてアリストテレスは、前者を「第一質料」（プロテー・ヒュレー πρώτη ὕλη）と呼び、後者を「第一形相」（プロテー・エイドス πρώτη εἶδος）と呼んでいる。前者は純粋に質料だけの世界であるのに対して、後者は純粋に形相だけの世界である。しかし、この第一質料も第一形相も、いずれも現実の世界には存在しない。というのも、前述したように、現実にあるものはかならず何らかの程度に質料的要素とともに形相的要素を有しているからである。それらは質料と形相の「統合体」（シュノロン σύνολον）であると同時に、上位のものと比べると質料（可能態）であり、下位のものと比べると形相（現実態）である。それで、アリストテレスはそうしたもの（第一質料と第一形相）の現実的存在を否定した。それらはただ論理的に、あるいは観念的に思惟されるにすぎない。

神——完全現実態（エンテレケイア）

けれども同時に、アリストテレスは第一質料の存在は否定したが、第一形相の存在は否定しなかった。といっても、それが現実の世界にあるというのではなく、現実を超えた超越的世界にあるというのである。そしてそのような存在を「神」（テオス θεός）と呼んだ。神は超越的世界にある純粋形相であり、第一形相である。単なる現実態（エネルゲイア）ではなく、完全な現実態（エンテレケイア ἐντελέχεια）である。いいかえれば、何ひとつ欠けたところのない永遠不動の自己充足的な存在である。というのも、ギリシア人の考えでは、動くものはそれ自身が不完全であるから（完全をもとめて）動くのであり、反対に、完全なものは自己充足的であって、自らのうちに休らうものであるからである。そして現実の世界にあるすべてのものは、こうした完全現実態としての神を究極の目的として運動している。アリストテレスの世界観は超越的な神を頂点とする徹底的に位階的・目的論的な世界観である。

既述したように、神は、あたかも愛されるものが愛するものを動かすように、みずからは動かないで、すべてのものを自分の方に動かす「不動の動者」（ト・キヌーン・アキネートン τὸ κινοῦν ἀκίνητον）であり、他のものをではなく、自己自身を思惟する「思惟の思惟」（ノエーシス・ノエーセオース νόησις νοήσεως）である。というのも、もし神が他のものを思惟するとすれば、自己に欠けたものがあるから思惟するということになり、完全な自己充足者という神の観念と矛盾するからである。それゆえに純粋形相である神は自己自身を思惟するものでなければならない。そしてこうした完全現実態としての神を観想するところに人間生活の究極目的があると説かれている。それはいわば真理を真理のために「観想する生活」（ビオス・テオレーティコス βίος θεωρητικός）である。

肉体―霊魂―ヌース

先にわれわれは質料と形相の関係がただ単に可能態と現実態との関係にとどまらず、そこに同時に、位階的・目的論的な関係が含まれていることを指摘した。そのことがアリストテレスの質料・形相論にどのような性格をあたえ、どのような問題を生じさせているだろうか。それを明らかにするために、ここで、肉体―霊魂―理性（ヌース）の関係をもう一度検討してみよう。

「肉体」と「霊魂」と「ヌース」の関係は「質料」と「形相」と「形相の形相」との関係として考えることができるだろう。アリストテレス自身もヌースを霊魂の目的であり、「形相の形相（εἶδος εἰδῶν）[6]」であるといっている。このヌースと神との関係は必ずしも明確ではないが、神が第一形相と呼ばれているところを見ると、神はヌースとまったく同一というわけではないとしても、きわめて近似したものと考えられているといえるだろう。「霊魂」には感覚的世界と結びついた低次の情欲的な部分と高次の知性的で叡知的な部分があるから、純粋に叡知的で神的な理性と較べると質料と見なされる。だとすれば、肉体―霊魂―ヌースの関係は位階的・目的論的な関係と考えることができる。また肉体は感覚的なもののなかでは高次の位置にあると考えられるので、こうした考えを押し広げていけば、一般に、感覚的世界から叡知的世界にいたるまで、すべて存在するものは位階的・目的論的な秩序のなかに、それぞれ独自の地位を占めていると考えられるだろう。アリストテレスの用語をもっていえば、第一質料から第一形相にいたるまでの、そのどこかに、それぞれ自己本来の位置を有していると見ることができる。そしてこの点はすでに指摘したとおりである。

ところで肉体と霊魂の関係についていていえば、もともと霊魂は肉体の外なるものではない。反対に、内なるものである。霊魂は肉体の内にあって、内から肉体を動かすものである。たとえ霊魂は肉体とは別個の存在であるとしても、それは肉体の外にある別個の存在ではなくて、肉体の内にある別個の存在である。同様にヌースは霊魂の外にある超越的なものではなく、霊魂の内にある超越的なものである。いわゆる内在的超越者である。ヌースは霊魂の内にあって、内から霊魂を動かしている。

これを一般化していいえば、そもそも叡知的なものは感覚的なものの外に超越してあるのではない。反対に、感覚的な事物の内に内在し、内から感覚的事物を動かすものである。それだからこそ霊魂もヌースも感覚によっては見ることができず、ただ知性によって見られるのである。感覚は自己の外にあるものについての直覚であるが、知性は自己の内にあるものについての直覚である。

だとすれば、先の位階的・目的論的秩序は超越的方向に考えられるものではなく、むしろ内在的方向に考えられるものでなければならないのではなかろうか。たとえそれが超越的な性格をもっているとしても、その超越は外的で対象的な方向への超越ではなくて、反対に、内的もしくは内在的方向への超越でなければならないことになるのではあるまいか。感覚的事物から叡知的事物への超越は外へ外への上昇ではなくて、むしろ内へ内への深化である。それは外的方向への発展ではなくして、内的で根源的な方向への還帰である。そしてこうした内在的超越の極限に神の存在が考えられるというべきであろう。

そして、もしそうだとすると、神は、一般に考えられているように、感覚的世界から超越したものではなくして、むしろ現実の世界の最内奥に潜む内在的超越者であることになるだろう。

イデアの内在化

アリストテレスはプラトンの超越的なイデア（形相）を内在化した。プラトンのイデア界と感覚界の二世界論が質料と形相の統合論によって置きかえられた。イデアが感覚的事物の内に内在化された。前述したように、これが彼の本来の質料・形相論であった。しかるにアリストテレスは神を第一形相とし、それを感覚界の外なる超越者と考えることによって、ふたたび二元論もしくは二世界論に陥ってしまった。デュナミス的感覚界を完全に超越したところに、エンテレケイアとしての独立した神界を認めることになった。けれども神はけっしてこのような外の外なる存在ではなく、反対に、内の内なるものであるのではないだろうか。

ではどうしてアリストテレスは神を超越的存在と考えたのであろうか。

物の本質を形相と考えるかぎり、それは形のあるものであるから、必然的に対象的なもの、ノエマ的なものと考えられる。形のあるものは見えるものであり、見えるものは対象的なものであるからである。むしろ物の本質は、どのような意味でも形のないもの、見えないものである。いいかえれば対象的なものではなく、ノエマ的なものでもない。それはどこまでも内在的な方向に、ノエシス的方向に考えられるものでなければならない。いいかえれば物の本質は形相にあるのではなく、かえって質料にあるということである。ノエシス的方向に考えられるものは、見えないものであり、いかなる形をももたないものである。こうして形相と質料の関係が逆転する。

けれども、一方、形相が質料であり、質料が形相であるというのは矛盾である。現実態が可能態であり、可能態が現実態であるというのは不合理である。形相はどこまでも形相であり、質料はどこまでも質料でなければならない。現実態はどこまでも現実態であり、可能態はどこまでも可能態でなければならない。しかし神や叡知的なものを内在的な超越者と考える立場からいえば、どのような意味でも形をもたないものがもっとも根源的なものであり、究極的なものであることになるだろう。それはけっしてノエマ的なもの、あるいは対象的なものではなく、反対に、純粋にノエシス的なもの、作用的なものである。いいかえれば、形相的なものではなくて、質料的なものである。

さきに、質料はわれわれにとって先なるものであり、形相はその本性上先なるものである、といった。しかしながら、いまや、われわれはこれを逆転して、形相はわれわれにとって先なるものであるのに対して、質料はその本性上先なるものであるといわなければならないことになる。事物は、通常考えられているように、質料から形相へと発展していくのではなく、むしろ質料から形相が発現するのである。いいかえれば、形のないものからあらゆる形が現われ出るのである。質料は可能態であり、形相は現実態であるとは、まさしくこの意味においてでなければならない。しかしそれは低次のものから高次のものへの発展あるいは展開ではなく、根源的なものから現象的なものへの発出ないし現成である。

質料概念の転換

けれどもこうした考えを理解するには、既述したように、質料と形相の観念を逆転させる必要がある。アリストテレスにおいては質料と形相の関係は位階的・目的論的関係として考えられている。したがって純粋形相が神だと考えられている。すると神はどこまでもノエマ的なものとして位置づけられることになる。それゆえに神は外的・超越的方向に考えられている。神は物体的なものではなく、主体的なものであるはずなのに、それが同時に客体的なものとして、あるいは客体的な主体として考えられている。それは主体でありながら、実際は、主体的方向にではなく、客体的方向に考えられた主体である。

しかし霊魂から理性（ヌース）へ、理性から神へと発展していく方向は主体的なものから客体的なものへの外展ではない。反対に、主体的なものから、さらに主体的なものへの内展である。いいかえれば主体的なものの、その本来の根源への還帰である。神は客体的主体ではなく、主体的な主体であり、究極的な純粋主体でなければならない。霊魂は理性や神へとノエマ的・対象的方向に発展していくのではなく、反対に、ノエシス的・内在的方向に還帰していくのである。神はいかなる意味でも形をもたないものであるから形相ではなく、むしろ純粋質料であって、あらゆるものの存在の根源であり、同時にまたあらゆるものの作用の根源である。

このように、アリストテレスの質料・形相論を徹底させれば、われわれはその根底にある価値観や目的観を逆転させなければならないのではなかろうか。アリストレスのいう形相はじつは質料であり、同じく質料はじつは形相なのである。どのような意味でも形相をもたない純粋質料こそあらゆる存在の根拠であり、あらゆる作用の根源である。しかるに第一質料自身はどのような意味でも形相をもたないものであるから、それ自身は無である。純粋な無であり、絶対無である。そして現象世界における万有は、こうした根源的無の発現の諸相と考えられる。

絶対無としての神

アリストテレスは『形而上学』においてプラトンのイデア論を徹底的に批判した。上述したように、同書の十三巻ではイデアを二三か条にわたって批判している。しかし、そこに通底しているのは、イデアのもつ超越的性格に対する批判であった。しかし、あれほどイデアの超越的性格を批判して、その内在的性格を強調しておきながら、その極限において、純粋形相として超越的な神を擁立している。これは矛盾以外のなにものでもないだろう。それゆえに、こうした矛盾を解消するためには彼の質料・形相論を逆転させる必要があるように思われる。それは神を純粋形相として考えるのではなく、むしろ反対に、純粋質料として考えることであり、あらゆる存在と作用の根源として考えることである。いいかえれば、それは質料・形相論の転換である。そして、このような発想の転回によって、神は現実界にまったく無関心な「不動の動者」ではなく、現実界の根底において働いている「不断の動者」あるいは「第一動者」となるだろう。いいかえれば、それは神が絶対有ではなく、かえって絶対無となることである。ただし、既述したように、その無は形相の欠如ではなく、あらゆる形相を産出する純粋に能動的な根源である。

注

（1）『形而上学』987b15。
（2）この点については、拙稿「プラトンのイデアについて」（『研究紀要』七七号、日本大学経済学部、二〇一五年一月）参照。
（3）『形而上学』1002a20。
（4）山本光雄『アリストテレス――自然学・政治学』岩波新書、一九七七年、四三～四四頁参照。
（5）実際、アリストテレスは『形而上学』第七巻で、肉体と霊魂を人間の二つの構成要素として説いている。
（6）『霊魂論』432a2。

第5章　アリストテレスの自然観と霊魂論

1　自然とは何か

アリストテレスの自然学的諸著作

アリストテレスの自然観は『自然学』『天体論』『生成消滅論』『気象論』『霊魂論』『動物誌』等で幅広く展開されている。一般に、プラトンが数学を愛好したのに対してアリストテレスは生理学を得意としたと伝えられているが、そうした実証主義的で経験主義的な学風は、たとえば自然の領域に関する著作の多さにもあらわれているといえるだろう。それらは、『自然学』を除いて、いずれも自然の特殊な領域をあつかったものであるが、これら一連の書物の相互の関係については『気象論』の序で、およそつぎのように語られている。

(1)自然の第一義的な諸原因とあらゆる自然的な運動について、また(2)天界の移動にしたがって配置されている諸々の星辰と物体的諸元素について、さらに(3)生成と消滅一般について、はすでに述べられた。しかし(4)先人が気象論と呼んでいる分野がまだ残されている。……以上について論じ終えたなら、われわれは(5)動物と植物について、さらに論ずるだろう。そしてその考察が終わったとき、われわれは最初の計画がすべて果たされたことになるだろう（『気象論』338a20-339a9）。

このうち、⑴は『自然学』で、⑵は『天体論』で、⑶は『生成消滅論』で、それぞれあつかわれた。⑷はこの『気象論』であつかっており、さらに⑸は『霊魂論』や『動物誌』であつかわれている。一見して、きわめて体系的であって、自然科学者としてのアリストテレスの性向をよく伝えている。これらの著作はそのどれをとっても十分に考察に値するものであるけれども、その全容を論ずるとなると、あまりに膨大であるので、以下、その原理的な部分をあつかった『自然学』と植物・動物・人間の霊魂をあつかった『霊魂論』を中心にして、アリストテレスの自然観を少しく検討してみたい。

自然の定義

アリストテレスの『自然学』は、主として自然の原理をあつかっており、したがってそれは自然科学というよりも自然哲学といった方がふさわしい。この点ではソクラテス以前のギリシア自然哲学の伝統を継承しているといえるだろう。その前半では、自然の定義から始まって、自然の主要な構成要素である運動・場所・無限・空虚・時間等についての一般的な考察がおこなわれ、その後半では、運動と変化についての綿密な原理的考察がなされている。

まず「自然」（ピュシス φύσις）の定義から見てみよう。一口に自然といってもきわめて多義的である。それは宇宙や世界とほぼ同義で用いられることもあるし、動物や植物などのような個々の存在者を指していることもある。あるいはまた、それらの根底にある原理的なもの、たとえば生命の原理や運動および変化の原理などを指して自然ということもよくある。さらには、われわれは宇宙（世界）や動植物が有している多様な性質や本性をも、たびたび自然と呼んでいる。では自然とはいったい何であるのだろうか。また、このような多義的な自然の概念に共通している要素とはいったい何であるだろうか。

自然（ピュシス）と技術（ノモス）

一般に、自然あるいは自然的なものは技術あるいは作為的なものに対置される。およそ存在するものには、自然によって存在するものと、自然以外のものによって、たとえば技術によって存在するものとがある。ギリシア人はこれをピュシス（φύσις）とノモス（νόμος）という言葉で分類した。自然によって存在するものとは、動物や植物や四元素（土・水・火・空気）などであり、技術によって存在するものとは寝台や衣服などである。ところで、これら存在するもののうち、自然によって存在するものは、運動や静止の原理を自分自身のうちにもっている。その運動や静止にいくつかの種類があって、あるものは場所的な意味でのそれであり、あるものは分量的な意味——たとえば増大・減少——でのそれであり、あるものは性質的な変化という意味での運動・静止である。これに対して、技術によって作られたものは、その運動・静止の原理をみずからのうちには有していない。寝台や衣服の起成原因は寝台や衣服の外にある。たとえば大工や服屋がそれである。

ここから明らかなのは、あるものの「自然」というのは、「第一義的に、それ自体において、付随的にではなく内属している、あるものの運動したり静止したりすることの原理である」（『自然学』192b13-15）。これに対して人間によって作られたものは、その製作の原理を自分自身のうちにもっておらず、他のもののうちにもっている。したがってアリストテレスが自然という場合、そこでいう自然（ピュシス）は、いわゆる自然界でもなければ、個々の自然物でもなくて、それらに通底している原理ないしは本性を指しており、それは人為的なもの、あるいは作為的なもの（ノモス）の対蹠物として位置づけられている。

このように、自然とは、みずから運動したり変化したりする自然物の実体であり、基体である。するとそれは第一の質料であると同時に、そうした自然物の形相でもあり形態でもある。たとえば木は寝台の自然であり、青銅は彫像の自然である。木は寝台の実体であり、青銅は彫像の基体である。しかし寝台は木から生えてくるわけではなく、また彫像は青銅から育ってくるわけでもない。寝台や彫像の形相は寝台や彫像の外にある。そしてこの外なる形相こそ自然であるということになるだろう。

質料としての自然と形相としての自然

技術にしたがって存在するものは技術的なものであるのに対して、自然にしたがって存在するものは自然的なものである。また技術によって存在するものが、ただ可能的なものにとどまって、まだ具体的な形相を有していない場合は、それは技術によって存在するとも、技術的なものであるともいわない。同様に、自然によってあるものが、ただ可能的なものにとどまって、まだ具体的な形相を有していない場合は、それは自然によって存在するとも、自然的なものであるともいわない。たとえば寝台はまだ可能的なものにとどまっているかぎりは、技術によって存在するとも、技術品であるともいわないし、骨や肉は、まだそれが可能的に骨や肉にとどまっているかぎりは、骨であるとも、肉であるともいわない。

したがって、この意味では、自然というのは、みずからのうちに運動や変化の原理をもつものの形相である。だとすれば、質料と形相の「統合体」（シュノロン σύνολον）である人間は自然自体ではなく、自然によっての存在であることになるだろう。人間にとっての自然は質料と形相であるが、前者はただ可能的なものとしての自然であるのに対して、後者は現実態における自然であるから、後者がよりすぐれた意味での自然であるということになろう。

これに対して人間から人間は生まれるが、寝台から寝台が生まれるのではなく、寝台は木から生まれるというかもしれない。たしかに寝台の質料は木であるから、可能的には木が寝台の自然である。けれども、先にも述べたように、寝台がただ可能的なものにとどまっている間はまだ自然的なものとはいわれない。それが具体的に寝台という形相をもつことによってはじめて自然的なものであるといわれるのである。

このように、事物の生成としての自然はその事物の形相としての自然への道である。生まれ育つものは、何ものかから何ものかに向かって生育していくのである。それはそれが生まれた当のものへと生育していくのではなく、それが向かっていくものへと生育していくのである。したがって、形相こそすぐれた意味での自然であるということになる。

四原因説

以上のように、自然には二種の意味がある。ひとつは質料としての自然であり、もうひとつは形相としての自然である。この質料と形相との関係をあきらかにするために、アリストテレスは原因の観念を幅広く考察している。それが、いわゆる四原因説と呼ばれるものである。

われわれは何を事物の原因と考えているか。

第一は、事物がそれから生成するところのそれ、あるいは事物のうちにあって、その事物を構成している要素である。たとえば銅像における青銅、銀杯における銀がそれである。あるいはこれらを包摂する類である金属なども事物の原因である。これは事物の材料の原因すなわち質料因（ヒュレー ὕλη）である。

第二は、事物の形のそれ、すなわち事物の形相あるいは原型がその事物の原因である。これはそもそも事物が何であるか、すなわち事物の本質をいいあらわしている。たとえば寝台における寝台という形、机における机という形である。これは事物の形態の原因すなわち形相因（エイドス εἶδος）である。

第三は、事物の運動や変化がそこから生ずるそれ、すなわち事物の始動因ないし起成因である。たとえば父は子の原因であり、大工は家屋の原因である。これを一般化すれば、およそ作るものは作られたものの原因であり、動かすものは動かされるものの原因である。したがってそれは事物の運動因（キネーシス κίνησις）である。

第四は、事物の終末、すなわち事物がそれへと向かうそれ、すなわち事物の目的因（テロス τέλος）である。およそ事物は何かを目指している。その目指している最終のものが目的因である。たとえば散歩の目的は健康であり、善行の目的は幸福である。たしかに最終の目的のほかに中間の目的もある。たとえば痩せることも散歩の目的であるし、同じく気分転換も散歩の目的でありうる。しかし、それらはいずれも手段的で道具的な性格を有しており、結局、最終の目的は健康にある。

原因の観念相互の問題

ところで、これらの原因と結果の間には、考慮しなければならない点がある。そのひとつは、一つの結果に対して複数の原因があることがあるということ。もうひとつは、この原因と結果が相互に転換する場合があるということ。最後に、同じものが互いに反対の原因である場合があるということである。たとえば、彫像術も青銅もともに銅像の原因である。また労苦は幸福の原因であるが、裏を返せば、幸福は労苦の原因でもある。さらに、舵手の存在は船の安全の原因であるが、同時に、舵手の不在は難船の原因でもある。というのも、そもそも原因（アイティオン αἴτιον）というのは、事物の生起に対して責めがあるという意味であるからである。

このほかに、原因を近接的原因と遠隔的原因に区別することもできるだろう。それは自体的原因と付帯的原因との区別にも関係する。たとえば、先にあげたように、現実の彫像の原因は、これを始動因という観点から見れば、彫刻家であるが、しかしまたそれをポリュクレイトスであるともいうことができる。それは彫刻家に付随する一例をあげたものであるが、これを認めると、さらに人間が始動因であるということにもなり、動物が始動因であるということにもなるだろう。したがって、一口に原因といっても、さまざまなものが考えられる。アリストテレスは、この事例において六種の原因を指摘している。(1)個別的なもの、たとえば彫刻家、(2)その類、すなわち技術家、(3)付随的なもの、ポリュクレイトス、(4)この付随的なものの類、すなわち人間・動物、(5)これらが組み合された彫刻家のポリュクレイトス、(6)技術的な人間である。この六種の原因相互の関係をアリストテレスはかなり詳しく考察しているが、あまり重要とも思われないので割愛することにしたい。我々にとって重要なのは、先の四原因のそれぞれの本質とそれら相互の関係である。

四原因の考察

アリストテレス以前の哲学者たちは万物の諸原因（アルケー）を明確には区別しなかった。アリストテレスは先人たちの思想を整理して、先に述べたような四種の原因に分類した。第一に、動かないものにおいては、その何であるか、すなわち事物の形相であり、本質である。第二に、動くものにおいては、動かすもの、すなわち始動因であり、第三に、何のために動くか、すなわちその目的因であり、最後に、生成する事物においては、それが何から生成するか、すなわちその質料因である。この四つの原因は、家屋を例にとるとわかりやすい。家屋の材料すなわち質料因は木材や煉瓦であり、その形相因は家屋という概念であり、その始動因は大工であり、目的因は現実の家屋である。

ところでこの四種の原因は、結局、二つに還元される。というのも、まず形相因と目的因は一致する。たとえば家屋の形相（設計図）と建てられた現実の家とは一致する。また始動因と目的因とは一致する。というのも、大工が建てるのは、まさしく現実の家屋であるからである。したがって、この四つの原因は、つまるところ、相互に還元されることのない質料と形相の二つにまとめることができる。

ところで、質料と形相のうち、形相は自然的なものではない。というのも、形相はみずからのうちに運動の始まりをもっていないからである。また形相は何かを動かすが、みずからは動くこともなければ、また動かされることもない、まったく不動のものである。それは事物の第一の原理であり、すべて生成する事物の本質であり型式である。その事物の型式は、先に述べたように、生成の終末であり、生成の目的でもあるからである。

自然は何かのためにあるのであるから、われわれはその目的を知らなければならない。事物がなにゆえにあるのか、その問いに答えねばならない（目的因）。そしてそのためには、このものから、このものが必然的に生ずるということを示さねばならず（始動因）、また、そうした事物が生ずるにはこれがなければならないということを示さねばならず（質料因）、さらには、このものはそもそも何であるのかが示されねばならない（形相因）。

2　目的論と必然論

自然の生成――必然論と目的論

自然のなかで生成し消滅するものは、何かの目的に向かってそうするのか、あるいは自己の本性の必然性によってそうなるのかは十分検討に値する問題であろう。アリストテレスは典型的な目的論者であるが、彼は、すべての自然学者は事物の生成について必然論の立場をとっている、といっている。一般に、彼らは、熱とは何々であり、寒とは何々であり、その他のものはそれぞれ何々である、したがって何々の事物は何々によって必然的に存在し生成する、といった具合に論じている。必然論者によれば、ゼウスが雨を降らせるのは穀物を成長させるためではない。むしろ雨は必然によって降るのである。というのも上昇した蒸気は冷却されざるを得ず、冷却されたものは水となって降下せざるを得ない。穀物の成長はただこの降雨に付随して起こるだけのことである。あるいはまた切歯は尖っていて食物を噛み切るのに都合がよく、臼歯は広くて食べ物を噛み砕くのに都合がよい。けれども、前歯は食物を噛み切るために尖っているわけではなく、臼歯は食物を噛み砕くために広いわけでもない。

これは一般に、どの時代においても、必然論者が好んで用いる論法であるが、これに対してアリストテレスは、つぎのような多くの理由をあげて、自然における目的論的生成を説いている。アリストテレスの言い分はこうである。

まず、雨や暑さを考えてみると、たしかにそれは自然が有する本性から必然的に生起しているとも考えられるであろう。しかし雨は年中降っているわけではなく、冬季に集中して降る傾向がある。また大気はいつも暑いわけではなく、とくに土用にかぎって顕著である。ということは、それは何かのためにそうなっているのだと考えなければならない。そこには何か目的があると考えなければならない。そして、もしそうだとすれば、切歯が尖っていて、臼歯が広いのも、それぞれの目的のためだと見ることができるだろう。

また、一般に、何らかの終わり（つまりは目的）を有するものにおいては、それに先行する事物の運動や継起は、この終わりのためになされるのである。もし途中で何の妨害もなければ、事物がそうした終わりをもつのは、それが事物のそもそもの目的であったからだというわけである。

しかし、これはいささか乱暴な議論であって、それに対してはいくらでも反論が可能であろう。たとえばすべての生の終わりは死である。すると死が生の目的であるということになるだろう。あるいはまたすべての食事の終わりは排便である。すると排便が食事の目的であるということにもなりはしないか。

おそらくこうした反論を避けるためでもあろうか、アリストテレスはそこに技術の観念を挿入している。彼はいう、もし家が自然によって生成するものに属するとすれば、それが今、技術によって生成しているのと同じように、自然によって生成するだろう。そして一般に、自然によって生成するものが、自然によってだけでなく技術によっても生成するとすれば、それは自然によってと同じように生成するだろう。そこに共通しているのは、先のものは後のもののためであるということである。

一切のものは目的のためになされる

こうしてアリストテレスは自然によるものも、また技術によるものも、同じくある目的のために生成するという。このことを彼は「一般に技術は、一方では自然が為しえないことを完成させ、他方では自然の為すことを模倣する」（同199a18）といっている。したがって、技術によって作られたものが何かのためであるとすれば、自然によって作られたものも何かのためである、というのである。両者においては、先のものと後のものとの関係はまったく同じだから、というのがその理由である。

さらに、アリストテレスは、動物や植物の働きは何かの目的のためにとしか考えられないということを、その理由にあげている。たとえばクモが網を張り、ツバメが巣を作るのは、それが理性によるものだろうと、本能によるものだろうと、ある目的のためであるという。アリストテレスは植物が、その果実のために葉を生やし、栄養をとるために根を地底におろすのも、自然によってであるとともに、何かのためであるといっている。しかし、こうした主張はすぐ反論されることは既述したとおりである。この事例においても、われわれは、植物は葉を生やすから、その果実を収穫することができるのであり、根を地におろすから栄養を摂取することができるのだともいえるだろう。

それはともかく、アリストテレスは、自然によって生成するものも、また技術によって製作されるものも、いずれも「その終わり」のために為されるのであり、したがって「その終わり」が目的であると考えていた。つまり事物は偶然にそうなったのではなく、何かの目的のためにそうなったのだというのである。しかるに、前述したように、自然には質料としての自然と形相としての自然があり、そのうちの質料は事物の生成の始まりであり、形相はその終わりであるから、形相そのものが事物の生成の目的でなければならないことになる。そしてこうした考えが第一形相である神が宇宙や万物の究極目的であるとする彼の形而上学に結合しているのである。

自然は何ものも無駄には作らない

こうした目的論的自然観は、アリストテレスが自然学的諸著作においてしばしば語っている「自然は何ものも無駄なものを作らない」(ἡ φύσις οὐδὲν ποιεῖ μάτην)という言葉によって端的に表現されている。たとえば『動物部分論』の第三巻の冒頭では動物の歯の構造に触れて、一般に動物の歯には肉食動物が有する攻撃用のものと、草食動物が有する防御用のものがあるが、その中間である人間の歯には切歯と犬歯と臼歯があって、それぞれがその用途に適するようにうまく作られていること、またとくに切歯が音節の発音に寄与していることを述べたあと、人間以外で歯を攻撃用と防御用の両用で用いる動物は、イノシシのように牙をもっているものと、いわゆる鋸歯類と呼ばれているものがあるが、この鋸歯というのは武器としてはきわめて精巧に出来ていること、しかし牙歯と鋸歯の両方を同時にもっている動物はいないこと、そのゆえに雌イノシシは牙がないから歯でかむことを指摘し、その理由として、自然は何ものも無駄なものや余分なものは作らないからであるといっている。ここには自然のなかにあるものはすべてそれぞれの目的と用途にしたがって過不足なく按配されているという信念が認められる。

また同書第二巻の第十三章では、眼と眼を保護する瞼の関係に触れて、視覚を鋭敏にするには眼が液状であることがのぞましいが、しかし眼を液状にすると損なわれやすくなるので、そのために目を開閉する被いである瞼が必要であること、また鶉鶏類は瞼ではなく膜でまばたきをするが、それはまばたきを速くしなければならないからであること、これに対して魚類や虫類や甲殻類には瞼がなく、あたかも瞼が眼に付着し、それをとおして物を見ているような具合であるが、そうするとどうしても視力が弱くなるので、彼らの眼は動きやすくできていること、というのも眼が光をうければそれだけ物がはっきり見えるからであることなどを子細に指摘して、「自然は何ものも無駄には作らない」からと総括している。それは、こうした綿密な自然観察から生まれた信念であるといえるだろう。

また『動物進行論』でも、その冒頭で、本書があつかうのは動物に関して、その構造と部分ないし性質と（そのようにある）理由であり、具体的には、なぜ動物には無足のもの、二足のもの、四足のもの、多足のものがあるのか、なぜ足の数は偶数なのか、なぜ人間と鳥では脚の曲がり方が反対なのか、また同じ人間の足と腕の曲げ方が反対なのか、なぜ四足類は足を交叉して動くのか等々の問題に関してであることを述べたあと、以下の考察にあたって一般的原理としてわれわれが認めなければならないのは、「自然は何ものをも無駄には作らず、いつも動物の各々の類の本質について可能なかぎり最良のものを作る」（704b12-17）という原理であるといっている。

さらには『天体論』において「神と自然は何ものも無駄なものは作らない」（271a34）と語られ、『動物発生論』においては、自然を優れた家政家に擬え、「自然はあたかも良き家政家のように、何か有用なものを作りだすことができるような材料を何ひとつとして捨て去ることはない」（744b17-19）といっている。このような「充足した自然」という観念あるいは「目的にしたがった自然」という考えはアリストテレスの自然科学的諸著作に通底した主調音となっている。

3 運動（キネーシス）

さて、自然とは何か、あるいは自然の本質についての考察がひとまず終了した。ついで自然の構造を検討してみなければならない。自然が有する構造のうち、まずとりあげられるべきは「運動」である。自然は運動の原理であり、変化の原理でもある。また運動は連続、無限、場所、時間等の概念と密接に結びついている。というのも、運動は、一般に、ものの連続した現象を指していうが、連続という観念には、そのうちに無限という観念が含まれている。また運動は一定の場所や空間においてはじめて可能であるが、そこには、同時に、時間的継起が必然的にともなっている。それで、自然を探究するには、その内在的な契機としての運動、連続、無限、場所、空間、時間等を考察しなければならない。

運動の定義

では「運動」（キネーシス κίνησις）とはいったい何であろうか。運動は事物すなわち実体、性質、量、場所などと離れて独立に存在するものではない。というのは運動や変化（メタボレー μεταβολή）は、実体におけるそれであるか、分量におけるそれであるか、性質におけるそれであるか、それとも場所におけるそれであるか、であるからである。このように運動や変化は実体・分量・性質・場所等から離れて存在することはできないが、しかしそのそれぞれの述語形態（カテゴリア κατηγορία）における運動は同じものではない。実体における変化は形相とその欠如態として、分量におけるそれは増大・減少として、性質におけるそれはたとえば白黒・硬軟・温冷として、場所におけるそれは前後・上下・左右等として、あらわれる。したがって、一般に、運動や変化には、実体とその述語形態の種類の数だけ、異なったものがある。

このようにアリストテレスは運動や変化を、それぞれのカテゴリーに即して、違った種類のものを考えているが、しかしそれらに共通しているのは現実態と可能態という関係である。すなわち「可能的なものとしての可能的なものの現実態（エンテレケイア ἐντελέχεια）」が運動であり、変化である。たとえば増大可能的なものとしての増大可能的なものの現実態が増大であり、反対に減少可能的なものとしての減少可能的なものの現実態が減少である。いいかえれば、増大する可能性をもったものが実際に増大することが運動であり、同じく、減少する可能性をもったものが実際に減少することが運動である。そしてこのことは種々の性質における変化についても、場所や空間における変化についてもいえる。

しかるにまた、この可能的なものと現実的なものとの関係は相対的であって、同じものが、あるものとの関係においては現実態であり、別のものとの関係においては可能態である。たとえば同じものが、あるものとの関係においては熱くあり、別のものとの関係においては冷たくある。それだからまた、同じものが他のものから働きかけられたり、反対に他のものに働きかけたりする。そしてこの意味では、すべてのものは能動的であったり、受動的であったりする。いいかえれば、すべてのものは、他のものを動かすとき、みずから動かされながら動かすのである。

こうして運動とは、正確にいえば、可能態においてあるものがその現実態においてあり、現実的に活動しているとき、それが同時に他のものによって動かされうるものとして、そのように現実的に活動しているとき、こうした可能態においてあるものの現実態であるということになる。たとえば可能的においてあるもの（青銅）が、銅像となるべく活動しているとき、それが同時に銅剣となるべく動かされる可能性をもちながら、銅像となるべく活動しているとき、こうした可能態においてあるもの（青銅）の現実態（銅像）が運動である。このことは病気と健康という反対概念において、より顕著に認められるだろう。人間は可能的に健康でありうると同時に病気でもありうる。しかるに同じ人間が、病気となるよう動かされる可能性をもちながら、健康となるよう活動しているとき、つまり反対方向の可能性をもちながら、健康となるべく活動しているとき、こうした可能態においてあるもの（人間）の現実態（健康）が運動である。

運動の諸性質

プラトンは『ティマイオス』のなかで、静止を均等性、運動を不等性の範疇に入れている。なぜかというと、動かされるものは動かすものなくしてはありえず、反対に、動かすものは動かされるものなくしてはありえない。しかも動かすものと動かされるものが同じであるとは誰もいわないだろう。しかるに運動はこの両者を欠いては存在しえないがゆえに、静止は均等性の範疇に入るのに対して、運動は不等性の範疇に入るというのである（57E）。このようなプラトンの「運動」観は、アリストテレスの考えでは、運動には不定な要素があること、また例のピュタゴラス学派の十個の反対概念表において「運動」は、「多」や「悪」や「女」と同様、欠如欄の側に組み込まれていることがその理由であろうと推測している。

たしかに運動には不定という要素がある。それは単に可能的なものでも、現実的なものでもなく、まただれだけの分量のものとも、必然的なものともいえないものである。しかも運動は可能的なものの、可能的なものとしての現実態であるということは、つねにそれが未完了的であるという性格を有しているということであろう。そしてじつに、ここに、運動が何であるかをとらえることの困難がある。はたして運動は欠如態なのか、可能態なのか、それとも現実態なのか。運動はこのいずれであることもできない。

　およそ自然的に動かすものはすべて同時に動かされるものであり、その可能態においてあるものは運動可能なものである。そしてこの運動可能なものが動かないでいることが「静止」（エーレミアー ἠρεμία）である。動かされうるものとしてのかぎりにおける動かされるものに対して、現実的に働きかけること、それがそのものを動かすということである。けれども、それができるのは、動かすものが何らかの仕方において、動かされるものに接触することによってである。したがって運動とは、動かされうるもの（可能態）としてのかぎりにおける動かされるものの現実態であり、そしてそれが可能なのは、動かされうるものが動かしうるものに接触することによってである。したがってこの動かしうるものは同時に働きかけられるのである。

　動かすものはつねに何らかの形相を内含していて、この動かすものが動くとき、その形相が運動の原理となり原因となる。たとえば現実態である「父」が、可能態としての「母」を媒介として、同じ形相をもつ「子」を作る。こうして運動の原理は形相であるということになろう。

能動と変動

　以上のように、運動は「動かされうるもの」（τὸ κινούμενον）としての可能態が、「動かしうるもの」（τὸ κινοῦν）としての現実態によって、それ自身が現実態となることである。するとその現実態は「動かしうるもの」の現実態であると同時に、「動かされうるもの」の現実態でもある。「動かしうるもの」としての現実態と「動かされうるもの」の現実態は二であるとともに一であり、一であるとともに二である。「二から一への間隔」は同時に「一から二への間隔」である。アリストテレスはそれを、坂の上りと下りの間隔が同じであるのと同様である、といっている。

けれども、このような考えには反対するものがいるだろう。というのも「動かすもの」の現実態と「動かされるもの」の現実態とは同じではないと考えられるからである。なぜなら前者は「能動」（ポイエーシス ποίησις, ποίειν）であるが、後者は「受動」（パテーシス πάθησις, πάσχειν）である。しかるに能動態と受動態とは同一ではない。むしろ正反対のものであるはずであるからである。こうした主張には、たしかに一理あることは認めなければならないだろう。

すると、この「能動」と「受動」は、両方とも「動かされるもの」にあるのか、それとも両者は別々のもののうちにあるのか、すなわち「能動」は「動かすもの」のうちにあり、「受動」は「動かされるもの」のうちにあるのか、そのいずれかであることになるだろう。

しかし、もし能動と受動は別々のものであるとすると、およそ動かすものは、動かされているか、動かされていないかのどちらかだということになるが、もし前者だとすると、動かすものは動いていることになり、したがって可能態であるということになって不合理であるし、もし後者だとすると、動かすものは動いていないということになり、これもまた不合理である。

また、この「能動」と「受動」が、ともに「動かされるもの」にあるとすると、たとえば「教えること」（教授）と「学ぶこと」（学習）が二つのものでありながら、ともにひとつの「学ぶもの」（学習者）のうちにあるとすると、二つの現実活動すなわち「教えること」と「学ぶこと」のどちらかが、他方の活動のうちには存在しないということになって不合理であるし、また反対に、同じひとつのもののうちに二つの運動が同時に存在するということになって、これまた不合理である。

こうした不合理を認めながら、アリストテレスはそれらをつぎのように調停している。まず、あるひとつの現実活動がそれとは異なったもののうちにあるということは必ずしも不合理ではない。たとえば「教えること」は「教えうること」の現実活動であるが、しかしこの活動は特定の「学習者」においてなされるのであって、その基体は同一のものであるからである。また、たとえ「能動」と「受動」が同じことだとしても、「教えるもの」が必ずしも「現に学んでいるもの」であるというわけではないだろう。先に、坂道の上りと下りは同じだといったように、テーバイからアテナイへの道はアテナイからテーバイへの道と同じであるのと同様であると考えられる。たしかにその道は同じだとしても、だからといって「現に教えていること」と「現に学んでいること」が直ちに同一であるといっているわけではない。それは坂道の上りと下りが直ちに同一であるといっているわけではないのと同様である。

こうして、「可能的なもの」と「現実的なもの」、「動かされるもの」と「動かすもの」、「受動」と「能動」との関係をめぐっての、いささか煩瑣な議論を重ねたのち、アリストテレスは最終的に運動をつぎのように定義している。結局、運動とは、可能的なものの可能的なものであるかぎりの現実態であり、能動可能的あるいは受動可能的なものとしてのかぎりにおける、そうした可能的なものの現実態である。

4　無限（アペイロン）

無限とは何か

自然についての認識は、その大きさ（容積）、運動、時間についての認識である。しかるに大きさや運動や時間は無限であるか、有限であるか、そのいずれかである。それで、自然を考察するに当たっては、そもそも無限なものが存在するのか否かということを検討してみなければならないが、それと同時に、そこでいうところの無限とはいったい何であるかということを併せて検討してみなければならない。というのも、無限であるとか、有限であるとかいうことについて人々の意見は一致していないからである。

ピュタゴラス学派やプラトンは無限を、事物の何らかの属性とは考えず、それ自体であるところの実体と考えている。彼らは無限なものは感覚的事物のなかにあると考えた。というのも彼らは数を、事物から離れてあるものとは考えなかったからである。例の十の反対概念表では有限は奇数に、無限は偶数に割り当てられている。また天界の外にある気息は無限であると考えられていた。

またプラトンは、イデアの「受容者」（ヒュポドケー ὑποδοχή）である「場所」（コーラ χώρα）を、無限定なもの、すなわち無限なものと考えていた。

一般に、自然哲学者たちは宇宙の構成要素（ストイケイオン στοιχεῖον）は有限であると考えた。タレスはそれを「水」であるといい、アナクシメネスは「空気」であるといい、ヘラクレイトスは「火」であるといい、エンペドクレスは四元素（土・水・火・空気）であるといった。この例外はアナクサゴラスとデモクリトスであって、前者は、宇宙は無限に多くの「同質素」から構成されていると考え、後者は、同じく無限の「原子」から構成されていると考えた。

また、アナクシマンドロスは宇宙のアルケーは「無限なもの」（ト・アペイロン τὸ ἄπειρον）すなわち無限定な混沌と考えているので、これもアナクサゴラスやデモクリトスとは異なった意味で、無限ないし無限なものを考えている。

さらには、自然学者たちも四元素である土・水・火・空気を、それ自身は生成もしなければ消滅もしない、不生不滅なものであると考えているので、これもまた一種の無限なものと考えることができる。したがって、無限を論ずるに当たっては、ただ単に宇宙は無限であるか否かということだけでなく、そもそも無限とは何かということも検討しなければならないだろう。

無限は存在しない

アリストテレス自身は無限あるいは無限なものの存在を否定している。彼はいう、「無限なものは現実的な存在としては存在しえず、また実体としても原理としても存在しえない」（204a23）。というのは、もし無限なものが部分から成るとしたら、そのいずれの部分をとってみても、それぞれ無限であるということになって不合理であるからである。したがって、もし無限なものがあるとしたら、それは不可分割的なものであるか、それとも無限に可分割的であるかのいずれかであることになるが、もしそれは無限に可分割的であるとすれば、上にあげたような矛盾に陥るから、この考えは是認できない。したがって、もし無限なものがあるとすれば、それは不可分割的であると考えなければならないが、完全現実態はそうした無限なものではありえない。というのも現実的な存在は、それがどのような実体であろうと、それは何がしかの量のもの（現にあるだけの量のもの）

であるからである。それだから、無限（無限性）というのは実体や存在の範疇に属するものではなく、それらに付随する性質ということになるだろう。

はたして無限なものが数学的対象のうちにあるか否か、あるいは思惟の対象で、大きさ（分量）をもたないような事物のうちにないかどうかを探究するとなると、議論があまりに広汎にわたるので、アリストテレスは感覚的事物に対象をかぎって考察している。

言語的あるいは論理的に見た場合、無限な物体というのは存在しないように思われる。というのも、もし物体というものが「いくつかの面によって限定されているもの」であるとすれば、物体は必然的に無限なものではないということになるだろう。

また自然学的に見ても、無限な物体というのは複合されたものでも単純なものでもありえないから、そうした物体は存在しえないことになる。というのもあらゆる方向に無限なものはもはや物体すなわち形のあるものではないだろうし、またそれが元素のような単純な物体であり、しかもそれが無限であるとすれば、その他の元素は存在できなくなるだろうからである。

可能態としての無限

しかしながら、だからといって無限なものの存在を否定してしまうと不合理なことが生ずるのも事実である。というのも、もし無限なものは存在しないとすると、時間は始まりと終わりをもつことになり、また大きさや分量は無限に分割できないことになり、さらには数は無限ではないことになるからである。では、こうした矛盾はどのように調停されるであろうか。

この点についてアリストテレスは詳細に論じているが、その結論はつぎのとおりである。およそ事物が存在するというのに、可能態において存在するという意味と、現実態において存在するという意味があり、また事物が無限であるのは、加算していくことによってであるか、あるいは分割していくことによってであるか、そのどちらかである。ところで大きさあるいは分量は、前述したように、現実態においては無限ではないが、分割していくことによって可能態としては無限である。しかし加算していくことによっては無限ではない。なぜかというと、いくら加算していっても、あたえられた有限な大きさを超過することはできないはずであるからである。たとえばそれがいくら大きくとも、天界を超えることはできないだろうから。このように、加算することによって全体を超過するということは、可能的な意味においてさえありえない。

したがって無限とは、「そのものの外になにものも存在しないもの」ではなくて、反対に「そのものの外につねに何ものかが存在するもの」であることになるだろう。いいかえれば、無限なものというのは「それからいくら多くの量を取っていっても、つねにその外になお取られうるものが残っているようなもの」である。加算していくことによってすべての大きさを超過するような無限なものが存在すると考えることはできない。むしろ反対に、分割していくことによって、なおその外に何ものかが残っているようなものこそ無限なものである。これがアリストテレスの考える無限なものであって、それは現実態としてではなく、あくまでも可能態として考えられるものであり、また加算していくことによってではなく、分割していくことによって考えられるものであった。

5 場所（トポス）

およそ場所が存在するということは事物の入れ替わりの事実によって明らかである。たとえば今まで水があったところの水が無くなると、そこに空気が入り込む。また同じところに新しく別のものが入ってくると、今までそこにあった空気が出て行って無くなる。その場合、水と空気と、それらがある（あった）場所ないし空間は、明らかに異なったものである。もし水と場所が同じだとすれば、その水が無くなれば場所も無くなるだろう。するとそこに空気は入ってくることができなくなる。したがって場所ないし空間は水や空気とは別個に存在するものでなければならない。

場所の諸性質

また自然的で単純な物体、たとえば火とか土の移動は、場所の存在を前提しているばかりでなく、その場所がある種の能力（デュナミス δύναμις）をもっていることを示している。たとえば何ら障害物がない場合は、火は上方へ、土は下方へ移動する。アリストテレスは場所を、ただ単に事物が存在するところの空間と考えているばかりでなく、また事物を固有の方向へ移動させる力能をもったものと考えている。そしてそうした固有の方向として上下、前後、左右の六つの部位を指摘している。無論、この六つの部位は、われわれの立つ位置によって変化する。たとえば今まで上にあったものは、われわれの立つ位置が変化すれば、下になるし、前にあったものが後ろになるし、右のものが左になる。この意味では、それらは主観的であり相対的である。けれどもアリストテレスは、同時に、そこに普遍的なもの、あるいは絶対的なものがあると考えている。というのは、一般に、火とか、軽いものが運ばれていく方向ないし部位が「上」なのであり、反対に、「土」とか、重いものが運ばれていく方向が「下」であるというのである。

以上のことから、場所が感覚的な物体とは別個のものであり、物体は場所のうちにあるということは瞭然である。それればかりでなく、アリストテレスは場所を、あらゆるものが存在する根拠であり、したがって第一の能力を持ったものであると考えている。というのも何ものも場所なくしては存在しえないが、場所自身は他の何ものがなくても存在しえるからである。場所は、たとえそのうちにあるものが消滅することはあっても、場所自身は消滅することはない。

場所とは何か　では場所が存在するということは明らかであるとして、場所とはいったい何であろうか。それは物体の体積なのか、それとも物体とは別の実在なのであろうか。

アリストテレスは「場所」（トポス τόπος）に関して、いくつかの難問を提出している。

(1)　場所は三つの次元を有している。縦・横・高さ（前後・右左・上下）である。すべての物体はこれによって限定されている。しかし、だからといって場所はそのまま物体であるわけではない。もしそうだとすれば、同じもののうちに、物体と「物体なる場所」の二つのものが存在するということになり、不合理であるからである。

(2)　もし物体が場所をもつとすれば、物体の要素である面や線や点も、それぞれの場所をもつということになるだろう。しかし、われわれは点と点の場所との間に、何らの差異を認めることはできない。だとすれば、それは線や面についても同様にいえなければならないから、場所は物体の諸要素とは異なったものではないことになるだろう。

(3) ではわれわれは場所をいったいどのように考えたらよいのであろうか。場所はこのような要素のいずれでもありえず、その合成体でもありあえず、物体的なものでも非物体的なものでもありえない。では場所とはいったい何であろうか。アリストテレスによれば、場所とは、各々の物体を直接に包むものであり、したがって場所とは各々の物体の限界（ペラス πέρας）である。しかし場所が「大きさ」のもつ間隔ないし広がり（ディアステーマ διάστημα）であるとすれば、場所は質料であるということになるだろう。というのも、たとえば球からその限界すなわち形相を取り除けば、その質料よりほかに何ものも残らないからである。それだからプラトンは『ティマイオス』で場所（コーラ）を質料と同じものだといっているのだ、とアリストテレスは指摘している（210a3）。

しかし場所は形相でもなければ質料でもない。というのも形相にしろ、質料にしろ、当の事物から離れては存在しないのに、前述したとおり、場所はそれらから離れて存在する。それで、場所は一種の「容器」（アンゲイオン ἀγγεῖον）のようなものだと考えられる。それは、そのなかに容れられる事物とは別のものである。もし場所が事物と同じものだとすれば場所が場所のなかにあるということになり、また事物がなくなったら場所もなくなるということになって不合理である。したがって場所はいかなる形相でも、いかなる質料でもない何ものかである。しかも場所は事物の広がりとまったく別のものではない。

では場所とはいったい何であろうか。先に場所は容器のようなものだといった。しかし容器と場所の違いは、容器が動かしえるものであるのに対して、場所は動かしえないものである点である。たとえば川のなかの舟を例にとってみよう。流れている川のなかで舟が動いている。この場合、舟を包んでいる川は動いている舟に対して場所としてよりも容器としての役割をしている。しかし場所は動かそうとしても動かない不動のものである。それゆえ、この場合、場所と呼ばれるべきは流れている川ではなくて、むしろ川全体であろう。川は全体としては不動であるからである。したがって「包むものの第一の不動の限界、これが場所である」（212a20）である、とアリストテレスはいう。いいかえれば「包まれる事物にもっとも近い不動の境界」が場所である。したがってまた場所は事物と一緒である。というのも「包むもの」と「包まれるもの」あるいは「限るもの」と「限られるもの」の限界は一緒であるからである。

6　空虚（ケノン）

空虚は存在するか

一般に、空虚（ケノン κενόν）とは、何らかの場所あるいは容器のようなものとして考えられ、その場所ないし容器がそのうちに何かあるものを、正確には、何がしかの体積をもったものを保有している場合には、充実していると考えられ、反対に、何も保有していない場合には、空虚であると考えられている。ということは場所と充実体と空虚は同じものであって、ただそのあり方が異なっているだけであると考えられている。

ではは空虚とは具体的にどのようなものであろうか。そもそも宇宙に空虚は存在するのか否か。ついで、仮に空虚が存在するとして、それは場所とどのように異なっているのか。また空虚は、充実体である物体から離れて存在するのか。それとも空虚は物体のうちにあるのであろうか。つまりは空虚の本質は何であるかが問われなければならない。

アリストテレスは、空虚を考察するにあたっても、いきなり空虚の本質を云々するのではなく、まず空虚はあるとする説をとりあげ、ついで空虚はないとする説をとりあげて、その欠点を指摘し、最後に空虚についての常識的な見解を検討することから彼の空虚論を展開している。

アリストテレスによると、空虚の存在を否定する人は、一般に人が空虚ということでいおうとしているものを否定しているのではなく、誤ってそう呼んでいるものを反駁しているだけだという。たとえばアナクサゴラスやエンペドクレスは、皮袋をふくらませて、空気が力（抵抗力）を有していることを示し、また水時計（吸い上げ管）のうちに空気を取り入れることによって、空気があるものであることを示そうとしているが、これは一般の人が空虚を、そのうちに感覚的な物体が何も存在していない空間のようなものだと考えているので、そのような空間の事例として空気をとりあげ、その空気が無ではなく、有るものであることを示すことによって、彼らの誤りを正そうとしたのである。それだから、ここで重要なのは、空気が何ものか（すなわち有るもの）であるということを示すことではなくて、物体とは異なった、ある広がり（間隙）というようなものが、全物体（たとえばパルメニデスのいう「有」）の内にも、あるいは外にも存在しないということを示すことである、とアリストテレスはいうのである。

それゆえ、こうした空虚否定論者は空虚の問題の戸口にも達していないといわなければならない。これに対して、以下のような空虚肯定論者の方がもっと問題の本質に触れている。

アリストテレスは従来の空虚肯定論を三種に分類して、それぞれを批判している。アリストテレス自身は空虚否定論者であるが、空虚肯定論者に対する彼のコメントにはすぐれたものがある。ところで、三種の肯定論というのは、(1)もし空虚が存在しないとすれば、場所における運動すなわち移動の事実は存在しないことになってしまう。(2)もし空虚が存在しないとすれば、圧縮や減少の事実は存在しないことになってしまう。(3)もし空虚が存在しないとすれば、膨張や増大は存在しないことになってしまう、というものである。この三つの理由は相互に無関係なものではないが、何ごとも要素に分解して事物の本質を追求しようとするアリストテレスの思考方法が、ここにもよくあらわれている。

まず空虚肯定論者は、もし空虚が存在しないとすれば運動や移動は存在しないことになる。しかるに物体の運動や異同はわれわれが現実に目撃している事実である。したがって、空虚は存在しなければならない、と主張する。

たしかに空虚が存在しないということは、すべてのものは充実しているということであろう。というのも充実したものは他の何ものをも受容することはできない。しかるに充実したものが他のものを受容することができるとすると、同じもののうちに二つのものが存在することになり、その場合、一が二であることになって不合理である。また、このように充実したものが他のものを受容することができるとすると、それはさらに第三のものをも受容することができることになるだろう。すると、その場合、一が多であることになって、これまた不合理である。さらにまた、これと関連して、このようにひとつの充実したものが無限に多くのものを受容することができるとすれば、もっとも小さいものがもっとも大きいものであるということになり、これまた不合理である。

また空虚肯定論者はいう。存在するもののあるものは圧縮されたり、収縮したりする。たとえば酒樽の酒をいくつかの皮袋に分けて詰め込み、それらの酒を皮袋のままもとの酒樽に移しいれる場合を考えれば、酒樽はもとの酒とともに皮袋をも呑み込むことになる。だとすれば、それが可能なのは酒自身が圧縮されたり収縮したりするからであることになるが、そのためには酒のなかに空虚がなければならないことになるだろう。

さらに、空虚肯定論者は、ものの成長や増大も空虚を通して生ずると考えている。というのは栄養物も一種の物体であるから、(1)に述べたように、それは充実したものが他のものを受容するということになって、不合理であるからである。したがって、ものが成長するには、そのものが成長したり、増大したりする空虚な空間がなければならないことになる。

またさらに、空虚があるということは灰によって実験される。というのもある容器は、そのなかに灰を入れると、それと同じ量の水を受け入れるからである。

最後に、ピュタゴラス学徒もまた空虚の存在を肯定する。彼らの言い分はこうである。空虚が無限な気息から、この天界に、まるで天界は空虚を吸い込むかのように入り込む。そしてこの空虚が、連続的なものを遊離させ区別させるものであるかのように、いろいろなものの自然を区別する。そしてその働きはまず数のうちにあらわれている。というのは空虚がそれぞれの数の自然を区別するからであるという。

空虚のアポリア

このように空虚に関して、それが存在するとする説と存在しないとする説がある。そのどちらが正しいかを決定するのに、まず空虚の定義をしておかなければならない。空気の定義をするのに、アリストテレスはまず常識の考えから出発する。常識の考えでは、空虚とは「そのうちに何もない場所」である。というのも一般に存在するのは物体であると考えられているので、空虚とは、そのうちに物体の存在していない場所だということになる。これに加えて、およそ物体は触れることができる（可触的）と考えられている。しかるに触れることができるのは重さや軽さをもつものであるから、以上を総合すると、空虚とは「そのうちに重さや軽さを有する何ものも存在しない場所」ということになるだろう。

場所は、既述したように、あるものを包むものの接触面であるという意味では存在しているが、それ自体で独立して存在している広がりという意味では存在しないから、空虚もまた、実在としては、物体から離れたものとしても離れないものとしても、存在していない。

空虚が存在する理由として、しばしば空虚が運動の原因であることがあげられるが、アリストテレスは空虚が無くても運動が存在しえることを豊富な事例をあげて説いている。たとえば充実しているものも変化することができるが、この場合の変化は性質上の運動であろう。あるいはまた場所における運動でさえ空虚を必要としない。というのも物体と物体が同時に相互置換することができるからである。

また空虚の存在を想定すると、かえって運動を説明するのに矛盾が生ずることを詳細に説いている。たとえば空虚はその本性上、無差別平等であるはずであるから、空虚においては「あちら」もなければ「こちら」もないことになる。しかし「あちら」とか「こちら」とかいった方向がなければ、場所的運動というものは考えられない。あるいはまた、ある物体が運動するときの速度は、その物体が（そこを）通過する媒体（水とか空気とか土とか）によって変化する。だとすればそれは、空虚が運動の原因であるという主張と矛盾するだろう。こうして、アリストテレスは結局、空虚はいかなる仕方でも存在しないという結論を下している。

7　時間（クロノス）

時間と今

アリストテレスのいう「時間」（クロノス χρόνος）は、一言でいえば、運動が有しているひとつの様相であり、具体的にはより先なるものとより後なるものとの間で数えられる運動の量のことである。彼は『自然学』の第四巻第十章以下の箇所で、はたして時間は存在するのか、しないのか。また時間の本性は何であるかを論じている。

アリストテレスはまず時間が運動や変化なくしてありえないという。たしかに時間は運動と同一ではないが、しかし運動なくして時間はない。われわれは運動と時間を一緒に知覚する。何らかの運動が生ずるとき、同時に何らかの時間が経過するのを感ずる。しかるに運動そのものは時間ではないから、時間は運動の何かある性質であると考えなければならない。ではそれはどのような性質であるだろうか。

運動するものは連続的である。時間もまた連続的である。運動には前と後、より先とより後がある。時間もまた前と後、より先とより後がある。ここまでは運動と時間は共通している。けれどもわれわれが時間を知るのは、運動の前と後を区別しながら、それを限定するときにである。いいかえれば、この前と後が違ったものであると判断して、その中間に何か異なったものが介在していると判断することによってである。つまり前の「今」（ト・ヌン τὸ νῦν）と後の「今」が異なった二つの今であると判断するとき、それが時間であると考えられるのである。したがって、もしわれわれが「今」をこのように二つの異なったものとしてではなく、ひとつのものとして知覚するときには時間が経過したとは考えない。

それゆえ時間は「前と後に関しての時間の数である」（219b2）。それゆえ時間は単なる運動ではなく、数を有するかぎりにおける運動である。

ところで時間と今はどのような関係にあるだろうか。今は今そのものとしてはひとつであり同一である。けれども前の今と後の今ではそのあり方は異なっている。そこには時間の経過があるからである。また時間が存在しなければ今も存在せず、反対に今が存在しなければ時間も存在しない。それはあたかも移動しているものと移動が一緒であるように、移動しているものの数と移動の数は一緒である。この場合、時間が移動の数であるのに対して、今は移動しているもの、すなわち数の単位のようなものであるからである。そして時間が連続的であるのも今によってであり、また時間が分割されるのも今においてである。

時間と運動

われわれは時間が運動のある性質ないしは様相であることを指摘し、それが運動の連続的な数であることを指摘した。ところで時間が運動の連続的な数であるということは、時間には本来、「速い遅い」はないということである。時間は連続的なものとしては「長い短かい」とか「多い少ない」ということはあるが、「速い遅い」はない。というのも、もともと数の概念には「速い遅い」はないからである。この点で、時間は運動と同一ではない。

またわれわれは運動を時間によって計り、時間を運動によって計る。運動と時間は相互に他によって限定されるものであるからである。それは運動も時間も、ともに量であり、連続的であり、可分的であるからである。われわれは運動を大きさによって計る。たとえば散歩が長いと、その距離が長いといい、距離が長いと、散歩が長いという。それと同様に、われわれは運動が長いと、時間が長いといい、時間が長いと、運動が長いという。このように時間は運動を計る「尺度」（メトロン μέτρον）である。ということは時間は静止を計る尺度でもある。運動と静止は時間のうちにあり時間によって計られる。

時間と連続

既述したように、今は時間を連続させるものである。今は過去と未来を連続させる。それは過ぎ去った時間とまさに来らんとする未来とを連続させる。したがって今はいわば時間の限界点である。それは或る時間の始めであり、同時にまた或る時間の終わりでもある。この意味で今は時間を連続させるとともに、時間を分割する。そして今は時間を連続させるという点ではつねに同じであるが、時間を分割するという点ではつねに異なっている。

今は時間の分割された部分と部分の限界であると同時に、その統一態である。したがって時間には終わりはないだろう。というのもそれはつねに始めでもあるからである。こうしてすべての事物は時間のなかで生成し消滅する。

時間と円環

以上のように、あらゆる運動や変化は時間のうちに生ずる。というのも運動や変化には先と後があるが、それらは既述したように時間のうちにあるからである。時間は運動や変化を計る尺度である。しかしながら、このように時間が「前と後に関しての運動の数である」であるとすれば、その数を数えるものがいなければならないだろう。運動の数を数えるものがいなければ時間もまた存在しないことになる。ではこの数えるものは何か。それはわれわれの霊魂である。したがって時間はわれわれにとってのみ存在することになる。時間はわれわれの意識のうちにある。

またすべての運動のなかでもっとも完全なのは円環的運動である。というのもそれはわれわれの霊魂にとってもっとも理解しやすいからである。実際、円環的運動は規則的で均等的である。そしてこのゆえに時間は天球の運動によって計られたのだ、とアリストテレスは述べている。それどころか人間的な事象やその他の自然的な事象も円環的であって、それらはその始めと終わりが周期的であると理解されている。それゆえ時間そのものがある種の円環であると考えられた。それは時間が天球の円環的運行を計る尺度であると同時に、時間そのものが天球の円環的運動によって計られる理由である。したがって「すべて生成する事象は円環をなしている」と人がいうのは「時間にはある種の円環がある」というに等しい。

以上がアリストテレスの自然学の基本概念である。この基本概念にしたがってアリストテレスは天体論、生成消滅論、気象論、霊魂論、動物誌などをそれぞれ個別に論じている。しかしそれらを逐一考察するのは膨大な作業なので、以下においては、そのうちの霊魂論のみを簡単にみておきたい。

8　霊魂（プシュケー）

『霊魂論』の内容

一般に、古代ギリシア人にとって「霊魂」（プシュケー ψυχή）とは、ただ単に心とか、魂とか、精神とかいった心理的なものを指すだけでなく、生命や活動や力のようなものをも意味していた。たとえばタレスは「磁石は鉄を動かすがゆえに霊魂をもつ」といった、とアリストテレスは伝えているが（『霊魂論』405a20）、この場合の霊魂は生命や力のようなものを意味していたと理解できる。通常『デ・アニマ』（De anima）とラテン語で表記されるアリストテレスの『霊魂論』（Περὶ ψυχῆς）においても霊魂はこのような広い意味で用いられている。

『霊魂論』は三巻から構成されているが、その第一巻においてアリストテレスは彼以前の哲学者のさまざまな霊魂論を紹介し、その一々について寸評をほどこしている。これはどういうテーマについて考察する場合でもアリストテレスがつねにとった方法であった。そしてそれをもとにして第二巻と第三巻で彼の霊魂論を展開している。

霊魂の定義ないし本質に関する先人の考え方については彼自身の霊魂論の展開過程においても必要に応じて触れられているので、われわれはいきなり本題に入っていってもいいだろう。

霊魂とは何か

最初にアリストテレスがとりあげるのは「霊魂とは何か」すなわち霊魂の定義である。

一般に実体という言葉には三つの意味がある。ひとつは「質料」（ヒュレー ὕλη）としての実体であり、もうひとつは「形相」（エイドス εἶδος）としての実体であり、最後はこの両者の「統合体」（シュノロン）としての実体である。また、前章で考察したように、質料は「可能態」（デュナミス）であり、形相は「現実態」（エネルゲイア、エンテレケイア）である。この霊魂論では、アリストテレスは「現実態」（エネルゲイア）と「完全現実態」（エンテレケイア）をほとんど同意義で使用しているので、以下、一括して「現実態」と表記することにする。

ところで形相という言葉は二通りの意味で用いられる、とアリストテレスはいう。ひとつは「知識」（エピステーメー ἐπιστήμη）が現実態といわれるような意味で用いられ、もうひとつは「知識活動」（テオレイン θεορεῖν）が現実態であるといわれるような意味で用いられる。前者は対象的あるいは状態的現実態としての形相であり、後者は作用的現実態としての形相である。けれども人がもっとも実体であると考えているのは「物体」（ソーマ σῶμα）であり、なかでも自然的な物体である。というのもそれはその他の物体たとえば人工的な製作物の根源であるからである。

さて自然的な物体のあるものは「生命」（ゾーエー ζωη）をもち、あるものは生命をもたない。したがって霊魂は物体ではないだろう。というのも、この場合、物体は主語であるのに対して、生命は主語の述語すなわち属性として語られているからである。したがって霊魂は実体、しかも「可能的に生命を有する自然的物体の形相」であり、「現実態」であることになる。これが霊魂の最初の定義である。ところで先に、形相という言葉は知識としても、また知識活動としても用いられることを指摘した。したがって、「可能的に生命を有する自然的物体の現実態」としての霊魂にも、この両方の意味がある。たとえば睡眠と覚醒がそうだ、とアリストテレスはいっている。覚醒は知識活動であるのに対し、睡眠は知識を有しながらそれを活用していない状態である。そしてこの場合、生成の順序からすれば、知識の方が先である。したがって先の霊魂の定義を精確にいえば、霊魂とは「可能的に生命を有する自然的物体の第一の現実態」であることになる。

ところで「可能的に生命を有する自然的物体は」は器官をもった有機体である。したがって「可能的に生命を有する自然的物体」とは、具体的には「有器官的な」あるいは「有機体的な自然的物体」であることになるだろう。だとすれば、また生命と身体とが同一であるどうかを詮索する必要はないことにもなる。というのも、それはあたかも封蝋と押型が同一であるかどうかを詮索しているのと同じことだからである。同一であるということにも種々の意味があるが、しかし現実態において同一であるということに勝るものはないからである。

こうして霊魂は有器官的な、あるいは有機体的な自然的物体の現実態であり、形相であり、本質であるということになる。たとえば眼を例にとっていえば、視力が目の霊魂である。というのも視力は眼の本質であり、眼は視力の質料であるからである。この視力が失われれば、眼はもはや眼ではない。それは石の眼とかわりはない。これを身体に拡大していえば、霊魂は身体の本質であり、霊魂がなくなれば身体はもはや身体ではなくなることになる。しかし正確にいえば、瞳と視力で眼であるように、身体と霊魂で生物であるのである。ともかく以上の議論から、霊魂は身体から切り離されるものではないこと、あるいはまた霊魂がそれ自身いくつかの部分に分けられるとすれば、少なくとも霊魂のある部分は身体から切り離されるということは明らかである。

三種の霊魂

上述したように、霊魂は生命や活動や力を有するものであるが、それは大きく分けると、植物と動物と人間に分類される。このうち植物はただ栄養機能だけを有するものであるが、動物はこのほかに感覚と欲求と運動の諸機能を有し、人間にいたってはさらに理性や思惟能力を有する。このうち下位の機能は上位のものなしに分離して存在できるが、上位の機能は下位のものなしに分離して存在することはできない。ただし能動的な理性能力は別である、とアリストテレスは考えている。そしてこの点にアリストテレスの霊魂論の本質があるのであるが、ともかく彼は、理性は何か霊魂の別の類であって、この部分だけは、あたかも永遠なものが可滅的なものから分離されるように、霊魂の他の部分から分離される、と考えているようである。

植物には栄養の摂取能力だけが属しているが、動物には栄養摂取能力のほかに感覚能力が属している。また動物にもいろいろの種類があるが、すべての動物に共通した感覚能力は触覚である。触覚以外の他の感覚能力をもたない動物は存在するが、触覚をもたない動物は存在しない。それは触覚が栄養物の感覚であるからである。この意味で、触覚は他の感覚の基礎であって、触覚は他の感覚能力なくして存在しえるが、他の感覚は触覚なくしては存在しえない。

共通感覚

このあとアリストテレスは植物における栄養を摂取するものと栄養物との関係を論じ、つづいて動物が有している五つの感覚能力について順次に考察を進めている。しかしそれらは取り立てて論ずべき内容のものとも思われない。わずかに注目に値するのは感覚の一般的定義と共通感覚についての論述とである。

アリストテレスによると、感覚とは、感覚の対象がもっている形相を、その質料を抜きにして受け容れる能力である。それはたとえば封蝋が指輪の印形を、その材料である鉄や金を抜きにして受け容れ、また鉄や金の指輪ではないものとして受け容れるようなものである。これは色についても、味についても、音についてもいえる。たとえば「赤い」という色はバラという花を抜きにして受け容れられ、また「甘い」という味はリンゴという果物を抜きにして受け容れられる。このように感覚は事物の質料とかかわることなく、その形相を受け容れる。いいかえれば事物を個体として受け容れるのではなく、性質として受け容れるのだという。これは近代のイギリス経験論における感覚の概念を先取するものといえるだろう。

またアリストテレスは「感覚されるもの」（アイステートン αἰσθητόν）を個々の感覚器官によって感覚されるものと、すべての感覚器官に共通したもの、すなわち「共通感覚」（コイネー・アイステーシス κοινὴ αἴσθησις）とに分類している。前者は視覚における色、聴覚における音、味覚における味などであり、後者は運動、静止、形、数、量などである。たとえば色は視覚という単独の感官によって受容されるが、運動は五つの感官をとおして、何らかの仕方で共通に受容される。その際、アリストテレスは共通の感覚対象と共通の感覚があることは認めるが、それに対する単独の感官があることは否定する。したがって共通感覚というのはいわば感覚の統合体のようなものである。

感覚と想像

霊魂の働きには栄養摂取能力と感覚能力のほかに想像（表象）能力と思惟能力とがある。

まず感覚と想像との異同について見てみよう。まず「感覚」（アイステーシス αἴσθησις）は可能態であるか、現実態であるかである。たとえば視覚であるか、視覚活動であるかである。しかし「想像」ないし「表象」（パンタシア φαντασία）はそのどちらがなくても存在しえる。たとえばわれわれは睡眠中に想像することができる。第二に、感覚はつねに現在するが、想像はかならずしもそうではない。もし現実態において感覚と想像が同一だとすれば、すべての動物が想像能力を有するということになるだろう。しかしそれは事実に反している。想像は「現実的な感覚から生ずる運動である」。想像は感覚に依存するような、あるいは感覚から派生するような霊魂の運動であって、思惟はこの想像を含んでいる。したがって第三に、感覚はそれ自体はつねに真であるが、表象はその多くは偽である。第四に、感覚はそれが現実に正しく活動しているときには「そう見える」とはいわない。すなわち「想われる」とはいわない。その見えるものが真か偽か明瞭に感覚していないときにそういうのである。実際、われわれは睡眠中でも視覚像はあらわれる。

またこれに関連して、アリストテレスは「想像」の語源を視覚にもとめている。彼は感覚のなかでもっとも重要なものは視覚であるといい、想像（表象、パンタシア φαντασία）という言葉も「光」（ポース φῶς）に由来しているといっている。というのも光なしにはわれわれは物を見ることができないからであるというのである。

想像は真でもあり偽でもありえるということは、想像はひとつの「臆見」（ドクサ δόξα）であるということなのであろうか。アリストテレスはそうではないという。では想像と臆見とはどう違うのであろうか。臆見には「信念」（ピスティス πίστις）がともなっているが、動物には信念が見られない。しかし多くの動物は想像を有している。ここから明らかなのは、想像は感覚をともなった臆見でもなければ、感覚による臆見でもなく、また感覚と臆見との結合でもないということである。

想像は一種の運動（キネーシス κίνησις）であり、感覚の現実活動によって生ずる。想像は感覚なくしては生ずることはできないし、また感覚しないものを想像することもできない。この意味で、想像は感覚に従属する運動である。この想像の運動によって、この運動の主体は多くのものをおこなったり、おこなわされたりする。そこに真と偽が生ずるのである。想像は現実態にある感覚から生じた運動である。それは感官に残っていて、動物は多くのことをそれによっておこなう。それは動物においては理性が欠如しているからであり、また人間においては、理性が感情や病気や睡眠のために、その活動が阻害されているためである。総じて想像は感覚と理性の中間段階として位置づけられているといえるだろう。

受動的理性と能動的理性

霊魂の第三の能力は思惟（ノエーシス νόησις）ないし理性（ヌース νοῦς）である。いったい感覚と思惟はどう違うのか。感覚は感覚されるもの（対象）によって影響される。しかし思惟は思惟されるもの（対象）によって影響されることはない。この意味で、感覚は受動的であるのに対して思惟は非受動的（アパテース ἀπαθής）である。思惟は受動的にではなく、能動的に形相を受け容れることのできるものである。したがってそれは混じりけのない純粋なもの（アミゲース

ἀμιγής）であり、身体と混合されているようなものではない。というのも、もし理性が身体と混合されているとすると、理性はそれ自身が器官をもっているということになるだろうからである。それでアリストテレスはアカデメイア学派のいっているように、「霊魂は形相の場所（トポス・エイドーン τόπος εἰδῶν）である」（428a28）といっている。しかし、そこでいう霊魂は霊魂一般ではなく思惟的な霊魂であり、またそれは現実的に形相であるのではなく、可能的にそうであるのである。先に理性は身体と混合されていない純粋なものであるといったが、それは理性が空間的に身体から離れて存在しているという意味ではなく、身体から独立して自主的に存在しているという意味であろう。

　アリストテレスは理性に「受動的な理性」（パテーティコス・ヌース παθητικός νοῦς）と「能動的な理性」（ポイエーティコス・ヌース ποιητικός νοῦς）を区別している。ここでいう受動的な理性とは、受動的であることによって「すべてのものになること」（パンタ・ギネスタイ πάντα γίνεσθαι）である。この「すべてのものになること」の意味がはっきりしないが、おそらくすべてのものを受容的に思惟するものであるというくらいの意味なのであろう。これに対して「能動的な理性」とは、能動的であることによって「すべてのものを作ること」（パンタ・ポイエイン πάντα ποιεῖν）である。それはいわば創造的に思惟する能力である。アリストテレスはこの受動的理性と能動的理性をそれぞれ「質料」と「原因」（作用因）とも呼んでいる。そこに両者の性格の相違が端的に表現されているといえる。したがって、先に非受動的で混合されておらず純粋であるといったのは、この能動的理性のことであることがわかる。また受動的理性は可滅的であるのに対し、能動的理性は不滅であり永遠である。というのも受動的理性は感覚にもとづいているから、必然的に身体に拘束される。したがって身体の消滅とともに消滅しなければならない。これに対して能動的理性は感覚から独立しており、したがってまた身体的なものの拘束をうけないから不滅であり永遠であるというわけである。

理論理性と実践理性

またアリストテレスは理性を理論理性（テオレーティコス・ヌース θεωρητικὸς νοῦς）と実践理性（プラクティコス・ヌース πρακτικὸς νοῦς）に分けている。この区別が生ずるのは理性を動かす動因（タ・キヌーンタ τα κινουντα）の異同による。理性を動かす動因に大きく分けると欲求（オレクシス ὄρεξι）と理性とがあるが、この欲求によって動くものが実践理性だというのである。というのも理論理性は忌避すべてものや欲求すべきものについては何もいわない。たしかに理論理性はしばしば恐ろしいものや快いものを考える。しかし恐れることを命じたりはしない。また反対に理論理性が何かを忌避したり、欲求するように命じても、人間は少しも動かされないで自分の欲求にしたがって行動する。そしてこのような欲求の実現のために働くのが実践理性であると考えられている。

しかしながら同時に、アリストテレスは理論理性も、たとえば表象や思考も、ある種の意欲（ブーレーシス βούλησις）なしには動かないとし、したがって「欲求能力」（ト・オレクティコン τὸ ὀρεκτικόν）のみが理論的な活動や実践的行動の動因であるといっている。

能動的理性の解釈

以上、アリストテレスの『霊魂論』に沿って、霊魂とは何か、霊魂の種類ないしは段階とその諸能力について考察したが、霊魂についての考察はこの『霊魂論』だけでは不十分なところや、論旨が明快でないところがあるので、欠けている点は『形而上学』や『動物発生論』等によって補われなければならない。たとえば『霊魂論』の第三巻第五章で論及されている「能動的理性」についての見解は、その趣旨が不明確で、まるで尻切れトンボのような印象を受ける。

おそらくこの箇所は未完であったのではないかと思われる。またそれだけに種々の解釈が可能でもある。実際、古来より、神との同一視説や、神の創造説、あるいは霊魂からの発展説等、さまざまな解釈がおこなわれてきた。それら諸説についてここで触れることはできないが、「能動的理性」の由来について論ずる場合、たとえば『動物発生論』で「受精した胚子の霊魂」について論じている箇所（第二巻第三章）で、霊魂が身体の外から体内に入ることは不可能であることを論じた後、「ただ理性だけが外から体内に入り、これだけが神的なものである」とアリストテレスは語っているが、この場合の「外から（体内に）入る」（θύραθεν ἐπεισιέναι）というのはどういう意味なのか、その解釈の如何によって能動的理性の位置づけが変わってくるだろう。また、当然のことながら、それによって『形而上学』第十二巻第九章で「神の理性についての問題」を論じた箇所との整合性が問われることになるだろう。

第6章　ストア学派の自然観と道徳観

1　ストア哲学の梗概

ヘレニズム時代

アリストテレスの哲学をもって、一応、アテナイ期の哲学は終焉し、つづいてアレクサンドロス大王の東方遠征を契機として盛んにおこなわれるようになったギリシア文化の東方への伝播、もしくは西方と東方との融合の時代、すなわちヘレニズム時代を迎える。ヘレニズム（Hellenism）というのは、古代のギリシア人はギリシア全土のことをヘラス（Ἑλλάς）と呼んだところから付けられた名称であって、ギリシア風の文化というくらいの意味である。この時代の特色は人間の生き方や身の処し方の問題、つまりは倫理の問題がふたたび哲学の中心的位置についたことである。それゆえ、この時代は一般に「倫理時代」と呼ばれる。その代表はキプロスのゼノンによって創始されたストア学派とサモス島出身のエピクロスによって始められたエピクロス学派である。

ちなみにストア学派という名称は、ゼノンがポリュグノトスの壁画で飾られた「絵画柱廊」（ポイキレー・ストア ποικίλη στοά）のある会堂で教えたことに由来している。ここからこの学派の哲学者は一般に「柱廊」（ストア）の哲学者と呼ばれるようになった。またストア学派は大体これを三つの時期――古ストア派（前三世紀、ゼノン、クレアンテース、クリュシッポス）、中期ストア派（前一・二世紀、パナイティオス、ポセイドニオス）、後期ストア派（帝政ローマ時代、セネカ、エピクテトス、マルクス・アウレリウス）――に区分することができる。キニク学派の禁欲主義を継承し、これを発展させた厳格なストア倫理は、これらの時期を通してしだいにラテン化され、通俗化されて、ついには人生訓や処世術のようなものになっていった。

ストア学派の源泉

ストア学派は、倫理学においてはキニク学派の禁欲主義を継承したが、自然学においてはヘラクレイトスのロゴスの思想とアリストテレスの形相の理論、もしくは目的論的自然観を取り入れた。しかし、既述したように、アリストテレスの哲学はその究極において「第一の不動の動者」としての超越的な神の存在を説き、プラトン的二元論に逆戻りしたのに対して、ストア学派は神の超越性を否定し、否それどころか、神を自然と同一視して、徹底した一元論的もしくは汎神論的体系を構築した。

自然観

一般にストア学派の考え方は唯物論的である。しかし、アリストテレスにとって形相のない質料は存在しなかったように、ストア学派のいう物体は同時に生命的なもの、霊的なもの、あるいは理性的なものを内包したものであった。これが彼らのいう「気息」ないしは「霊気」（プネウマ πνεῦμα）であって、彼らはそれを再三「理性」（ロゴス λόγος）とも呼び、またヘラクレイトスに倣って「火」（ピュール πῦρ）とも呼んでいる。このプネウマやロゴスもやはり物体的なものであるが、それは単なる質料的な物体とは異なって、神的な形相的なものであり、一切の生命と活動の原理となるものであった。ここにイオニア学派の「物活論」（hylozoism）の影響を認めることができる。そして彼らはこのような生命的ロゴスが質料的物体に働きかけることによって、宇宙における一切の生成と変化が生ずると考えたのである。

このように、ストア学派は、ヘラクレイトスとともに、ロゴスが宇宙のすみずみまで浸透していると考えたが、しかしそのようなロゴスのあらわれかたには、おのずと段階がなければならない。ここから彼らの人間中心主義的な目的論、すなわち神、人間、自然物（動物・植物・物質）とつづく三段階の目的論的秩序が導出され、また人間の本性（自然）とロゴス（神）との一致、あるいは万物の必然性という宿命（ヘイマルメネー εἱμαρμένη）と摂理（プロノイア πρόνοια）との一致を説く倫理説が展開されるのである。

倫理観

ストア学派によると、宇宙は世界理性（ロゴス）たる神の支配下にあり、この神による理性法則は内在的であって、万物のすみずみに浸透しているとともに、万物はそれによって必然的に決定されている。この点ではストア学派の世界観は多分に宿命論的であり、厭世的色彩を帯びている。しかし、彼らは同時に、人間の内的法則と宇宙法則とは矛盾することなく一致し、したがって人間は自由であることができると考えた。それは内的な意味での自由、もしくはいわゆる「心の自由」を意味している。ここから「自然に合致して生きる」とか、「理性に従って生きる」という彼らの標語がでてくる。ストア学派にとって自然（ピュシス φύσις）と理性（ロゴス λόγος）とは同一であったがゆえに、「自然に合致した生活」は同時に「理性に従った生活」であった。彼らはまた、このような理性的・自然的な生活のリズムからはずれた霊魂の状態を情念（パトス πάθος）と呼び、それを一種の「心の病気」と考え、これを完全に克服した状態を賢者の理想とした。それがいわゆるアパテイア（ἀπάθεια）である。アパテイアは文字どおりパトスのない状態のことであるが、しかし無感情という意味ではなく、理性によってもろもろの感情や情欲が制御されている状態、すなわち完全に自然に従った状態である。

世界市民主義

以上のように、ストア学派は「自然と一致した」ないしは「理性に従った」生活を説く――彼らにとって自然と理性は等価概念である。そしてそれによって人間は徳を得ることができる。したがって、人生の究極目的は徳であって、幸福は徳に付随するものである。彼らにとってただ徳だけが善であり、また不徳だけが悪である。そしてその他の一切のもの、たとえば生命、財産、健康などは、賢者にとっては「どうでもよいもの」（無記、アディアポーラ ἀδιάφορα）と考えられた。こうしてストアの賢者は、外的な事物への愛好や執着からわれわれを引き離し、世界理性の命ずることを忠実に順守する義務を説く。しかし、そのためには強靭な意志力と克己心が要求される。ストイシズムが「厳粛主義」（rigorism）と呼ばれ、また克己禁欲主義の代名詞にもなった理由はここにある。

ストア主義は、何ものにも煩わされず、また何ものにも驚かない「不動心」（アパテイア）をもとめる個人主義的道徳であるが、しかしそれは社会的あるいは世界主義的な道徳を否認するものではないし、またそれと矛盾するものでもない。なぜなら人間の本性は理性であり、この理性は普遍的であって、すべての人間に、否それどころか世界全体に共通している。したがって、人間は理性に従って行動するかぎり、世界に対する、また人類同胞に対する共感（シュンパテイア συμπάθεια）をもつことができる。そして、そのかぎりにおいて、人間はいわばロゴスの国家という世界国家の一員であるからである。この点でストア主義は、民族と階級の枠を超えることのできなかったギリシア古典時代の倫理学に比して、明らかに世界市民主義への前進を示している。

2　ストア学派の自然学

ストア学派の創始者であるゼノンは、現在は残存していない『ロゴスについて』と題する著作のなかで、哲学を三つの部門に分類したといわれている。自然に関するもの（ピュシコン φυσικόν）、倫理に関するもの（エーティコン ἠθικόν）、論理あるいは言論に関するもの（ロギコン λογικόν）である。

ゼノンの自然学

まず自然学からみてみよう。一般に、ストア学派の自然学は唯物論的である。彼らは自然を物体的なものから成っていると考えた。ゼノンによれば、宇宙の根本原理（アルケー ἀρχή）は二つある。ひとつは「作用するもの」（ト・ポイウーン τὸ ποιοῦν）、すなわち能動的なものであり、もうひとつは「作用されるもの」（ト・パスコン τὸ πάσχον）、すなわち受動的なものである。「作用されるもの」とは、性質をもたない実体、すなわち質料（ヒュレー ὕλη）であり、「作用するもの」とは質料の内なるロゴス、すなわち神である。神は永遠なるものであって、質料の全体に行きわたって個々のものを創っている。永遠なるロゴスは生ずることもなければ滅することもないが、構成要素（ストイケイオン στοιχεῖον）の方は、万物が根源の火に転化する世界燃焼（エクピュローシス ἐκπύρωσις）の際に消滅する。もっとも、ゼノンの考えでは、宇宙はまた再建されるので、構成要素である実体は宇宙の燃焼と再建の過程を通じて永遠である。また原理（ロゴス）の方は非物体的で、形のないものであるが、構成要素の方は形をもったものである。アルケーは、このように対照的な二つの原理から成っている、とゼノンは考えている。

宇宙の意味

また、ストア学派がいう宇宙（コスモス κόσμος）には二つの意味がある。第一は天空と大地と、そのうちにある自然的諸存在の全体を指して宇宙と呼び、またそれを神（テオス θεός）とも呼んでいる。彼らにとって、神は宇宙の外にあるものではなく、宇宙そのものが神であった。そしてこの宇宙は有限であると考えられていた。この点について、ローマ時代の文献学者アリアス・ディデュモス（Arius Didymus）はつぎのようにいっている。

ストア学徒は宇宙全体をその諸部分とともに神と呼んでいる。この宇宙はただひとつあるだけであって、有限なものであり、生きたものであり、永遠なるものであって神だというのである。なぜなら、そのうちにあらゆる物体が包括されていて、空虚は少しもそのうちにないのだから。(1)（『資料集』175ロ）

第二に、宇宙は秩序をも意味している。神はこうした秩序の造り主であるから、この意味でも宇宙と同一視される。そして宇宙の中心の周りを回っているものがアイテール（αἴτηρ）であって、しばしば「火」（ピュール πῦρ）とも呼ばれる。

また、ストア学派の宇宙観に関して留意すべきは、彼らが「万有」と「全体」とを区別していることである。彼らがいう「全体」（ホロン ὅλον）とは「空虚」（ケノン κενόν）を別にした宇宙を指しているのに対して、「万有」（ト・パーン τὸ πᾶν）というのは「空虚」をも含んだ宇宙を指している。それゆえ、「全体」としての宇宙は有限であるが、「万有」としての宇宙は無限であるということになるだろう。

では、どうしてストア学派はこのような矛盾した二義的な宇宙の観念を主張するのであろうか。

もともと「空虚」というのは、ストア学派にとっては、存在しうるが実際に存在していないもののことであり、その点で、（そこに）物が存在している「場所」（トポス τόπος）とは異なっている。しかるに、「全体」としての宇宙においては、天上に存在するものと地上に存在するものとの違いはあっても、そこには「気息」（プネウマ πνεῦμα）が充満していて全体がひとつの統一体になっている。けれども、そうした統一は「全体」の外なる「空虚」には見られないということを言おうとしているのではなかろうか。統一がないということは限りがないということであり、したがってまた無限であるということである。そしてこの点で、ディオゲネス・ラエルティオスのつぎのような解釈が正鵠を得ているように思われる。

宇宙の外側にはそれを取り囲んで空虚が無限に広がっており、この空虚は非物体的なものである。だが宇宙の内側には空虚は何もなく、宇宙は一体になっている。なぜかといえば、天にあるものの地上にあるものに対する気息の共有、緊張が、その一体性を必然のものとしているのだから。(2)

（『哲学者列伝』第7巻第1章140）

神

さて、ストア学派においてロゴスは宇宙の製作者である。このロゴスはしばしば神とも呼ばれ、ヌース（理性）と同一視されている。ロゴスはまた「運命」（ヘイマルメネー εἱμαρμένη）とも、「摂理」（プロノイア πρόνοια）とも呼ばれ、さらにはしばしば「火」（ピュール πῦρ）とも呼ばれている。

ストア学派の説く、神による世界の生成はつぎのようなものである。最初、神はただ一人だけで存在していたが、実体である質料全体を、空気をへて水へと変えた。そして、あたかも生物の種子（スペル

マ σπέρμα）が精液のなかに包みこまれているように、いわば世界の「種子的理性」（スペルマティコス・ロゴス σπερματικός λόγος）である神も、そのように湿ったもののなかに留まりながら、第一に四つの構成要素（ストイケイオン）である火・空気・水・土を生み出した。

さて四つの構成要素は、最初、一緒になって、質的には区別のない実体（質料）の状態にあった。火は熱いもの、水は湿ったもの、空気は冷たいもの、土は乾いたものである。四元素のうち、火はもっとも高い場所を占めており、アイテールとも呼ばれているが、そうしたアイテールのうちに諸恒星の天球が最初に生み出され、ついで諸惑星の天球が生み出された。その後、空気が、つづいて水（海）が、さらに土（大地）が生み出された。大地は万物の存在の坐であり、すべてのものの中心に位置している。

宇宙（世界・コスモス）は「理性」（ヌース）と「摂理」（プロノイア）にしたがって統御されている。宇宙のいかなる部分にも理性はあまねく浸透している。それはあたかも身体のあらゆる部分に霊魂（生命）が浸透しているのと同様である——もっともその部分によって浸透度の強弱の違いはあるけれども。したがって宇宙全体は霊魂をもち（エンプシュコン ενψυχόν）、理性をそなえた（ロギコン λογικόν）生きものであって、アイテールをその統括的部分（ト・ヘーゲモニコン τὸ ἡγεμονικόν）として有している。

宇宙の諸事物はつぎのようにして生成する、とスト学派はいう。宇宙の実体をなす質料が、最初、火から空気をへて湿ったもの（水）へと転化し、ついで、その湿ったもののなかの濃密な部分が凝結して、最後には土になるが、他方、その希薄な部分はますます希薄になって、最後には火になる。そしてこれら四つの要素が混合することによって、植物や動物や、その他の一切のものが生ずるのである。

また宇宙は生きたものであり、理性を有しており（ロギコン）、霊魂をもち（エンプシュコン）、知的な働きをするもの（ノエロン νοηερόν）である。

さらに宇宙はひとつであり、限られた有限なものであって、球状の形をしている。というのは運動するには球体がもっとも適しているからである。

宇宙の外側には無限の空虚（ケノン）が取り巻いている。この空間は非物体的なものである。非物体的なものとは、物体によって占有されることはできるが、実際には占有されないもののことである、とストア学派いう。しかし、宇宙の内部には空虚はまったくない。

また宇宙は、感覚によって知られる事物と同一の原理にもとづいて生成したものであるから、またいつか消滅するものである。その部分が滅びるのであれば、全体もいつかは滅びる。しかるに宇宙の諸部分は他へと変化するから滅びるものである。それゆえに全体としての宇宙もまた滅びるものである。

摂理と運命　ストア学派は神（θεός Ζευς）と運命（εἱμαρμένη）を同一視している。ということは、運命は同時に摂理（πρόνοια）でもあるということである。この点についてプルタルコス（Plutarchos）はつぎのように伝えている。

普遍的自然（κοινή φύσις）や自然の普遍的ロゴスが運命であり、摂理でありゼウスであるということは、大地の裏側に住んでいると考えられている人々でさえ気づいていることである。というのも、これはストア学派の人々によって、いたるところで繰り返しいわれているし、またクリュシッポスも、ホメロスの万物の本性について、「神の御心は満たされた」と語ったのは正しい、といっているからである。(3)

（『断片集』II・937）

また、同様に、ストバイオス（Stobaeus）は、クリュシッポスが運命を「世界のロゴス」であるとか、「世界のなかにあって摂理によって統御されているものどものロゴス」であるとか、「過去、現在、未来にわたって、生成するものがそれにしたがって生成するロゴス」であるとかいったと伝えている（『資料集』176ロ）。

自由と必然

このように神が運命であるとともに摂理でもあるということは、世界の一切の出来事が強制でもあり自由でもあるということであろう。そしてそれを強制や運命と見るか、それとも自由や摂理としてとらえるかはわれわれ個々人の意識のありかたにかかわってくる。同じ出来事が、ある人にとっては強制として受けとられ、他の人にとっては自由と受けとられる。それぞれがそれぞれの人の意識あるいは心のありかたを反映している。けれども当の出来事そのものは自然のロゴス的本性から必然的に生ずるのである。

運命と自由とのこうした相即的関係についてストア学派は次のような事例でもって説明している。たとえば犬が馬車に括りつけられているとしよう。もしその犬が馬車にしたがって行こうと欲するときには、自由意志（αὐτεξούσιον）と必然（ἀνάγκη）は両立するが、犬が馬車にしたがって行こうとしない場合は、その犬は否応なく強制されることになるだろう。これと同じことが人間についてもいえるのである。というのも、人間は運命にしたがって行こうとしない場合でも、否応なく、定められたところに入っていかざるをえないからである。

この比喩は何をいおうとしているのであろうか。おそらくそれは、一切のものは不可避的で原理的な理法にしたがって強制され、運命づけられているのであって、何人《なんぴと》もその厳粛なロゴスに逆らうことはできない、しかしながら、その際、もし人間の精神の資質が健康的で調和的であって、自然の運行に率先してしたがおうとする場合は、精神の外から襲ってくる力を何の抵抗もなく、容易に受けいれることができるだろう。これに対して、もし精神の資質が粗野で無知で未熟である場合は、内なる衝動や欲求のために、多くの過誤や過失を犯さざるをえないだろう。それはただ外部の強制のせいではなく、内部的な資質の如何によるのである。

この点についてローマの文法家ゲリウス（Aulus Gellius, 一二三頃～一六五）は、クリュシッポスの言としてつぎのように伝えている。

例えば、もし君が円筒状の石を、大地の険しい急傾斜の部分を転がし上げているとしたら、君はたしかに、それが急速に落下する原因と始まりを準備していることになるだろう。しかし間もなくその石は真っ逆さまに転げ落ちるが、それは、勿論、君がそうさせているからではなく、石そのものが持つ自然のありさまと、形の回転しやすいことがその原因なのである。これと同じように、秩序とか理法とか運命の不可避性とかは、そもそもの生起と諸原因の端緒を動かしはするが、しかし実際のところ、われわれの熟考とか思索を実行に移す衝動は、さらにまた、われわれの行動も、各人自身の意志や、その精神の資質がそれを規制しているのである。

（『断片集』II・1000）

これは、たとえある人が罪を犯し悪事を働いて指弾を受けたときに、避けることのできない運命に逃げ口上をもとめたとしても、その人の言い分を我慢して聞くべきではないという主張とみてよいだろう。

一切のものは自然のロゴスによって生ずるが、それを運命ととらえるか、それとも摂理と受けとるかは個々人の資質にかかわってくるという趣旨の譬えと考えられる。

一切唯心造

仏教ではよく「一切唯心造」ということをいう。文字どおり、一切のものはただわれわれの心の影像であり反映であるという意味である。たとえば同じものを見て、それを恐れて後ずさりするか、それとも興味をもって近づくかは各人の意識しだいである。それぞれが別個の対象を見ているのではない。同じものを見ているのであるが、各々の資質や知識や洞察の違いに応じて、同じものが恐怖の対象ともなれば、魅惑の対象ともなる。仏教ではこれを穢土即浄土あるいは煩悩即涅槃という言葉であらわしている。一方に汚濁した世界があり、他方に無垢な世界があるというのではない。同じ世界が、心の汚れた人にとっては穢土と映り、反対に、心の清らかな人には浄土と映るというのである。

このように、一切のものは心のありかたしだいであるという考え方はストア学派や仏教思想に共通した要素であるといえよう。それは真理の一面をついているといえるだろう。たしかにわれわれの心のもちかたや見方の転換によって、同じものが違って見えてくることはよくある。とくに我々の側の意識や自覚の深化によって、いままで苦悩の原因であったものが、むしろ慰安の源泉となることは、しばしば経験されることがらである。この点で、われわれの意識の転換を説くストア学派や仏教の教説は人性における真理を穿《うが》っているといわなければならない。そしてそこには共通して無私や自己滅却の契機が介在している。またそうした契機を媒介して普遍的な法やロゴスにしたがおうとする態度が認められる。けれども、たしかにそれは人生の真理であり、自然の秘鑰《ひやく》ではあっても、それを強調しすぎると保守主義となり、また一種の静寂主義ともなって、現実の世界に対する積極的な働きかけを消失してしまうことになってしまう。実際、ストア学派や仏教思想にはそうした出家的・超世間的傾向が少なからず認められる。

霊魂の機能

霊魂は感覚能力をもったものであり、われわれに生具の「気息」（プネウマ πνεῦμα）である。しかしストア学派においては、霊魂は物体であって、死後もしばらくは存続するが、いつか滅びるものだと考えられている。もっとも滅びるのは個体霊魂もしくは動物霊魂であって、世界霊魂は不滅であると考えられている。ポセイドニオスによれば、霊魂は温もりをもった気息である。そしてこの気息によって、われわれは生命あるものになっているし、またこれによって運動することができるという。

テルトゥリアヌスは『霊魂について』のなかで、ゼノンが霊魂を気息と考え、それを物体と見なしたことについて、つぎのように述べている。

それが身体から分離することによって動物が死ぬ、（その当の）ものは物体である。しかるに内なる気息が身体から分離することによって動物は死ぬ。それゆえ内なる気息は物体である。ところで内なる気息は霊魂である。それゆえ霊魂は物体である。

（『断片集』Ⅰ・137）

この推理は最初の前提に問題がある。「それが身体から分離することによって動物が死ぬ、（その当の）ものは物体である」という命題が真理であることはどこにも証明されていないし、また自明な原理であるともいえない。反対に、もし「それが身体から分離することによって動物が死ぬ、（その当の）ものは精神である」ということが真理であるとすれば、気息が精神であり、したがってまた霊魂も精神であって非物体的なものであるという帰結が生ずるだろう。

この点に関して、ネメシオスは、クリュシッポスが「死とは霊魂が身体から分離することである。ところが非物体的なものが物体から分離するということはない。というのもそもそも非物体的なものが物体的なものと結合するということはないからである。しかるに霊魂は身体と結合するし分離もする。それゆえ霊魂は物体である」といった、と伝えている（『断片集』II・790）。この推論は先の推論よりも説得的であるように見えるが、しかし「非物体的なものが物体から分離するということはない」という命題そのものは少しも自明ではない。たとえばロゴスが一切のものに宿っているとすれば、それは当然、物体にも宿っていることになるだろう。むしろ普遍的なロゴスが非物体的なものにだけ宿っているという考えそのものが不合理であるといわなければならない。

したがって、ストア学派の霊魂論について穏当と思われるのはカルキディウスの『ティマイオス注解』におけるつぎの言葉であろう。

霊魂が気息であることをゼノンはつぎのように推論している。それが身体から分離することによって動物が死ぬもの、それが霊魂である。ところがわれわれの気息が身体から分離するなら、動物は死ぬ。それゆえわれわれの気息が霊魂である。（『断片集』I・138）

おそらくゼノンやクリュシッポスのもともとの考えはカルキディウスの解釈のとおりであったのではなかろうか。先の種々の解釈は、原典を正確に理解することがいかに難しいか、原典はいかにさまざまに転釈され、曲解されていくか、またそうした転釈や曲解があらたな転釈や曲解を生むかをよく示しているように思われる。ここに、原典以外の第二次資料でオリジナルな思想を理解しようとするときの陥穽がある、といわなければならない。

またストア学派は霊魂の機能として八種の能力をあげている。それは五つの感覚機能（視覚・触覚・聴覚・嗅覚・味覚）と生殖機能、言語機能、理性機能である。そしてこれらの機能はすべて気息として説明されている。まず霊魂には指導的部分（ヘーゲモニコン）がある。それは霊魂の中枢にあって、表象や同意や感覚や欲望を生じさせるものであり、理知力（ロギスモス）ともいわれる。七つの機能は、あたかもタコの足のように、そうした指導的部分から身体の各部分に広がった気息である。すなわち視覚は霊魂の指導的部分から眼まで広がった気息であり、聴覚は同じく耳にまで広がった気息であり、嗅覚は鼻にまで広がった気息であり、味覚は舌にまで広がった気息であり、触覚は皮膚の表面にまで広がった気息である。あと三つの機能の内の一つは種子（スペルマ）と呼ばれる生殖機能であって、これは睾丸にまで延びた気息であり、もう一つは音声（言語）と呼ばれる言語機能（ポーネー）で、これは咽喉や舌にまで延びた気息である。

ところで霊魂の指導的部分すなわち霊魂の中枢がどこにあるかについては、異なった対立的見解が報告されている。たとえばアエティオスは「霊魂の指導的部分は、宇宙における太陽のように、われわれの球状の頭のなかで支配している」（『断片集』II・836）といっているが、ディオゲネス・ラエルティオスは「指導的部分というのは、霊魂のもっとも有力な部分のことで、そのなかに諸々の表象や衝動が生じ、言葉がそこから送り出されるところでもある。これは心臓のうちにある」(同 837) といい、またアプロディシアスのアレクサンドロスもまた霊魂の中枢は心臓にあるといっている (同 839)。さらにはアエティオス自身が同じ『学説史』のなかで異なった方向を指示している (同 838)。全体として見れば、霊魂の中枢は心臓にあるという考えが有力であったとみるべきであろう。しかし、近代においてデカルトの「心の座」をめぐる論争以前に、こうした問題が論じられていることは興味深い。また霊魂の中枢が心臓にあるという考えは、霊魂が生きたものであり、生命の原理であるというストア学派の基本思想からでてくる帰結であったのではなかろうか。

霊魂の不死について

ストア学派は世界観としては唯物論である。それゆえに霊魂も一種の物体と考えている。したがって霊魂もまた身体と同様、不死ではない。いつかは滅びゆくものと考えられている。けれどもまた霊魂は身体とは異なって、身体から分離するとすぐ滅びるわけではなく、ある一定期間はそのままとどまっているが、しだいに衰えていって、ついには消滅すると考えられていた。そしてアリオス・ディデュモスの伝えるところによれば、よき人の霊魂はすべてが火に分解するまでとどまり、無思慮な人々の霊魂はなにがしかの期間だけとどまる、これに反して思慮も理性もない動物の霊魂は身体と一緒に滅び去っていくという。ここにもストア学派に特有の、世界の目的論的位階秩序という考え方が認められる。

またストア学派の霊魂の不死説についてディオゲネス・ラエルティオスはつぎのように伝えている。

ストア学派の考えでは、自然とは、順序を追いながら世界の生成に向かって運んでいく技術的な火のことであり、つまり火の形状をした技術的な形成力をもつ気息のことなのである。また霊魂は、感覚力をそなえたものであり、そしてその霊魂は、われわれに生まれながら備わっている気息であると彼らは考えている。それゆえにまた、霊魂は物体であり、かつ死後もしばらくの間は存続するのであるが、しかし滅びるものだとされている。もっとも、宇宙万有の霊魂は――動物たちのなかにある個々の霊魂はそれの部分であるが――不死であるとされている。

（『哲学者列伝』第7巻156）

さらに、アエティオスやテオドレトスなどは、ストア学派は人間の霊魂の死後の有様についても、教養のあるものとないもの、あるいは比較的強い霊魂と比較的弱い霊魂の間に相違があると考えていたことを伝えている。たとえばテオドロスはいう。

ストア学派は、身体から離れた霊魂は自立してそれ自体で生きるが、比較的弱い霊魂はわずかの期間だけ生き、比較的強い霊魂は宇宙の大燃焼まで生きると主張した。

（『断片集』II・810b）

ここにも、霊魂は身体とは異なるけれども一種の物体であること、したがって不死ではなく、いつかは消滅すること、しかし動物とは異なって身体とともに滅びるのではなく、身体の死後もしばらくは存続すること、しかもその存続の期間は教養のあるものとないものとでは異なっており、知者の霊魂は宇宙の大燃焼まで存続するという位階的・目的論的自然観が暗示されている。この点は、先に指摘したとおりであって、死後の霊魂についてのストア学派の考えは、おおよそこのようなものであったと考えられる。

最後に、セクストス・エンペイリコスはストア学派の霊魂の不死説について、一風変わった説を伝えているので、参考のため示しておきたい。

じっさい、霊魂でさえハデスに下降すると考えることはできない。なぜなら霊魂は微細で、気息のようであるに劣らず火のような性質をもっているので、むしろ上方へと浮上するのだからである。そして霊魂はそれ自体で持続し、けっしてエピクロスがいったように身体から離れると煙のように消散してしまうわけではない。なぜならそれ以前にも、身体の方が霊魂を支配する力をもっていたわけではなく、逆に、霊魂の方が身体の維持の原因であり、またそれよりはるか以前に、霊魂自身の維持の原因であるのだからである。じっさい、霊魂が太陽の領域から離れると、月の下の領域に住みつき、そこで空気の純粋さのゆえに比較的長い期間にわたって存続し、ほかの星辰と同様に、大地からの気化物を固有の養分として摂るが、この領域には霊魂を解体するものは何もないのである。そこで、霊魂が存続するなら、それはダイモーンと同じものになる。

(『断片集』II・812)

自然とロゴスの一致
――目的論的自然観

ストア学派においては、既述したように、自然は神の「技術的な火」によって作られたと考えられている。したがって、自然は摂理にしたがって最高に秩序と調和のとれたものと考えられている。そして、ここから人間中心主義的な目的論的世界観が生ずる。

ポルフィリオスはクリュシッポスの自然観をつぎのように伝えている。それによると、神は人間を人間自身のために作り、動物を人間のために作ったという。「ともに戦うために馬を作り、ともに狩りをするために犬を作り、また人間の勇気の訓練のために熊やライオンを作った」というのである。そしてまた「豚は最高の御馳走のためにあたえられ、スープや副菜をふんだんに享受するために、あらゆる種類の魚介類や鳥があたえられ、この大地の周りにありとあらゆる快楽や娯楽が詰め込まれた」といっている。

（『断片集』II・1152）

同様のことをキケロはつぎのように伝えている。

大地の生み出す実りや果実は動物のために作られ、動物は人間のために作られた。馬は乗るために、牛は耕すために、犬は狩りや見張りのために役に立つ。そして人間は宇宙を観照し模倣するために生まれたのだという。

（同 1153）

自然は人間たちの便益と利用のためにこれほど豊かな実りを下さったので、生み出されたものはわれわれに意図的にあたえられたものであって、偶然の産物とは思われないほどである。このことは、大地が生み出す収穫や果実に満ちあふれているものだけでなく、家畜もまたそうである。そのあるものは人間の使役のために、あるものは楽しみのために、あるものは食べるために生み出されたことが明らかだからである。また数えきれないほどの技術が、自然から教えを受けて発見されたので

あって、理性が生活に必要なものをうまく手に入れたのは、自然を模倣することによってなのである。（同 1162）

ストア学派の目的論的自然観はただ単に自然の目的性や有用性にのみ着目したものではない。彼らはまた自然の美しさや多彩性にも着目している。たとえばクリュシッポスの『自然について』第五巻では、南京虫はわれわれの眼を覚まさせるのに有用であるし、ネズミは物を不注意におかないようわれわれに気をつけさせるためにあるのであり、自然が多彩性を悦び美を愛するというのはありそうなことだといった上で、その事例として孔雀をあげて、孔雀はその尾のために生まれたのであって、その生のために尾があるのではないことが明瞭に示されている、雄鶏がそのように美しい尾をもって生まれたのに対して、雌鶏の方はただ雄鶏につきしたがっただけだといっている。（同 1163）

また、この点についてガレノスはつぎのように伝えている。

自然がありあまるものをもとにして形の美しさを目指すこともあるということも、自然にかかわる人々の認識しなければならないことであって、そのことをこれまでの議論のどこでもいわなかったが、今私はそれを語るにとりわけふさわしい時だと考えた。さて、じっさい顎《あご》の毛も、顎を防護するだけでなく、飾ることにも役立っている。男性はよりいかめしく見えるし、とりわけ年齢がすすむにつれて、あらゆる面で立派に髯《ひげ》におおわれている場合にはそうである。またその理由で自然は、頬骨と呼ばれている部分を鼻はむき出しで毛のないままに残したのである。そこも毛があったら、容貌全体は野性的で獣のようなものとなって、けっして温和で共同体を作る動物にふさわしいものとはならなかっただろうからである。（同 1164）

ストア学派の目的論的自然観のなかに、自然のこうした甘美性や魅惑性が包含されていることはキケロなども指摘しており、そこには、「自然は何ものも無駄には作らない」というアリストテレスの自然観が受けつがれているといっていいだろう。

悪の存在理由

自然とロゴスとの一致、あるいは目的論的自然観を説くとき、現実にある悪をどう説明するかという問題が生ずる。いわゆる悪の存在理由の説明である。この問題は弁神論とも関係してくるが、ストア学派の弁明はおおよそつぎのようであった。

およそあらゆるものは相関関係にあり、相対立するものは相互に依存しあっている。たとえば善は悪があってはじめて存在することができ、正義は不正があってはじめて存在することができる。悪がないところには善もなく、不正がないところには正義もまたない。それゆえに悪や不正は善や正義にとって不可欠であるというのである。こうしてストア学徒は臆病は勇敢には不可欠であり、放埓は節制のために不可欠であり、無知は知恵のために不可欠であるという。すると不幸は幸福のためにあり、苦痛は快楽のためにあり、病気は健康のためにあるということになろう。さらには、この論法を押し進めていくと、熊やイノシシの存在はわれわれの勇気の鍛錬のために不可欠なのだということになるだろう。

以上のような弁明は目的論的自然観から必然的に出てくる考え方であるが、同時にそれは、既述した一切唯心造の観念とも結びついている。南京虫やネズミは嫌悪すべきものでも忌避すべきものでもなく、かえってわれわれの生活にとって有用であるように、熊やイノシシもわれわれの精神を鍛える「徳の砥石」となる。すべてものごとの善悪正邪・是非曲直はわれわれの考え方や心の持ち方に依存する。われわれが自己を訓練して、ものごとに動じなくなれば、どのようなものも摂理として受け入れることができるだろう。こうした考え方がストア学派の悪の存在についての弁明の根拠となっているのではなかろうか。

またストア学徒は悪の存在についてこのようにも弁明している。神は一切のものを人間のために造ったのだから、そこに悪や敵や有害なものがあるはずがない。植物の間にも、また動物の間にも、以前には知られなかったその有益性が、必要と訓練によって発見されてきたように、これからも時代の進展とともにそれらの有益性がますます明らかになっていくだろう。

この見解はいささか楽観主義的であるが、ストア学派の主知主義的でオプティミスティックな考え方をよく示している。彼らには時間の経過とともに、世界の不合理で暗鬱な側面がますます顕著に示されるようになるというようなペシミスティックな考え方はなかったようである。

3　倫理学

自己保存の衝動（ホルメー）

ストア学派によれば、およそ生あるものは例外なく自分自身を保存しようという強い「衝動」（ホルメー ὁρμή）を有している。というのも、自然は、一切の生あるものが、生来、自分自身と「親しいもの」になるようにしているからであるという。この「親しいもの」（オイケイオン οἰκεῖον）という意味が今ひとつはっきりしないが、「自身のもの」とか「本来のもの」とか「味方」とかいった意味をあらわす言葉である。一切のものは自分の健康によいものをもとめ、健康を阻害するものを忌避するが、それは生あるものが自分に愛着をもっているからにほかならない。したがって、生あるものは生まれつき「快楽」（ヘドネー ἡδονή）をもとめると説くエピクロス学派の考えは間違いであるという。というのも快楽は行為に付随する結果ではあっても、行為そのものの目的ではないからである。動物は獲物を得ると、たしかに喜びの声をあげる。それは快楽の表現といってもよい。しかし、動物は快楽をもとめて獲物を得ようとするのではなく、自分がもとめている獲物を得ることによって、その結果として快楽を感ずるのである。獲物を得ようとするのは自分を保存しようとする衝動によるものであり、したがってまた自分自身に対する愛着にもとづいている。そしてそうした衝動や愛着が充足されるとき、人は満足し快楽を感ずるのだというのである。

　またこの点に関しては、自然は植物と動物で何ら区別を設けなかった、とストア学派はいう。たとえば、それは「植物が花を開く」という行為においても基本的には同様である。たしかに植物には衝動や感覚が欠けているが、それはそれでうまくいくように自然は按配している、と彼らはいう。それは動物においても、ある部分は植物的な営みをしていることを見ればわかる。しかし、動物の場合、さらに衝動がそれに加わって、自分に親しいものに向かうようになると、動物にとっては「自然に従って」（カタ・ピュシン κατὰ φύσιν）生きるということが、衝動に従って生きるということと等しくなる。さらに、動物の内でも理性的な存在者すなわち人間に「理性」（ロゴス λόγος）が付与されるような段階になると、

「理性に従う」ということが「自然に従う」ということと等しくなる。ゼノンが『人間の自然本性について』のなかで、「人生の目的は自然と一致して生きること（τὸ ὁμολογουμένως τῇ φύσει ζῆν）である」といったのはこのゆえである。そしてこれがまた「徳にしたがって生きること」にほかならなかった。というのも、自然はわれわれを導いて徳へ向かわせるからである。われわれの自然は宇宙万有の自然の部分であるからである。

ストア学派の徳論

では徳とはいったい何であろうか。ストア学派によれば、徳とは生の全体に関して自然ないし理性と一致調和しているような「霊魂の状態」（διάθεσις σύμφωνος）である。それはそれ自体においてもとめられるべきものであって、恐怖や希望あるいはその他、何らかの外部のもののためにもとめられるべきものではない。また幸福は徳のなかにある。

また徳とは卓越している霊魂の状態であるが、それは霊魂の一種の完成状態である。たとえば彫像の徳とは、その彫像が完成していることである。ところで霊魂の完成状態である徳には、思慮のように、理性によって洞察されたものと、健康のように、理性によって洞察されたものではないものとがある。けれども後者も前者の領域において見られる。というのも健康は、理性によって洞察されている節制をともないながら、同じ領域に生じるからである。健康はかならずしも理性によって洞察されたものではないが、節制によって強化される。

ストア学派は特に主要なものと特殊的なものとを分けている。主要なものとは思慮、勇気、節制、正義であり、プラトンの四主徳に一致している。特殊的な徳とは、高邁、自制、忍耐、俊敏等である。思慮とは、為すべきものと、為すべきでないもの、そのどちらでもないものについての知識であり、節制とは、選ぶべきものと、避けるべきものと、そのどちらでもないものについての知識であり、勇気とは、恐れるべきものと。恐れるべきでないもの、そのいずれでもないものについての知識であり、正義とは、それぞれにそうあるべき評価を配当する知識である。

また高邁とは、つまらないものに対しても、立派なもの対しても超然としていることであり、自制とは、正しく理にかなっていることを踏み越えない、あるいは快楽に打ち負かされない心の状態であり、忍耐とは、耐えるべきことと、耐えるべきでないことと、そのどちらでもないことに対する知識であり、俊敏とは、その時々において為すにふさわしいことを見出すことのできるような心の状態のことである。

いずれも徳は知識（エピステーメー ἐπιστήμη）と考えられており、ソクラテス以来の主知主義的伝統を継承しているといえる。

4　感情論

感情（パトス）の定義

感情（パトス πάθος）とは霊魂の、自然に反した非理性的な運動であり、度を越した衝動である。ストア学派こうした感情を四種類に分類する。快楽（ヘードネー ἡδονή）、苦痛（リューペー λύπη）、恐怖（ポボス φόβος）、欲望（エピテューミアー ἐπιθυμία）である。こうした感情は善と悪を想定するところから生ずる。すなわち快楽とは、善いものが現にあると考え、霊魂がそれに動かされる場合の感情であり、反対に苦痛とは、悪いものが現にあると考え、霊魂がそれに動かされる場合の感情であり、欲望とは、善いものを予感し、霊魂がそれに動かされる場合の感情であり、反対に、恐怖とは、悪いものを予感し、霊魂がそれに動かされる場合の感情である。

「苦痛」とは、没理性的な霊魂の収縮状態である。この感情に属するものとしては憐憫、嫉妬、羨望、悔しさ、煩悶、困惑、苦悩、心痛、惑乱等の感情があげられる。「憐憫」とは、不等な苦痛をうけている人に対して感ずる苦痛であり、「嫉妬」とは、他人が所有している良いものに対して感ずる苦痛であり、「羨望」とは、自分が欲しているものを他人が所有しているときに感ずる苦痛であり、「悔しさ」とは、「自分が所有している良いものを他人も所有しているときに感ずる苦痛である。また「煩悶」とは、自分の上に重くのしかかってくる苦痛であり、「困惑」とは、自分を圧迫して逃れられないようにしている苦痛であり、「苦悩」とは、あれこれと思いあぐねることから生ずる長くつづいたり増大したりする苦痛であり、「心痛」とは、心を痛ませる苦痛である。そして最後に、惑乱とは、心がすりへらされて、現状を正しく見ることのできないような、理性を失った苦痛である。

また「恐怖」とは、災禍を予感することであって、これには驚怖、躊躇、恥辱、驚愕、狼狽、不安等がある。「驚怖」とは、強い驚きの感情を心中に生み出す恐怖であり、「躊躇」とは、これからおこなおうとする行為に対して感ずる恐怖であり、「恥辱」とは、不名誉なものに対して感ずる恐怖であり、「驚愕」とは、何か異常なことを表象するところから生ずる恐怖である。また、狼狽とは、あわてて声をつまらせるような恐怖であり、「不安」とは、物事がはっきりしない場合に感ずる恐怖である。

さらに、「欲望」とは、没理性的な欲求であるがこれには願望、憎悪、野心、怒り、愛、怨恨などがある。「願望」とは、目的をとげることができずに、その対象へ空しく引っ張られている欲望であり、「憎悪」とは、他人に災厄が起こることを望む欲望であり、「野心」とは、党派にかかわる欲望であり、

「怒り」とは、不正を行ったものを懲らしめようとする欲望である。また「愛」とは、賢人は陥ることのない欲望であって、美しさのゆえにそれに近づきたいと思う衝動であり、「怨恨」とは、長い間にわたって蓄えられた復讐に燃えた怒りである。

最後に、「快楽」とは、願わしいものとしてあらわれてくるような、霊魂の没理性的な高揚状態であり、これには恍惚、悪意から生ずる喜び、悦楽、放埒等がある。「恍惚」とは、耳を楽しませる快楽であり、「悪意から生ずる喜び」とは、他人の不幸を見ることから生ずる喜びであり、「悦楽」とは、霊魂が弛緩している状態であり、「放埒」とは、徳が崩壊している状態である。

良き感情

一方、ストア学徒はあらゆる感情を否定したわけではない。彼らはいくつかの良き感情を認めている。喜び（カラ χαλά）、慎重さ（エウラベイア εὐλάβεια）、「意欲」（ブゥレーシス βούλησις）の三感情である。「喜び」とは、霊魂の理性的な高揚であり、したがって霊魂の没理性的な「快楽」と対立する。同じく慎重さとは、霊魂の理性的な回避であるから「恐怖」と対立する。なぜなら賢者は恐怖心をいだくことはないが、細心の注意を払うだろうからである。最後に、「意欲」は理性的な欲求であって、「欲望」に対立する。けれども四基本感情のひとつである「苦痛」に対立する良き感情はあげられていない。

こうした感情論はスピノザの能動的感情と受動的感情の区別の先駆をなすものといえるだろう。

また、基本的な感情にいくつかの情念が帰属しているように、良き感情にもいくつかの情念が帰属している。たとえば、「喜び」のもとには「うれしさ」「快活さ」「朗らかさ」が帰属し、「慎重さ」のもとには「慎み」と「崇敬心」が帰属し、「喜び」のもとには「好意」、「親切心」、「温情」や「愛情」が帰属する。

近代の感情論との比較

以上の感情論はきわめて体系的であり、また随所に人間の本性に対するすぐれた洞察力が見られる。また、それは近代のデカルトやスピノザの感情論に多くの影響をあたえたことはよく知られている。そこに共通して見られるのは倫理や道徳を、結局のところ、感情をどう統御するかという感情対処論と位置づけていることである。ストアの賢者にとって、どのように自分の情念を理性の下に従属させて精神をアパテイア（不動心）の状態に維持するかが最重要な課題であったように思われる。

けれども、翻って考えてみれば、どうして自然的な衝動から過度の衝動が生ずるのか。いいかえれば、どうして自然的な衝動から反自然的な衝動が生ずるのか。また、どうしてそうした反自然的で過度の衝動を統御することができるのかについて、論理的に説明することは困難であるように見える。この点について、ディオゲネス・ラエルティオスは認識の誤謬に原因を帰している。つまり認識の誤謬が思考上に一種の歪みないしは惑乱を生じ、そこから多くの情念が生じて、それが精神の不安や動揺の原因となるというのである。もしそうだとすれば、われわれはものごとの正しい認識を獲得すれば自然に情念から解放されて、ついには精神の安静を獲得することができるということになるだろう。ストア学派の感情論は主知主義的であり、この点は近代のスピノザの感情論に受けつがれたといえるだろう。

全体としてはストア学派においては感情は霊魂の病気と考えられている。ちょうど肉体が時として感冒や下痢や痛風や関節炎に罹るように、霊魂もまた嫉妬や怨恨や恐怖や煩悶などの霊魂の病気に罹ると考えていたようである。そしてそうした病気はわれわれの判断の誤謬から生ずるのであるから、われわれは自然にしたがって理性的に行動するかぎり、そうした感情から自由であることができると考えていたらしい。

こうした主知主義的感情論は近代のデカルトやスピノザの感情論に多くの影響をあたえた。デカルトは人間の感情を「驚き」「愛」「憎しみ」「欲望」「喜び」「悲しみ」の六つの基本的感情に分類したが、そのうち「驚き」の感情に属する特殊的感情として、自己自身を重視する「高邁」（générosité）の感情をあげているが、それはストア学派のいう「矜持」（メガロプシュキア μεγαλοψυχία）にあたるだろう。デカルトはそれを、われわれの自由意志の支配権にあるものと考え、「自由な意志決定のほかには真に自己に属しているものは何もないこと、したがってこの自由意志の善用、悪用のほかには正当な賞讃あるいは非難の理由は何もないこと」（『情念論』153）を語っているが、それは「自己の手中にあるもの」と「自己の手中にないもの」とを識別し、後者が自分の意のままにならないことによって動揺することのない精神の高さである。

これに対してスピノザは感情を「喜び」と「悲しみ」と「欲望」の三つに区分しているが、彼は感情や人間の生活法を述べるにあたって、共通な自然法則にしたがう自然物のようにあつかうことの重要性を説き、「私は感情の本性と力ならびに感情に対する精神の能力を、これまで神および精神について論じたと同一の方法で論じ、人間の行動と衝動とを線や平面や立体を研究する場合と同様の仕方で考察することにする」（『エティカ』第Ⅲ部序言）と述べている。感情を何か特別なものとしてではなく、自然物と同様、自然法則にしたがうものとして理性的に主知主義的に見ておこうとする点で、ストア学派の精神を受けついでいるといえるだろう。

このようにストア学派の感情論は存外に近代的な要素を有していた。そのことはストアの賢者たちが人間の本性と性状についてきわめて深い洞察力をもっていたことを示しているといえるだろう。

注

（1）山本光雄・戸塚七郎訳編『後期ギリシア哲学者資料集』岩波書店、一九八五年。ただし、引用文は訳文どおりではない。以下、『資料集』と略記する。

（2）H. S. Long, *Diogenis Laertii Philosophorum*, 2 vols., 1964, Oxford Classical Texts. ディオゲネス・ラエルティオス『ギリシア哲学者列伝』（加来彰俊訳）岩波文庫、一九八四〜九四年。ただし引用分は訳文どおりではない。以下、『哲学者列伝』と略記する。

（3）Arnim, H. von, *Stoicorum Veterum Fragmenta*, 1093-5『初期ストア派断片集』（中川純男他訳）京都大学学術出版会、二〇〇〇〜〇六年。ただし引用文は訳文どおりではない。以下、『断片集』と略記する。

第7章　エピクロスの実在観と倫理観

1　エピクロス哲学の梗概

自然観

ストア学派と同様、エピクロスおよびその学派の世界観も唯物論的である。エピクロスの自然学は人間にとって不安と恐怖の原因である超自然的な対象すなわち神と死後の世界の干渉から人間を解放しようとする実践的意図によって貫かれている。彼はこのような意図を貫徹するために、自然を思いきって機械的に説明しようとし、ここからデモクリトスの原子論を採用するにいたった。

既述したように、原子論的立場においては、存在するのはただ無数の充実した原子と空虚な空間だけである。したがって、死とはわれわれの肉体を構成しているもろもろの原子の分離にほかならず、霊魂は肉体とともに消滅するのであって、死後の世界などというものは存在しない。それだから死がわれわれの不安と恐怖の原因となることもない。「なぜならわれわれが存在するかぎり死はまだ現在せず、死が現在するときにはもはやわれわれは存在しないからである。」

エピクロスは大体においてデモクリトスの原子論的唯物論の忠実な継承者であったと見られるが、ただ彼はひとつの点においてデモクリトスの考えを修正した。デモクリトスにおいては原子の運動は、その理由は明らかではないが、ともかく上下左右に必然的におこなわれると考えられていた。これに対してエピクロスは、原子の運動は原子の重さによって垂直におこなわれると考えた。けれども、諸原子がただその重さによって垂直にのみ空虚な空間を落下するとすれば、諸原子は相互に衝突しあうことはないだろう。そこで、エピクロスは原子の運動は原子の自発的で随意的な原因によって垂直の落下運動から少しばかりはずれると考えた。こう考えることによって彼はストア学派の宿命論、いいかえると必然的な、神による人事に対する干渉を排除できると考えたのである。

しかしながら、このように原子に一種の恣意的な運動を承認することは明らかに機械的自然観と矛盾するものである。そこに理論としての不整合があることは否定できない。いずれにせよ、ストア学派においてと同様、エピクロス学派においても、彼らの自然学はその倫理学に従属するものであり、それゆえに独創性と整合性に欠けていたということができるだろう。

倫理学

倫理学においては、エピクロスおよびその学派はキュレネ学派の快楽主義を継承し、これを発展させた。両派にとって人生の目的すなわち善は快であり、悪は苦である。それだからわれわれは快楽をもとめ、苦痛を避けなければならない。しかしキュレネ学派が瞬間的・一時的な快楽をもとめたのに対して、エピクロスは生涯にわたる永続的な快楽をもとめた。このゆえに彼は精神の快楽は肉体の快楽に勝るとし、また動的な欲求の充足よりも、むしろ静的な苦痛の欠如（アポニア ἀπονία）をもって最高の快楽と考えた。この学派にとって人生の究極目的は「肉体において苦痛がなく、霊魂において煩いのないこと」にあった。

エピクロスによれば、快は自然的所与であり、したがって人生の目的である――ここにエピクロスの自然主義的楽天観を見ることができる。それだから、どの快楽もそれ自体としては悪ではないが、しかしある種の快は、かえってわれわれに大なる苦痛をもたらす。したがって、われわれはできるだけ永続的な快楽をもとめなければならない。またそれと同時に、それがどんなに強い快楽であっても、あとでより大なる苦痛をもたらすような快楽は避けなければならないし、反対に、それがどんなに苦痛を伴おうとも、あとにそれに勝る快楽をあたえるものは、これを忍ばねばならない。こうして、われわれは真の幸福を得るためには快楽の商量と欲望の統御とが要求される。エピクロスが「思慮」（プロネーシス φρόνησις）を最高の徳と考えた理由はここにある。

　エピクロスは人間の欲望を(1)自然的で必然的な欲望（飢えや乾きを癒すための食物、飲料など）、(2)自然的だが必然的ではない欲望（贅沢な食事など）、(3)自然的でも必然的でもない欲望（王位や銅像の建立など）に分け、空虚な臆見（ドクサ δόξα）から生ずる不自然な、あるいは必然的でない欲望を抑えることを説いた。エピクロスによれば、こうすることによってわれわれは精神の「自足」（アウタルケイア αὐτάρκεια）を得ることができ、また賢者の理想である「心の平安」（アタラクシア ἀταραξία）の境地に達することができる。このアタラクシアはストア学派のいうアパテイア（不動心 ἀπάθεια）の境地に相当するといえるだろう。それは何ものにも煩わされない精神の自由な、また自足した状態であり、あらゆる欲望と情欲とを制御して、自然に即した、したがってまた理性に従った生の状態である。それだから、賢者の理想像においては――セネカやマルクス・アウレリウスが認めているように――ストア学派とエピクロス学派の見解は一致していたといえるだろう。

　しかし、道徳の根本原理に関しては両者の主張は対立的であった。ストア学派は、最高善は徳であり、幸福は徳に付随する心的境地であると考えたのに対して、エピクロス学派は逆に、幸福（快）こそ人生の究極目的であって、徳は幸福を獲得する手段や方便となるものだと考えた。カントに倣っていうならば、両者は徳と幸福とが最高善の二つの構成要素であると認めた点では一致していたが、そのどちらを最上の制約と見るかにおいて相互に対立的であった。

隠れて生きよ

また、ストア学派にとって神の支配と、「運命」（ヘイマルメネー εἱμαρμένη）と「摂理」（プロノイア πρόνοια）の一致の思想は彼らの倫理学の前提であったが、エピクロスは人格的な神の存在を断固として否認した。彼によれば、神が人事に関与するということは、必然的に神が人間にとって期待と恐怖の対象になるということを意味しており、したがって何ものにも頼らない、自由な独立自足の人間という理想像に対する障害となる（彼が死を取るに足らないものと主張するのも同一の根拠にもとづいている）。それゆえに、エピクロスは神を単に人間の理想あるいは模範と考えた。

さらに、ストア学派にとって賢者は、ロゴスの国の一市民であり、事物が全宇宙と共感しているように、多の人々と共感して生きることができた。しかし、エピクロス学派にとっては、賢者は無分別な大衆の外側に生きる人であり、政治や社会や世間の煩わしさと愚昧さを避け、それらに対して完全に無関心の態度をとり、少数の友人とともに友愛に満ちた静穏な生活を送る人であった。賢者は賢者にしか理解されない、それゆえに「隠れて生きよ」（λάθε βιώσας）というのがこの学派の標語であり、「片隅の幸福」がこの学派の願望であった。ストア学派の個人主義は世界市民主義に通じていたが、エピクロスの個人主義は利己主義に直結していたといえる。彼らがいかなる道徳的責務をも主張しえなかったゆえんである。

2　実在観

エピクロスの著作

エピクロスはその生涯において非常に多くの著作を著わしたと伝えられているが、今日、残っているのは、そのごくわずかである。もっともまとまったものとしてはディオゲネス・ラエルティオスの『ギリシア哲学者列伝』があげられる。彼は同書の第十巻をすべてエピクロスの思想の紹介にあてている。けれども、そこにはエピクロスの哲学の解説や注釈のようなものはほとんどなく、エピクロスの生涯と著作一覧、および三つの書簡が収録されているだけである。このうち、ヘロドトス宛の書簡では彼の自然学が、またピュトクレス宛の書簡では天界の事象が、最後のメノイケウス宛の書簡では人生の生き方、というよりも処世術がそれぞれ語られている。

このように、ディオゲネスは『哲学者列伝』の同巻で、自分の解説や評価や注釈を加えることなく、当時、残存していたエピクロスについての資料や彼の書簡を客観的な形式で提示している。それが同巻の他の巻と異なる特徴である。察するところ、ディオゲネスはエピクロスの著作をできるだけ広汎に後世に伝えようと企図したように見える。理由はよくわからないが、ともかく彼はエピクロスによほど興味をもっていたようである。

またエピクロスの思想についてのキケロやセクストス・エンペイリコスやルクレティウスなどの注釈や批評は『後期ギリシア哲学者資料集』（山本光雄・戸塚七郎編訳、岩波書店、一九八五年）に収められている。以下、これらを二次的資料として用い、エピクロスの思想を解明するとともに、若干の批評を試みてみたい。

自然探究の三つの原則

エピクロスは『自然について』という三十七巻からなる大部の著作を書いたと伝えられているが、残念ながら、今日、残存していない。しかし、われわれは「ヘロドトス宛の書簡」で、その大要を知ることができる。エピクロス自身、その冒頭で、彼の『自然について』があまりに浩瀚なので、巷間《ちまた》の求めに応じてその摘要を示すのが、この書簡を書いた直接の動機であることを語っている。

エピクロスはまず自然を探究するにあたっては、直覚的なもの、感覚に直接にあたえられているものを基準にして、そこからから出発しなければならないと説く。それは一種の感覚主義の立場といっていいだろう。それが彼の一貫した哲学的態度であった。すると、この基準に照らせば、まず感覚に直接あたえられないようなもの、あるいは感覚的事物から推論されないようなものは何ひとつとして認めるべきではないということになる。そしてそこから、「無からは何も生じない」(Ex nihilo nihil fit) という原則が帰結する。というのも、もし無から何かが生ずるとしたら、一般に、それが何であろうとも、有るものは特定の原因なくして何ものからでも生ずるということになり、不合理であるからである。したがって、それが何であれ、現に有るものはその種子から生ずるものでなければならない。

また、第二に、もしその形が消えて見えなくなるものは、滅ぼされて、有らぬものになったのだとすれば、すべての事物は消滅してなくなってしまっていることになるだろう。なぜかといえば、それらの分解されたものは、もはや有るものではないのだから。けれども、実際にはわれわれは多くの有るものを感覚している。したがって、分解されたものは無くなるということはなく、そのまま（分解されたまま）有りつづけると考えなければならない。

さらに、第三に、宇宙（万物）はこれまでも（今あるように）あったし、今もあるし、これからもあるだろう。というのも宇宙が（それに向かって）変化していく先のものは何もなく、また全宇宙に入り込んできて宇宙を変化させるようなものは、何ひとつとして宇宙の外にはないからである。要するに、宇宙を動かすどのような原因も、宇宙の外にはなく、宇宙自身の内にある、と考えなければならない。これは、超越的人格神が存在して宇宙に秩序をあたえているという俗見に対する明確な否認であり、したがってまた自然の科学的説明の発揚をうながす主張であると考えてよい。

以上が、宇宙を考察する際に承認されるべき三つの原則である。それらはいずれも感覚をもとにした常識の立場から主張されており、またきわめて合理的な考えであるといえるだろう。

物体と空間

さて、つづいてエピクロスの宇宙論あるいは実在観を見ておこう。宇宙は物体（ソーマ σῶμα）と空間（ケノン κενόν）から成立している。というのも物体が存在することはわれわれの感覚が証明していることである。これに対して空間は、感覚によって直接にその存在を証明することはできない。しかるに、既述したように、その存在が直接に明らかでないものは、感覚を媒介して推論によって証明されなければならない。ところで、もし空虚とか場所とか呼ばれているものが存在しないとすれば、もろもろの物体は存在することはできないだろうし、また運動することもできないだろう。というのも、空間がなければ物体と物体の区別がつかなくなるだろうし、物体の移動や変化も生ずることは不可能であるだろうからである。しかし、万物は現に存在しているし、現に運動している。

それゆえ空間や場所もまた存在していなければならない。

無限なる宇宙

また物体のあるものは合成体であるが、他のものは合成体の構成要素である。そして合成体の構成要素は「不可分なもの」（アトモン ἄτομον）であり、「変化しないもの」（アメタブレートン ἀμετάβλητον）である。万物は消滅して「有らぬもの」（無）になるのではなく、合成体が解体するときには、その構成要素はそれぞれ分解されることなく堅固なものとして残存する。この意味で、構成要素は充実した不可分な実在でなければならない。合成体としての物体の本性は、このように充実した不可分な要素すなわち「原子」（アトム ἄτομος atom）である。

ところで宇宙は限りのないものである。というのも、限りのあるものはその端を有しており、その端は、その先にある他の何かのものの場所にあることが見られるが、宇宙にはそうしたことはないからである。それだから宇宙はその端をもっておらず、したがって限りをもっていない（これはギリシア思想に支配的であった有限な宇宙観に対峙するものであり、ルネサンス期の無限なる宇宙という観念を先取りするものといえるだろう）。

したがってまた宇宙は、物体（およびその構成要素であるアトム）の数においても、また空間の大きさにおいても、無限でなければならない。というのも、もし物体の数が有限であるとすれば、物体はそれと衝突することによって静止したり支えられたりする他の物体と出会うことはなく、無限な空間のなかをばらばらに運動しつづけることになるだろうし、また空間が有限であるとすれば、無限な数の物体はその存在すべき場所をもたないことになるだろうからである。

また合成体としての物体が、それによって合成され、またそれへと分解される要素としてのアトムは無限の形状を有している。というのも、われわれが目にする合成体は無限に多くの形状を有しているので、それを有限な形状のアトムの組み合わせとして説明することは困難であるからである。

さらに、アトムは不断に運動している。そのあるものは垂直に落下し、あるものは方向が偏《かたよ》り、あるものは衝突して跳ね返る。また、衝突して跳ね返るもののうち、あるものは遠くに隔たって運動をつづけ、あるものは合成体の中で跳ね返りをつづける。

そして最後に、宇宙の数は無限である。というのもアトムの数は無限であり、しかもアトムは遠くまで運ばれていくので、宇宙の数が限られる理由はどこにもないからである。ここにもまた宇宙は無限であるという考えが認められる。宇宙はその大きさにおいても、またその数においても無限である。この意味において、エピクロスの自然観は無限に開かれた自然観であったといえるだろう。

原子論

つぎに個々のアトムが有している性質を見てみよう。アトムは固有の形と重さと大きさをもち、また（衝突の際に、他のアトムにあたえる）衝撃力をもっている。そして合成体は変化し、生成したり消滅したりするが、その構成要素であるアトム自身は少しも変化することはなく、したがってまた生成することもなければ消滅することもない。また合成体としての物体は無限に分割することはできない。というのも、その構成要素であるアトムはそれぞれ固有の大きさをもっているからである。

アトムは、衝突するものがなく、空間のなかを運動するときには等速運動をする。その速さはそれぞれのアトムの重さと関係はない。重いものも軽いものも同じ速度で運動する。そればかりか、原子は他の原子と衝突することによって生ずる上方への運動や側方への運動においても、さらにはアトム自身の重さによって生ずる下方への運動においても、その速さが変化するということはない。このようにアトムの運動は原則的には等速運動である。

では、どうしてアトムは減速することがあるのだろうか。その理由をエピクロスはつぎのように説明する。アトムは他のアトムと衝突すると、その瞬間、アトムの運動が阻止される。それが減速の理由である。またアトムは衝突後、直進しようとするが、その固有の重さにより下方への運動傾向を失うことはない。それで、時間の経過とともに、衝突の際に受けた外部の力を減殺していく。それでもって運動の方向と速度とが変化するというのである。したがって、合成体としての物体の静止とは、構成要素である多数のアトム間の運動の、相殺しあった合計の結果としての、相対的な安定の状態であり、また運動とは、同じくアトム間の運動の相殺の結果としての、ある速度と方向への運動であるということになる。要するに、合成体としての物体の運動や静止は、アトム間の運動の合計であり、そのプラスとマイナスの総和である。

以上が、宇宙と合成体としての物体や、その構成要素であるアトムの構造と性質、およびそれらの運動や変化のメカニズムである。

3　霊魂と肉体の関係

アトムと霊魂

さて、宇宙や物体の生成や変化については、以上のように、無限に多くのアトムの結合と分離によって機械的に説明できるとしても、では霊魂や霊魂のはたらき、たとえば感覚や感情や意志などの作用はどのように説明できるだろうか。それらも同じように物体的なアトムから構成されており、それら相互の結合と分離によって機械的に説明されるのであろうか。いやしかし、そもそもアトム自身は物体的なものであるのだから、それでもって精神的な存在やその作用を説明するのはきわめて難しいのではなかろうか。たとえばアトムの機械的な運動と意志の自由とはどのように矛盾することなく結びつくのであろうか。一見するところ、そこには多くのアポリアがあるように思われる。

もし霊魂が肉体と同様、無数のアトムの合成体であるとすれば、霊魂は形と重さと大きさを有すると いうことになるだろう。だとすれば思惟や感情や意志のような精神的作用は、肉体的作用と同様、形と重さと大きさとその他の物体的性質から生ずるということになるはずである。では、その場合、霊魂と肉体との差異は一体どこにあるのだろうか。どちらもアトムの合成体であるとすれば、両者の間には本質的な差異は何もなく、ただ比較程度の差異があるだけだということになるのではないか。そして、もしそうだとすれば、霊魂と肉体を分けることに一体どのような意義があるというのだろうか。また霊魂がアトムの合成体であるとすれば、思惟や感情や意志の働きも、肉体の運動と同様、機械的な作用と考えなければならないのではなかろうか。そして、もしそうだとしたら、倫理や道徳は一体その成立根拠を奈辺《どのへん》に有しているのであろうか。

霊魂と肉体

エピクロスによれば、霊魂はアトムの合成体である。したがって一種の物体である。それは微細な部分から成っており、あらゆる合成体にあまねく遍在している。しかし霊魂は単なる物体とは異なって、熱と混じりあった空気（風）によく似たものであって、ある点では熱に、またある点では空気に似ている。だが、霊魂にはさらに、熱や空気よりも微細で、勝れていて、人間という組織の他の部分すなわち肉体とも共感して働く第三の要素がある。そしてそうした性質によって、感覚や感情やその他の精神の働きが生ずる。

また霊魂は人間を構成している他の部分すなわち肉体によって包まれることによって感覚をもつことができる。肉体は霊魂に感覚をもたらす原因であるが、同時にそのことによって肉体自身も霊魂から感覚という付帯的能力を分かちもつことになる。しかし肉体はもともとそうした能力をもっていたわけではないので、霊魂が肉体から離れれば、肉体は感覚することはできない。これに対して霊魂は肉体によって感覚能力を得る機会をあたえられるが、以後は自らの能力で感覚することができる。したがってまた、霊魂は、自分が宿っている肉体の一部あるいは全部が破壊されて、それに対応している霊魂も破壊されたとしても、残りの部分の霊魂が残っているかぎり、霊魂は感覚をもつだろうが、たとえ肉体の部分あるいは全体が残っていても、霊魂を構成しているアトムが霊魂から分離すれば、肉体はもはや感覚をもたないだろう。

さらにまた人間という全組織体が分解されれば、霊魂は分散し、以前のような能力をもつことはできなくなる。したがって霊魂は肉体から完全に分離してしまったら、もはやどのような運動もしなければ、感覚もしないということになるだろう。

霊魂のアポリア

霊魂と肉体についての以上のような説明が、われわれの実際の感覚的事実にもとづいた推論であることは疑う余地はない。実際、それはエピクロス自身が明言していることである。しかし、こうしたエピクロスの主張は、原理的にも、また論理的にも多くの矛盾をかかえている。それは不合理以外の何ものでもない、と言わざるをえない。なぜかといえば、霊魂も、肉体と同様、合成体であって、無数のアトムから構成されている。しかるにアトムは形と大きさと重さをもったものである。いいかえれば、アトムとアトムの差異はその形と大きさと重さによる。したがって、アトムは相互に分量的に異なっているだけで、性質的には何ら異なってはいないことになるだろう。それなのに、どうして霊魂は、身体とは異なって、空気のような、あるいは熱のような性質を有することができるのだろうか。

おそらくそうした性質は感覚的事実から推論されたものであるだろう。しかし、もし霊魂がそうした性質をもっているとすれば、その場合、霊魂はもはやアトムの合成体とはいえないのではなかろうか。そもそも空気や熱を、アトムから説明しようとすること自体が不合理と言わざるをえないであろう。というのも、それはアトムに分量的差異だけでなく、性質的差異をも認めることになるだろうからである。ともかく、アトム論は物体的世界についてはうまく説明できても、生命的世界については十全な説明ができず、ましてや精神的世界についてはまったく合理的な説明が不可能である。

原子論の矛盾

またエピクロスの霊魂論の矛盾はつぎの点にも見られる。

宇宙の万物はアトムの合成体である。したがって物体はアトムの合成体である。霊魂もまたアトムの合成体である。しかるに合成体である物体は他の物体の内に遍在することはできない。異なった二つの物体は同じ場所を占めることはできないからである。たとえば机と卓子は同じ場所を占めることはできないし、ソファーとベッドは同じ場所を占めることはできない。もし異なった物体が同じ場所を占めることができるとすれば、もはやそれは二つの異なった物体ではなく、同一の物体であることになるだろう。

しかるにエピクロスによれば、霊魂はあらゆる物体に遍在しているという。だとすれば、もはやそれは物体ではないことになるのではなかろうか。というのも、既述したように、二つの物体は同じ場所を占めることはできないからである。それゆえにエピクロスは、霊魂は単なる物体とは異なって、熱と混じりあった空気のようなものだといっている。また、その他、肉体と共感して作用する特別な性質を有しているともいっている。なるほど霊魂が空気のようなものであるとすれば、物体と同じ場所を占めることは可能であろうし、またそれが特別な性質のものであるとすれば、純粋に分量的な肉体と共存することができ、したがってまた共感することもできるだろう。しかしながら、結局、それは、もはや霊魂が物体でも合成体でもないといっているのと等しいのではあるまいか。

もともとアトムは重量・大きさ・形態といった分量的区別だけを有していて、性質的区別を有しないものであった。しかるに、一般に考えられている霊魂は、反対に、分量的差異がなく、ただ感覚や感情や意志など、無限の性質的区別だけを有するものである。このいわば水と油のような対立物を物体という同一概念のもとに結びつけようとすること自体に無理がある。エピクロスは感覚的世界から出発し、感覚的事実を究極の根拠とすることによって、彼のアトム論を原理的に崩壊させてしまったと言わざるをえない。もともと感覚をもとにして考えれば、霊魂と物体を同じアトム概念で説明することは不可能であったのである。

けれども、そのことはさておき、ここから帰結するのは、エピクロス的世界観においては死後の生というものはなく、したがってまた霊魂の不死ということもないということである。霊魂の構成要素であるアトム自体は不生不滅であるが、合成体としての霊魂は一度《ひとたび》分解されて、もろもろのアトムが霊魂から分離されると、霊魂は永遠に消滅する。だとすれば、われわれは死や死後の生について何も思い煩うことはないことになるだろう。なぜなら、霊魂が存在しているかぎり、死はまだ現在せず、反対に、死が到来したしたときには、すでに霊魂はもろもろのアトムに分解して、無くなってしまっていることになるだろうからである。そして、これが、まさしくエピクロスの言いたかったことなのであろう。

この点を、神の存在の問題とからめて検討してみよう。

4　神の存在と死の問題

非人格的な神

神の存在や死の問題および一般に人生をどう生きるかという実践的な問題については「メノイケウス宛書簡」にまとまった形で述べられている。

先に、エピクロスの自然学は、人間にとって不安と恐怖の原因である超自然的な対象、すなわち神と死後の世界の干渉から人間を解放しようとする実践的な意図によって貫かれているということを指摘した。では、それは具体的にどのようになされているだろうか。

エピクロスはまず神が存在すること、また神はもっとも卓越した存在であるとともに、永遠にして不死であり、至福の存在であることを強調する。そしてその上で、神は、通常考えられているような存在ではないことを指摘する。

では通常考えられている神の観念とはいったいどのようなものであるだろうか。それは、一言でいえば、超越的で人格的な神である、すなわち善人には褒美をあたえ、悪人には刑罰を科すような審判者としての神である。義しい人には福をもって報い、罪を犯した人間には禍をもって酬いるような「審《さば》きの神」である。あるいはまた人間を困難な状況から救済し、奇跡を起こすような「恵みの神」であり、「救いの神」である。

だがエピクロスはこうした人格的な神、あるいは審判者や恩寵としての神の存在を否認する。というのも、彼の考えでは、神は人間の姿をしたもっとも荘厳にして理性的な存在者ではあるが、しかし人間的な事柄にはまったく関与せず、また関心を有していない。それはみずから動くことのない神であり、したがってまた人事にまったく干渉しない神である。キケロは、エピクロスは不死なる神から慈悲と恩寵を取り去ることによって、人々から信仰を根こそぎ引き抜いてしまったといっているが（『神々の本性について』De natura deorum I, xliii, 121）、エピクロスの考える神というのは、もっとも優れた本性を有する理想的な存在者であって、人間にとって模範となる存在ではあっても、人間を愛したり、救ったりするような人格的な本性をもたない存在者であった。そしてそうした神の観念は彼の理想的な人間像に由来している。

エピクロスの考えでは、もっとも理想的な人間というのは、他の何ものにも依存することなく独力ですべてを処していく独立独歩の人間であり、またどのような境遇に置かれても何ら不平不満をいうことのない、完全に自足的な人間である。一般にギリシア人はアウタルケイア（独立自足 αὐτάρκεια）の境地を人間の理想像と考える傾向が強かったが、それはまたエピクロスにとってもあてはまる。どんな艱難に直面しても、他人に頼らず自己だけに頼り、どんな状況におかれても、あたえられたもので満足することのできるような人間こそ、もっとものぞましい人間であった。

もしこのようなアウタルケイアの状態が人間の理想像であるとすれば、人格的な神の存在は人間にとってむしろ障害となり桎梏となるだろう。というのも、もし人格的な神が存在するとすれば、人間は困ったときには神の救済を期待し、反対に、何か悪いことをしたときには神の処罰を恐れるようになるだろう。こうして神はいつしか人間にとって期待と恐怖の対象になってしまうだろう。そして、そのいずれの場合においても、人間はもはや独立自足の人間ではなくなってしまう。それゆえ神は一切の人事には関与しないものであって、むしろあるべき人間の理想を具現した模範でなければならない。神は人間の行動の目標ではあっても、人間の自由と主体性を剝奪するものではない。むしろ各々の人間が自由に、また主体的に、それぞれの天性を発揮することを、心から願っているような至高にして至福の存在者である。

以上がエピクロスの考える神の観念であったように思われる。そしてこうした非人格的な神概念がニーチェの無神論と超人論のモデルになったことはよく知られている。

死の問題

死についてのエピクロスの考えも同じ動機から生じている。もし死がわれわれのそれまでの生をまったく奪うものであるとすれば、したがってまたわれわれが死によってまったく無に帰するのだとすれば、それまでの生は何の意味もないものとなってしまうだろう。こうした恐怖感を除去することが死についてのエピクロスの教説の動機になっているように思われる。

既述したように、エピクロスにおいては、あらゆるものは感覚によってのみ知られる。ところで死によってわれわれの肉体は分解する。しかるに分解されたものには感覚はない。そして感覚のないものはわれわれにとって何ものでもない。それゆえに死は何ものでもない。

また死はあらゆるもののなかでもっとも恐ろしいものであると考えられているが、しかしそれはわれわれにとって少しも恐ろしいものではない。というのもわれわれが生きているかぎり、死はまだ現在せず、死が到来したときには、もはやわれわれは存在していないからである。したがって、どちらにしても死は恐怖の対象とはなりえない。

これが死についてのエピクロスの教説であった。けれども、この二つの理由づけはいずれも説得力に欠けている。それは多分に詭弁的な性格をもったものであることは否定できない。エピクロスは、死んだ人間は感覚をもたないのだから死は何ものでもないといっているが、死が恐ろしいのは、(感覚のなくなった)死後のわれわれにとってではない、生きているわれわれにとってである。しかるに生きているかぎり、われわれは感覚をもっている。したがって死はわれわれにとって最大の恐怖であることになるだろう。

またエピクロスは、われわれが生きているかぎり死は現在していないのだから、死を恐れる必要はないといっているが、死の恐怖は死の現在にあるのではなく、むしろその予感にあるのである。死が現在するときには、もはやわれわれは存在しないのだから死を恐れる必要はない、というのはたしかにそのとおりだろう。問題はひたひたと迫ってくる死の予感にある。それはわれわれが生きているかぎり不断にわれわれを襲う。それが死の不安であり死の恐怖である。この点で、エピクロスは死の本質をとらえそこなっているといわなければならない。あるいはむしろ死の本質から意識的に目を逸らそうとしているともいえるだろう。われわれが、エピクロスの死の教説は詭弁であるといったゆえんである。

カントは、死の恐怖というのは、われわれの死後、世界が永遠につづくと考えるところから生ずる不気味さの感情であるという趣旨のことをどこかでいっていたかと思う。われわれは誰もいつかは死ぬ。

これはどの人にも避けることのできない運命である。そしてそのことは誰もが承知している。それがいつであるかはきわめて不確実であるが、われわれが死ぬ運命にあることは絶対に確実である。しかも自分が死んだあとも、世界は何ら変わることなく、おそらく永遠に存続しつづけるだろう。自分にとってはかけがえのない（自分の）死は世界にとっては何ものでもない、まったくの無にひとしい。われわれの死後も、世界はまるで何もなかったかのように存続しつづける。否、世界だけでなく、周囲《まわり》の人もいままでと少しも変わらず存在しつづける。自分の死が周りの人の存在に影響をあたえることはまったくない――たとえ周りの人の心境に多少の影響をあたえることはあるとしても。

しかるに、われわれは今まで他人の死は経験してきたが、自分の死は経験したことがない。他人のいない世界を経験することはできるが、自分のいない世界を経験することはできない。それで、自分のいない世界がこれから永遠に存続しつづけるということを考えたときに、世界は自分にとって大いなる謎と化す、何ともいわれぬ不気味な存在となる。そして、まさしくそのことこそ死の恐怖なのである。

このように、われわれは死そのものを恐れているのではなく、自分のいない世界の存続を恐れているのである。自分の死後、自分のいない世界が永遠に存続しつづけるという厳粛なる事実を突きつけられたとき、われわれが感ずる不気味さの感情、これが死の恐怖なのだ、とカントは云おうとしたのではないかと思う。また、これに加えて、こうした事実を直視したとき、はじめて生の意味も、生きるということの意義も明らかになるのではなかろうか。

以上のように、死についてのエピクロスの言説は一種の詭弁であることは否定できない。ただエピクロスの言葉の奥にあるものを斟酌していえば、われわれはただ与えられた生を、そのあるがままに享受し、ひたすら快適に生きればいいのであって、生の否定としての死を忌避したり、また逆に生の苦痛からの休息として、それをもとめるのは間違いであるということを説こうとしたものと考えられる。賢者にとっては、死は何の懊悩の原因ではなく、また死は何ら禍悪でもない。生きている間は、あたえられた生をひたすら享受し、死が到来したときは従容としてこれを受け容れればよいのである。何も余事のことを思い煩うことはない、というのがその言葉の真意であろう。

この点に関連して、エピクロスは「あたかも食事に、いたずらに、ただ量の多いものを選ばず、口に入れてもっとも快いものを選ぶように、知者は、時間についても、もっとも長きことを楽しむのではなく、もっとも快い時間を楽しむのである」(『哲学者列伝』第十巻第一章126)といっている。要するに、現実にはまだ生起していないことに対して、あるいは不可思議な事柄に関して、あれこれと思い煩ったり、過度の期待をかけたりするのは賢者のやるべきことではない、ということなのではないだろうか。エピクロスにとっては、「美しく生きる修練」と「美しく死ぬ修練」とは、畢竟《ひっきょう》(つまりは)、同じものであったのであり、彼の考えでは、ただ正しく生きた者だけが、また正しく死ぬことができるはずのものであった。

5　倫理学

快楽主義

エピクロスの倫理学は快楽主義の一形態である。彼は人間が有している自然的本性から善悪を規定しようとする。しかるに人間はその本性上、快適なものをもとめ、苦痛を避けようとする。安楽をもとめ、難儀を避けようとする。したがって快楽が善あり、苦痛は悪である。しかしながら、われわれがもとめる快楽のうちには、往々にして、それがもたらす快楽以上の苦痛をわれわれにあたえるものがある。したがって、そういう快楽はもとめるべきではない。同様に、われわれが避けようとする苦痛のなかで、それに耐えることによって、われわれが被る苦痛以上の快楽を実際にわれわれにもたらすものがある。したがって、そういう苦痛は耐えなければならない。

だとすれば、快楽であれば何でももとめていいというわけのものでもなく、また反対に、苦痛であれば何でも避けなければならないというわけのものでもない。どのような快楽はもとめ、どのような快楽は避けるべきであるのか、あるいはまたどのような苦痛は避け、どのような苦痛は耐えるべきなのかを思量する分別が必要になる。このように、快楽主義は「快楽」（ヘードネー ἡδονή）と「苦痛」（リューペー λύπη）という二つの原理のほかに、「思慮」（プロネーシス φρόνησις）という第三の原理を必要とする。

エピクロスの快楽主義は一般に静的な快楽主義あるいは消極的快楽主義であるといわれている。アリスティッポスやキュレネ派の快楽主義は動的で積極的な快楽をもとめた。「今を楽しめ」（カルペー・ディエム carpe diem）というのが彼らの共通の標語であった。これに対してエピクロスは瞬間的で物質的な快楽よりも、持続的で精神的な快楽をもとめた。彼は積極的に快楽をもとめるよりも、苦痛のない状態を善とし、「肉体において苦痛がなく、霊魂において煩いのない状態」をもって最高の快楽と考えた。こうした考えを突きつめていけば、何ももとめずして満ち足りているような心の状態が最高の幸福であるということになるだろう。かれが「独立自足」（アウタルケイア αὐτάρκεια）を精神の理想的境地と考えたゆえんである。

三種の欲望

先述したように、エピクロスは人間の欲望（エピテューミアー ἐπιθυμία）を三種類に分けている。ひとつは自然的なものであり、もうひとつは自然的ではない、不必要なものである。また自然的な欲望は、必然的で不可欠なものとそうでないものとに分かれる。飢えないこと、乾かないこと、凍えないこと、この三つはわれわれが生きていく上で不可欠の要素である。これが満たされなければわれわれは生きていくことはできない。したがって飢えないためには食物が不可欠であり、乾かないためには飲料が不可欠であり、凍えないためには衣服と家屋が不可欠である。しかし贅沢な食事やアルコールは必ずしも必要ではなく、宮殿や豪華な衣裳も必ずしも必要ではない。また王冠や銅像の建立は自然的でも不可欠でもない。

エピクロスによれば、自然的で不可欠な欲望はけっして際限のないものではなく、適量あるいは適度というものを有し、またそれは比較的に容易に手に入れることができる。自然はけっして多くのものをもとめないし、また困難なものをもとめない。自然は、たやすく手に入る、少ないもので満足している。したがって、われわれもまたそうすべきである。それが幸福にいたる最捷径である、とエピクロスはいうのである。「飢えないこと、乾かないこと、凍えないこと」、この三つが自然のもとめているものである。そしてそれが満たされれば、人間はゼウスとさえ幸福を競うことができるだろう。こうした「小欲知足」がエピクロスの理想であった。彼にとっては、身体において苦痛がなく、霊魂において煩いがないことが最高の幸福であった。

最高の徳——思慮（プロネーシス）

自然は快適な生をもとめている。したがってわれわれもまた快適な生をもとめるべきである。快適な生こそわれわれにとって最高善である。しかるに、この快適な生は無際限な欲望の追求にはない。度を超えた欲望の追求は、往々にしてより多くの苦痛をもたらす。したがって、われわれは適度な欲求でもって満足すべきである。しかるに、適度な欲求は手に入りやすく、苦痛をともなうこともない。それは最高の徳である思慮（プロネーシス）がわれわれに教えるところである。黄金の寝台に寝て、不安な夜を過ごすよりも、麦わらの上に寝て、安楽な夜を享受する方がどれほど幸福であるかしれない。まさしく幸福は思慮の産物である。「思慮深く、立派に、かつ正しく生きるのでなければ、快適に生きることはできないし、また快適に生きることなしには、思慮深く、立派に、かつ正しく生きることはできない」とエピクロスはいう。また彼は、人間が幸福な生を享受するのに運・不運という偶然的な要因があることを認めながらも、幸福な生に「思慮」は不必要だと考えることには同意しなかった。「思慮深い人は、熟慮することなく行動して幸運であるよりも、熟慮して行動しながら不運である方が、勝れていると信じている」（同書第十巻第一章135）とさえいっている。

友情

エピクロスは、少数の思慮ある人たちの友情にあふれた共同生活を高く評価した。それは世間の喧騒と虚栄から離れた静かな田園における賢者の友愛に満ちた交わりを理想化したものであり、一般に「エピクロスの園」と呼ばれるようになった。この点についてエピクロスは「全生涯の至福をめざして知恵が整えてくれるもののうち、何にもまして一番重要なのは友情の獲得である」といい、「かぎられた人生の状態のなかで、友情のもたらす安全こそがもっとも完全なものである」といっている。けれども、こうした言葉は、裏を返していえば、知恵あるもの同士以外の人間の共同生活は、真の意味では安全ではないということを含意している。賢者はただ賢者によってしか理解されないから、賢者は一般の人々との友愛や共同生活をつとめて避けるということになる。「世の多くの人から逃れた平穏な生活がもたらす安全こそが、一番純粋な安全である」のであり、「隠れて生きよ」というのが賢者の標語となる。

こうしたエピクロスの人間観と処世訓は後のスピノザを髣髴させるだろう。民家の屋根裏を間借りし、光学用のレンズを磨いて細々と生計を立てながら、丹念に、精魂を傾けてひたすら自分の思想を磨き、珠玉の名著『エティカ』を遺したスピノザが、その畢生《ひっせい》の書物のなかでエピクロスと同じようなことをいっている。「人間は、理性の指導にしたがって生活するかぎり、ただそのかぎりにおいて、本性上、相互に一致する」（『エティカ』第四部定理三十五）。したがって、理性的な人間同士においては「人間は人間にとって神である」（同定理備考）。けれども人間が理性の指導にしたがって生活することは稀である。むしろ人間は相互に嫉妬的で、競争的であり、したがってまた互いに不快の種になっている。というのも人間はただ自分の個人的な欲求や意向にしたがって善悪を判断するから、相互に一致するということはないからである。それだから「無知の人々の間に生活する自由の人はできるだけ彼ら（無知の人々）の親切を避けようと努める」（同定理七十）だろう、とスピノザはいっている。「自由な人々のみが相互にもっとも感謝的である」（同定理七十一）。したがってまた、相互に共同的であり、協力的であることができるというのである。

同じく理性にしたがった生活を説きながらも、このようないささか遁世的なエピクロスの態度は、四海同胞の世界市民主義（コスモポリタリズム）の見地に立ったストア学派とは対照的である。ストア学派には人間本性に対する楽天主義があったとすれば、反対に、エピクロスの思想には人間本性についての悲観主義があったというべきであろう。そしてこの点で、エピクロスには、幾分、世間を斜めに見る傾向があったといえるのではなかろうか。けれども、彼の生涯についての種々の伝記を読んでみても、特別、彼が他人から耐えがたい苦痛や侮辱や欺瞞を被ったというような逸話は伝えられていない。それどころか、むしろディオゲネス・ラエルティオスの伝えるところでは、エピクロスは公正さを重んじ、すべての人に対する人間愛と敬神の念をもっていたようであるから、以上のような性悪説的人間観は彼の個人的体験に由来するというよりも、むしろその生来の人間観にもとづいているといえるのではないだろうか。そしてこうしたペシミスティックな人間観はカントの「根本悪」の思想、キルケゴールの「大衆は虚偽である」という言葉、ニーチェの「畜群」の観念、さらにはハイデガーの「ひと」の分析など、西洋に連綿と伝えられてきた人間観というか、むしろ愚民観ともいうべきものの一類型を表現するものであるといえるだろう。

第8章　プロティノスの流出説における三つの原理

1　流出説の梗概

一　者

プラトンの思想は少しく時代を隔てて紀元後三世紀にプロティノス（Plotinos, 二〇〇頃～二七〇頃）によって継承され、徹底され、体系化された。両者の間には、ストア学派やエピクロス学派によって代表される「倫理時代」と、新ピュタゴラス学派やアレクサンドリアのフィロン（Philon ho Alexsandreus, 前一三頃～五四頃）に代表される「宗教時代」が介在している。したがってプロティノスの思想には、プラトンやアリストテレスの思想のほかに、これら諸学派の思想、とくにフィロンの神秘主義の影響が顕著に認められるが、しかしプロティノスは単なる折衷主義にとどまることなく、ギリシア哲学史上においてまれに見る徹底した一元論的体系を構築した。

プロティノスによれば、すべての存在のうちでもっとも根源的な存在は絶対的に超越的な存在であって、それは一切の差別や対立を超えているから、それがいったい何であるかを言表することも思惟することもできない。それどころかそれは存在であるということすらできない。なぜかといえば、すべて存在するものは、それについて思惟可能なものであり、思惟者と思惟とを予想するので、それ自体としては独立したものではありえないからである。したがって真実在は超存在とも超思惟ともいうべきものであって、まったく無規定な本質である。プロティノスはこのような根源的で超絶的な存在者を「第一者」（ト・プロートン τὸ πρῶτον）とか、「一者」（ト・ヘン τὸ ἕν）とか、あるいは「善なるもの」（ト・アガトン τὸ ἀγαθόν）とか呼んでいる。この定義はまったく消極的であるが、要するに、それは一切の存在者の原因である究極の存在者の「根源性」と「超越性」と「完全性」を表現したものといえるだろう。真実在はあらゆるものの根源であり始原であるから「第一者」であり、現実にある多なるものを超絶しているから「一者」であり、いささかも欠けたるところのない円満なものであるから「善なるもの」である。

流出の段階――ヌース・霊魂・自然・物質

では、このような超越的な一者から、いったいどのようにして、世界や存在者あるいは差別や対立が生ずるのであろうか。

それを説明するために考え出されたのが「流出」（エマナティオ emanatio）の原理である。プロティノスによると、泉水はみずからの充溢によっておのずと湧き出るように、しかもそのことによってみずからの力をいささかも減ずることがないように、世界は神の充溢した力から――神の意志によってではなく、必然的に――流れ出で、しかも世界の流出によって神の能力と完全性とはいささかも減ずることはない。また太陽から放射された光は太陽から遠ざかるにしたがって、その明るさを失うように、神から流出された事物もまた神から遠ざかるにしたがって、しだいにその完全性を失っていく。プロティノスは、この神からの流出に四つの段階を考えた。

流出の第一段階は「理性」ないし「精神」（ヌース νοῦς）すなわち叡知的世界である。あるいはこれを直観的世界といってもよい。ヌースは神の模像であるが、また神にもっとも近い性格を有している。ここでは思惟と、存在すなわち思惟された対象とは同一である。それは精神の自己思惟である。しかし、思惟は存在を、また存在は思惟を予想するから、ここにはすでに差別や対立、さらには一に対する多が前提されている。ただそうした差別が同時に無差別であり、対立が同時に同一なのである。いいかえれば思惟即存在、存在即思惟、一即多、多即一である。そして根源的一者が多に分かれることによって万物の原像としてのイデアが生起する。

流出の第二段階は「霊魂」（プシュケー ψυχή）である。霊魂はヌースから流出する。この流出の過程においてまず世界霊魂（宇宙霊）が、つぎに個体霊魂（個体霊）があらわれる。ヌースと霊魂との関係は原像と模像との関係に等しい。ヌースにおいては思惟と思惟の対象（存在）とは同一であったが、霊魂と、それが宿っている宇宙ないしは肉体とは同一ではない。そこには分裂と対立とがある。それゆえに霊魂は不動なヌースとは異なって、働くものである。それはヌースの方向へも働き、また物質の方向へも働く。霊魂はヌースからイデアを受けとり、それを原型とし、物質を材料として「自然」を形成する。

流出の第三段階は「自然」（ピュシス φύσις）である。自然は理性ないし精神の影であり、その最下位の部分である。けれども、たとえ最下位ではあっても、ヌースからの光を「最下位のロゴス」として有している。ということは自然も一種の形成力である。一者、ヌース、霊魂につづく第四の存在の原理（ヒュポスタシス ὑπόστασις）である。したがって、ロゴスであるという点からすれば、自然は、叡知的なものからもっとも遠く離れたものではあっても、なお形相であって、質料と形相の合成物ではない。ロゴスは、自分の生みの子として別のロゴスを作り出す。それが自然であって、この第二のロゴスである自然が動物や植物やその他の感覚的事物を創造する。

流出の最後の段階は「物質」もしくは「質料」（ヒュレー ὕλη）である。これはもっとも不完全なものであるが、その理由は、それが神からもっとも離れているがゆえに神の完全性をまったく喪失しているからにほかならない。あたかもそれは、光が太陽から遠ざかるにしたがってますますその力を減じ、ついには闇になるのと同様である。また物質は、善を欠如しているという意味で「悪」（カキアー κακία）である。要するに、物質とは本質の「欠如」（ステレーシス στέρησις）であり、無規定な「非有」（メー・オン μὴ ὄν）である。

以上が流出説の概要であるが、こうした流出はもちろん時間的な過程ではなく、純粋に論理的な過程である。なぜかといえば時間は、空間と同様、感覚的世界において初めて生ずるものであるからである。また。流出は一者の内なる流出であって、一者の外なる流出ではないはずである。というのも、もしそれが一者の外なる流出であるとすれば、一者そのものに内外の差別や対立の原理が含まれていることになって、矛盾することになるだろうからである。したがってプロティノスの流出説は本質的に内在主義の立場に立つものであって、一者の超越性は内在的超越性でなければならない。けれども一般には、一者はそのような性格のものとしては受けとられていない。それは、どこまでも外的に超絶的な存在として考えられている。したがって、この点は大いに検討すべきことがらであろう。

倫理学

さて、以上のようなプロティノスの流出説は、また彼の倫理学をも基礎づけるものであった。

プロティノスによれば、万物は根源的一者から流出してきたものであるが、それはまた同時に根源的一者へと還帰しようとする傾動を有している。われわれはわれわれの霊魂の浄化によって感覚的世界からしだいに離れ、霊魂をその根源であるヌース（叡知的世界）へと向けかえなければならない。そして霊魂はヌースを直観し、ヌースと合一することによって最上の徳を得ることができる。しかし、これはまだ究極的な段階ではない。なぜなら、そこにはまだ思惟するものと思惟されるものとの差別が残っているからである。思惟と存在とが分離しているからである。われわれはさらに根源的一者たる神との直接的合一にまでいたらなければならない。しかし神はどのような思惟をも超出したものであるから、ヌースより神への還帰は思惟によっては達せられない。

では、どうすればわれわれは超越的な神と一体になることができるか。このアポリアに対して、プロティノスは、われわれ自身の内への完全な沈潜、無意識、「没我」（エクスタシス ἔκστασις）の状態において、われわれの霊魂は突如として根源的一者たる神と直接しえる、といっている。

このようにプロティノスの哲学は、その究極において、一者との直接的合一を説く神秘主義であり、宗教的解脱の哲学でもあった。また一切のものは根源的一者から出て、ふたたび根源的一者へと還っていくという彼の思想は老荘思想や仏教思想等、東洋思想にも共通する要素をもっている。

以上がプロティノスの流出説の梗概であるが、そこには、なお究明さるべきいくつかの問題や論理的な不整合が認められる。以下、プロティノスの哲学の基本原理である一者、ヌース、霊魂の三つの概念をさらに詳細に検討し、またそれら相互の関係について考察することによって、その内なる課題を浮き彫りにし、さらには、そうした課題の解決策を模索してみたい。

2　一者とは何か

善なるもの——超存在・超思惟

万物の根源であり、究極の実在である「一者」(ト・ヘン τὸ ἕν)とはどのようなものであろうか。既述したように、それは存在するということもできなければ、それを思惟するということもできないものである。なぜかというと、「一者」をそのように規定することは「一者」を限定することであり、したがってまた否定することでもあるからである。スピノザのいうように、「すべての限定は否定である」(omnis determinatio est negatio)。

それで、「一者」はあらゆる存在を超越したものであり、またあらゆる思惟を超越したものである。すなわちいかなる分別をも超越した不可知的な存在である。そしてそのようなものとして、おそらく一者は、ただ深遠なる宗教的体験の極致においてはじめて会得されるようなものである。それだからそれを「第一者」(ト・プロートン τὸ πρῶτον)といったり、あるいは「善なるもの」(ト・アガトン τὸ ἀγαθόν)といったりするのは、そうした一切の存在と思惟を超越した根源的なものを、何とか分別的思惟でもって説明しようとする不確かな試みにほかならないのである。それらはいわばシンボリックな表徴であって、真実在についての具体的な表示ではない。「第一者」というのは、もっとも根源的なものであるということの表徴であり、「一者」というのはあらゆる分別を超越したものであるということの表徴であり、「善なるもの」というのは、もっともすぐれたものであるということの表徴であろう。そのようなものとして、それらはけっして具体的なものの表現でもなければ、現実的なものの形容でもない。そもそも分別を超えたものを分別でもって説明しようとするところに、思惟自身がかかえているアポリアがあるのである。

けれども、一方、すべての認識は分別的認識である。あるものを認識するとは、それを対象化し、主観と客観との関係において判断することである。たとえ主観と客観の同一性を主張する直観的認識といえども、なお分別を超えたものを分別の立場から思惟しているという矛盾を免れることはできない。なるほど直観は主観と客観の一致であり、思惟するものと思惟されるものとの一致である。直観においては主観が同時に客観であり、客観が同時に主観である。思惟するものが同時に思惟されるものであり、思惟されるものが同時に思惟するものである。しかし、そこにはなお主観と客観、思惟するものと思惟されるものとの区別が前提されている。直観は二の一ではあっても、一の一ではない。すなわち一そのものの表示ではない。先に、一者は認識されるものではなく、ただ会得されるものであるといったゆえんである。

しかしながらまた、そうした神秘的な境地は何らかの形で述語され、論理的に説明されるのでなければ一般に知られることもない。言葉でもって表現されるのでなければ、理解されるということもない。永遠の謎として秘匿されたままに終わってしまう。わずかに以心伝心でもって師から弟子へと個別的に、あるいは秘教的に、相伝されていくだけであろう。それでもって一般に広く普及するということはまったく不可能である。けれども、一方、それが何であれ、自分が会得したものを言語と思惟でもって普遍化し論理化しなければ哲学にはならない。哲学はどこまでも分別の立場にとどまろうとする。分別を超えたものをも分別でもって合理的に説明しようとするのが哲学の役割である。そうして、まさしくここに、プロティノスの哲学を語るときの困難がある。彼の哲学は、言葉でもっては思惟しえないものを、あえて言葉でもって思惟しようとする試みであり、自覚的に体得しかできないものを、あえて反省的に知得しようとする試みであるといえる。そしてそれが、プロティノスの思想をしてきわめて没理的で晦渋にさせているゆえんであり、また同じひとつの言葉が多様な意味や、象徴的な意味を有するゆえんでもある。

そこで、まずプロティノスの一者の思想をその著作に即してできるだけ客観的にまとめてみよう。一者については多くの論稿で語られているが、それらの多くは断片的であって、統一性を欠いている。そしてそれはプロティノスの著作に共通した特徴でもある。けれども、そうしたなかで、一者について比較的まとまった叙述がなされているのは論文「善なるもの一なるもの」であろう。それで、以下、その梗概を示し、それに他の論稿におけるさまざまな主張をも加味して、一者の思想の全体像を描いてみたい。

第一者（ト・プロートン）

一切の事物はひとつであること、あるいは一体性を有することによって、そのものであることができる。それは合唱隊や家畜の一群についても、また家や船、あるいは植物や動物のような具体的なものについてもいえるし、さらには健康や美や徳のような抽象的なものについてもいえる。どんな事物も、それがひとつであることや、一体性を失うと、自己の本来のあり方を喪失して、本来のものとは違ったものになってしまう。

ところで霊魂は一切の生命の根源であり、万物を一へと導くものであるが、だからといって霊魂は万物と一であるわけではない。たとえば霊魂は肉体に一体性をあたえるが、霊魂自身は肉体とは異なるものであって、霊魂は一なるものを仰ぎ見ながら、肉体に一体性をあたえるのである。けれども霊魂はまた一そのものでもない。たしかに霊魂はあらゆる事物よりもより多くの一体性を有しているが、霊魂自身は一者とは別個の存在である。霊魂は一者のもつ一体性ないし一者性の一部を分有しているにすぎない。霊魂が有する一体性は霊魂に本有のものではなくて、霊魂の外からあたえられたものである。

「一の一」と「一の二」

一者は万有（宇宙、ト・パーン τὸ πᾶν）でもなければ、ヌース（理性 νοῦς）でもなく、また存在（τὸ ὄν）でもない。なぜかといえば一者は万有すなわち多なる有でないことは自明であるが、ヌースは全体的な存在として万有であり、同じく存在もまた全体的な存在として万有であるからである。個々の個別的な存在が一とは同じものではないことは当然であるが、では全体的な存在はどうであろうか。全体的な存在は一であるのだろうか。たとえばヌースはヌースでもあり、また一でもあるのではなかろうか。

なるほどヌースは全体的な存在ではあるが、同時に存在でもあり、万有でもある。これに対して一者は、先に述べたように、一切の存在と万有を超越したものである。したがってヌースは一者ではない。同様に、人間と一者は同じものではない。というのも人間は個々の部分や要素に分けられるが、一者は単一不可分なものであるから、両者はまったく別個のものである。このように一者は万有（宇宙）でもなく、ヌースでもなく、存在でもなく、霊魂でもなく、人間でもない。この意味では一者はあらゆるものの否定である。しかし単なる否定によっては事物の真相はあきらかにはならない。したがってまた一者の本質をとらえたことにはならない。

では一者はどのようなものであるだろうか。既述したように、一者は「第一者」（ト・プロートン τὸ

πρῶτον）である。しかるにヌースもイデアも存在も、それ自身は第一者ではない。というのも一者以外のものは自己の内に多を含んでいるからである。たとえばヌースは直観するものであるが、直観とは自己自身に向かって、あるいは自己の本源に、反転することである。自己が自己を直観するということは、そこに直観する能動的な作用と直観される受動的な作用があるということであろう。そしてその両者が同一であるというのが直観の本質であるが、そこには作用の二重性が認められる。それは二の一であって、一の一ではない。

このあたりのプロティノスの叙述はいささか晦渋であるが、要するに、一者の有する超存在的で超思惟的な性格を、またその単一性と不可分性を語ったものと理解することができるだろう。

無相（アモルピア）　一者は万有の根源であり万有を生むものであるから、その本性は万有の内にある何ものでもない。もし一者の本性が万有の内にある何ものかであるとすれば、その場合、一者はもはや万有の根源でも、万有を生むものでもあることはできなくなるだろう。したがって、一者はいかなる実体でもなければ、いかなる性質でもなく、いかなる分量でもない。またそれはヌースでもなければ、霊魂でもない。それは運動しているものでもなければ、静止しているものでもない。あるいはまた空間の外にあるものでもなければ、内にあるものでもないし、時間の外にあるものでもなければ、内にあるものでもない。この意味で、一者は自体的な形相というよりも、むしろ「無相」（アモルピア ἀμορφία）である。というのも、それは一切の形相以前であって、運動にも静止にも先立つものであるからである。

ここでは、一者がどのような実体でもなく、性質でもなく、分量でもないこと、また運動でも静止でもないこと、空間的なものでも時間的なものでもないこと、むしろそうした分別を超えた、あるいは分別以前のものであり、したがって無的性格のものであることが語られている。そしてここに、後述するような、東洋思想との親近性が認められる。そこには、一切の有の根源は、もはやいかなる有でもなく、むしろ無であることが暗示されているといえるだろう。

無差別者

一者の会得はいかなる分別的知識によるのでもなければ直観によるのでもない。知識はひとつのロゴス（言葉・言論）であって、ロゴスは多なるものであるから、それは一体性を逸脱する。それで、一者を会得するにはすみやかに知識を超出していかなければならない。否、ただ単に知識だけでなく、また知識の対象をも、さらには一切のものをも超出していかなければならない。それだから一者は「語られもしなければ、記されもしない」。しかるにそれを言葉でもって語ったり記したりするのは、一者にいたる道程を教示するためである。しかし一者を会得するのは個々の個人の没我的な行為による。前にも言ったように、それはあらゆる分別を超出した世界に行きあたることである。

ヌース（理性）

一者は第一者であり単一なものであるのに対して、ヌースはそのいずれでもなく、一者から産出される第二者であり、それは「一つにまとめられた多」であり、そのようなものとして直観されるものである。それは霊魂よりも上位にあるものであるが、第一者ではない。ヌースは一者であることを願いながら、まだ一者になっていないものである。しかし一者に一番近いものとして一者の性格を有している。それは自己自身を直観するものとして一なるものであるが、同時にそこには直観するものと、直観されるものとの区別が仮定されている。それゆえ、それは純粋に単一なる一者ではなく、一にして二なるもの、したがってまた一にして多なるものである。そこには差別の世界が潜在的に含まれている。一者はあらゆる差別を超越した無差別者であるが、ヌースはみずからの内に潜在的に差別を含んだ無差別者である。

根源的な実在は、前述したように、あらゆる存在を超えたものであり、あらゆる思惟を超えたものであるから、したがってまたそれを正確にあらわす名称はない。それであらゆる分別を超出した単一にして不可分なもの、あるいはもっとも普遍的な全体者ないし統一者をイメージして、仮に「一者」と呼ぶまでである。そしてこの点で、それは老子のいう「道」に似ているといえるだろう。『老子』の冒頭には、「道の道とすべきは常の道に非ず、名の名とすべきは常の名にあらず」(「道可道、非常道。名可名、非常名。」)とある。老子にとっても根源的実在は「不言」であり、「無名」である。それで老子はそうした実在を「一」とか「元気」とか「無」とか呼んでいる。また老子のいう「無状の状」や「無物の象」はプロティノスの「無相」(アモルピア ἀμορφία)にあたるだろう。

万物の原因

一者は自足的であるから、それがもとめなければならないような善は何もない。それは最高に善なるものであり、善の善なるものである。また一者はヌースのように直観するということはない。直観は直観するものと直観されるものとの分別を予想しているからである。しかし、だからといって一者は無知であるわけでもない。というのも、無知は、何か自分とは異なるものがあって、それを知らない場合に生ずるからである。一者はただひとつあるものとして、自分自身と合致しているから、自分自身を直観する必要はない。否、むしろ自分自身と合致しているということもできない。正確にいえば、一者は自己自身を直観するものでも、自己自身と合致するものでもないのである。むしろ他のものがヌースを働かせて一者を直観するような場合に、その原因となるものである。およそ原因と、（それを原因として）生じたものとは別個のものであるから、万物の原因はいかなる万物でもない。したがって原因としての一者は他のものに善を付与するけれども、それ自身はけっして善と呼ばれるべきではなく、すべての善を超越した善と呼ばれるべきである。

ここでは一者の有する自足的な性格が語られている。一者は欠けたところの無いものであるから、もとめることのないものであり、善の善なるものであり、一切の直観や知識や善なるものの原因であり、それらを成立させる根拠である。しかし一者自身は直観するものでもなければ、知るものでもなく、またあらゆる活動を超越したものである。

では、このように一切の存在と思惟を超越した一者はいかにして知られるであろうか。われわれの霊魂はいかにして一者を知り、一者を直観することができるのだろうか。

没我（エクスタシス）

一者は超存在であり、超思惟であるといっても、それは一切のものから自己自身を隔離して存在しているというわけではない、とプロティノスはいう。一者は、（それに直接に触れることのできるような段階の）霊魂にとっては、つねにそこにあるという仕方で存在しているのである。それだから、霊魂が一者を知ろうとするならば、一者に対して余計な何ものをもつけ加えてはならない。もし一者を認識しようとする霊魂が、自分の内に一者とは別の事物の刻印を有している場合は、それが障害となって一者を直観することはできない。したがって霊魂が一者を直観しようとすれば、霊魂自身がどのような形相をも有しないものとならなければならないのである。

ということは、一者を直観するためには、霊魂は一切の外なるものから身を引いて、内部的世界へと沈潜する必要がある。いいかえれば霊魂は自己自身を忘却し、没我の状態となる必要がある。それゆえ「一切のものを取り去れ（ἄφελε πάντα）」とプロティノスはいっている（「認識する諸存在とそのかなたのものとについて」V 3,17,40）[1]。こうした徹底した自己滅却と否定を通して一者と合一し、一者との交わりを十分に享受したのちに、一者との合一の様子を語る以外に道はないのである。ポルフィリオス（Porphyrius）の伝えるところによると、プロティノスは生涯において四度、このような神秘的境地を体験したという。

さて、一者が超存在であり、超思惟であることはしばしば述べられた。一者は知識や直観によって知られるのではなく、行為によってのみ知られる。では、それはどのような行為によってであるのだろうか。霊魂は一者に余計な何ものかをつけ加えるときには一者を知ることはできない。その余計なものが一者を直観する妨げになるからである。だとすると、霊魂が一者を直観するには霊魂自身が一者と同じ無相にならなければならない。しかるに、霊魂が無相となるということは、霊魂が外なる一切のものから身を引いて、自分の内部に深く沈潜するということである。そして、既述したように、霊魂のこのような神秘的な状態を、プロティノスは忘却（レーテー ρήθη）と呼び、没我（エクスタシス ἔκστασις）と呼んでいるのである。

霊魂の一者に対する愛

生命、ヌース、存在、霊魂などは一者から流出してくるが、それによってその本源が減ずるということはない。それは物理的な量ではないからである。霊魂は一者の方へ向かえば、それだけ存在の度を増し、反対に一者から遠ざかれば、それだけ存在の度を減ずる。一者はいわば霊魂の憩いの場所であって、霊魂は清浄なその場所へ上昇することによって一切の邪悪を離れる。霊魂がヌースに目覚めるのも一者においてであり、諸々の苦悩から解放されるのも一者においてである。じつに真実の生は一者において生きられ、一者において体験される。霊魂は一者に触れることによって、はじめて善を生み、正を生み、徳を生むのである。

ここから霊魂の一者に対する愛（エロース ἔρως）が語られる。霊魂は神とは異なるが、神から生じたものとして神に対する愛を抱くことは必然である。霊魂はその生来の清浄さを有しているかぎりは、神への愛を抱いて、神と一体になることを願う。しかし、その霊魂が地上界に下りてくると、その愛は世俗的な愛欲となる。それはあたかも良き父に対して清純な愛を寄せていた処女が、穢れた世間において求婚者の誘惑に欺かれると、父を見捨てて、はかない愛欲に耽溺するようになるのと同様である。しかし、霊魂はこの地上的なものへの耽溺を厭うようになると、世間的なものから自己を浄化して、ふたたび神の膝下に身を寄せることを至福と感ずるようになる、とプロティノスは説いている。このあたりの論調はプラトンの『パイドン』や『饗宴』や、あるいは『パイドロス』における「死の練習」および「霊魂の浄化」の教説を髣髴させる。実際、プロティノスの愛の思想は、そうしたプラトンの教説を下敷きにしていると思われる。

自己放棄

密教の戒めに門外不出というのがある。神や一者との合一は実際に体験してみること以外に、それを外部に伝える方法はない。禅宗でも「不立文字、教外別伝、直指人心、見性成仏」という。では、このような、本来は言葉や分別をもってしてはあらわすことのできない境涯を、どのようにして言葉や分別をもって伝えることができるだろうか。

霊魂と一者との合致は、一方に霊魂があって、他方に一者があり、その両者が一致しているということとを意味しているのではない。霊魂と一者、「見るもの」と「見られるもの」との直接的な合致をいうのである。そこには霊魂と一者、「見るもの」と「見られるもの」の区別はない。両者は端的に一である。それは一の一であって、二の一ではない。すなわち霊魂が一者であり、一者が霊魂なのである。「見るもの」が「見られるもの」であり、「見られるもの」が「見るもの」であるのである。しかるに、そうした境涯は、ただ単に外から眺めることによって知得されるようなものではなく、一者そのものとの直接的な交流によってはじめて会得されるような性質のものであろう。この意味で、「一者」は、いわゆる直観とは異なった形で会得されるものでなければならない。既述したように、プロティノスはそれを、「没我」（エクスタシス ἔκστασις）とか「自己放棄」（エピドシス ἐπίδοσις）とかいわれるような、一者との接触に向けた霊魂の自己否定的な努力によってはじめて会得されるものと考えている。

光源としての一者

また、一者は円の中心や光源に譬えられる。ヌースや万物は一者から生じ、一者から注《そそ》ぎでて自己を展開している。そしてヌースはその直観的本性によって、（自己が）「一の内なるヌース」であることを証言している。たとえば円の中心は円でもなければ（円と線分を結ぶ）線分でもなく、円と線分の父であって、後者（円と線分）は前者（中心）によって産出されたものであるから、それと切り離されては存在することはできない。それと同様、一者はヌースの原型であり、ヌースは一者の映像である。父なる一者はいわば「単一化したヌース」であって、そこから「多の内なるヌース」が生ずるのである。

また、一者はひとつの明るい光源のようなものであって、この光源から発した光が拡散することによって、その程度に応じてヌースや霊魂や万物が生ずる。したがって光源と拡散された光は、いわば実物とその模造品のごときものである。その拡散によって光の明るさは減ずるが、それによって光源自身は減ずるということもなければ、減するということもない。拡散された光を遡っていけば光源自身に達するのである（「一者の自由と意志について」）。

ここでは、一者は円の中心や光源に譬えられている。一者はいわば円と半径の中心のようなものである。一者は円でもなければ、半径でもなく、円の中心である。この中心がなければ、円周もなく、半径もない。円もなければ、線分もない。この意味で、中心である一者は円や線分の原因であり、その存在の根拠である。したがって、円も線分もその中心から切り離されて存在することはできない。それと同様に、ヌースは一者から離れて存在することはできない。一者はヌースの存在の理由であり、ヌースは一者の帰結である。しかも、帰結はこの理由の外にあるのではなく、反対に、理由はこの帰結の外にあるのでもない。それだから一者はある意味でヌースであり、反対にヌースはある意味で一者であるのである。すなわち一者は「無分別のヌース」であり、ヌースは「分別された一者」である。こうして両者は一にして不二なるものである。

また、前述したように、一者は光源にも譬えられている。光は光源から離れるにしたがってその明るさを減ずる。その段階がヌース、霊魂、自然、物質としてあらわされる。すると、ヌース、霊魂、自然、物質はその明るさの程度は異なっていても、同じ一者を光源としている点では何の違いもないことになる。したがってヌース、霊魂、自然、物質の間に明確な違いがあるわけではなく、それらは程度上の違いにすぎないことになるだろう。それらをそれぞれ別個の名称で呼ぶのは単に便宜上のことにすぎない。この意味で、プロティノスの思想は厳格なる一元論であり、内在論である。というのも、そこには一者とそのあらわれ以外に何物も存在しないからであり、一者とその発現は本来、別個のものではないからである。一者は一者の内に万有を産出するのであって、一者の外に産出するのではない。もし、後者、すなわち一者が一者の外に万有を産出するのだとすれば、万有は一者の外なるものであることになるだろう。ただし、物質については微妙なところがある。プロティノスの物質概念は明確であるとはとてもいえない。さまざまに解釈できる要素を残している。

泉水の比喩

一者はまた、そこから一切のものが湧き出る泉水（ペーゲー πηγή）に譬えられている。ヌースや霊魂や存在など、一切のものが一者から湧き出るが、それによって一者が無くなることも、減ることも、枯れてしまうこともない。というのも一者は物量ではないからである。あたかも源泉から水がほとばしるが、源泉自身はまったきままにとどまって、同じ状態をつづけている。源泉はあらゆる質を自己の中に含み、しかもそれぞれの質をそのまま保持している。一者は万物を生産することの可能な根源力であって、生命の活動として万物はこの泉水を源とする川の流れに譬えられる。泉水は自己のすべてを川の流れにあたえるけれども、それによってみずからを使いはたしてしまうということはなく、依然としてもとの状態を保ちながら静かにとどまっている。この生命の泉水はみずからを多様化して万物を産出するが、みずからは多となることはなく、多の源として静かにとどまっている。源が部分に分かれて万有になるのではない。源は一のまま、万有に流れ出るのである。そして、まさしくそのゆえに万有は一者に還帰することができるのである。それぞれのものには、それぞれの内に遡源可能な一なるものがあるのであって、それゆえに一者へと還帰することができる。このことは後に人間の霊魂を事例にして触れる機会があるだろう。

3　理性（ヌース）

流出の第一段階は理性（ヌース νοῦς）である。ヌースはもともと直観的知識の段階を表現するものであるので、理性と訳すよりはむしろ知性とか直観知とか、あるいは直知とか訳した方がいいかもしれない。けれども、そのつど訳語を使い分けるのは煩瑣であるので、ここでは、そうした直観的・叡知的知およびその世界を指して、もっぱらヌースという言葉をもちいることにしたい。

ヌースと直観

先にも述べたように、ヌースにおいては直観するものと直観されるもの、思惟と存在とが同一である。至高の真理は外なる対象との一致にあるのではなく、自己自身との一致にある。ヌースすなわち直観知はまさしく自己自身についての直知であり、ここでは直知するものと直知される対象とは同一である。ヌースの外にどのような対象もなく、すべてのものはヌースの内にある。そしてこの点で、プロティノスのいうヌースは「思惟の思惟」（ノエーシス・ノエーセオース νόησις νοήσεως）としてのアリストテレスの神の観念にきわめて近いものである。

ではヌースはどのようなものであるだろうか。ヌースについては今までにすでに多くのことが語られた。しかし、それはヌースそのものに即して語られたのではなく、一者との関係や、またとくに一者との異同に関連して語られることが多かった。また、次節においては霊魂との関係でヌースがしばしばとりあげられるが、それは霊魂の活動に即して、あるいは霊魂を主体にして、ヌースの何たるかが語られることになるだろう。このように、ヌースには一者と霊魂を結びつける媒介契機としての側面が強く、ヌース自身の活動が主体的にとりあげられることは存外に少ない。そこで、次節で霊魂を検討する前に、宇宙の第二原理としてのヌースの本質をヌース自身に即して検討しておきたい。

充実した静止

ヌースは霊魂の形相であり、霊魂はヌースの質料である。いいかえれば、ヌースは宇宙の創造者であり、生命原理であって、宇宙に先立って存在する。したがって、ヌースは静止したものであって、みずからは変化するということもなければ運動するということもない。およそ自己自身の内で完全に充足しているものが、変化したり運動したりするというのは不合理であろう。それは充足の観念に矛盾する。したがってヌースの活動は静止した活動である。ヌースは、みずからは動くことなく、他のすべてのものを動かすのである。この点で、プロティノスのヌースの観念はアリストテレスの「不動の動者」としての神の観念と符合しているといえるだろう。先の「思惟の思惟」にしろ、この「不動の動者」にしろ、さらには質料をまったく有しない「純粋形相」にしろ、アリストテレスの神が有している性質をプロティノスのヌースもまた具有している。

また、ヌースは永遠であるから、一切の時間的なものを超越している。そこには「過ぎ去った」過去もなければ、「将に来らんとする」未来もない。あるのは「永遠の今」だけである。そしてこの「永遠の今」は無際限な時間とは異なっている。それはおよそ時間の尺度でもっては計れない性質のものである。というのも、プロティノスの考える時間は、プラトンと同様、「永遠の影像」にすぎないからである。時間は宇宙の創造とともに始まる。時間は永遠を模範として、その動く似像として誕生した。永遠はヌースの領域にあり、時間は霊魂の領域にある。ヌースは永遠の生命であって、それはすべての時間からなり、またすべてが一体をなしているような生命である。いいかえれば、それは「充実した静止」ともいうべきものである。ヌースは宇宙の形相であるから、みずからは永遠であり、静止したものである。そしてそこからすべての時間が生じ、すべての動、すなわちすべての変化と運動が生ずる。

差別即無差別

ヌースは一者からの最初の流出物であり、もっとも一者に近接したものである。したがってまたもっとも根源的なものであるが、一者そのものではない。前述したように、一者は一切のものを超越したものであって、いかなる存在をも超えており、いかなる思惟をも超えている。いわば超存在であり、超思惟である。これに対して、ヌースはみずからを直観するものである。そこでは直観する作用（ノエーシス νόησις）と直観される対象（ノエートス νοητός）とは同一である。作用と対象とが同一であり、思惟と存在とが同一である。けれども、そこには作用と対象との区別があり、思惟と存在との区別がある。ヌースは一者のような端的な無差別者ではなく、差別を内含した無差別者である。一者が一の一であるとすれば、ヌースは二の一である。ヌースにおいては一者が同時に二者であり、二者が同時に一者である。存在は作用に即してあり、作用は存在に即してある。

こうしてまた同と異の差別が生ずる。ヌースにおいては存在と作用は同であると同時に異であり、異であると同時に同である。同は異を含んだ同であり、異は同を含んだ異である。したがってまた、ヌースにおいては同と異は端的に一の一であるのではなく、二の一である。一が同時に二であり、二が同時に一であるのである。

さらに、同じことが動と静についてもいえる。ヌースは直観作用であるとすれば、それは動である。作用があるということは動があるということである。しかるにヌースは同時に存在である。存在であるということは静であるということである。したがって、ヌースは動であると同時に静であり、静であると同時に動であるということになる。動が静であり、静が動である。ヌースにおいては動と静は端的に一の一であるのではなく、二の一であるのである。一が同時に二であり、二が同時に一であるのである。

このようにヌースにおいては、すでに原理は一ではない、二である。そして二であるということは多であるということでもある。こうしてヌースの作用のなかには数や量や質などが潜在的に含まれていて、それらがつぎの霊魂や自然の流出とともに顕在化してくると考えられているのである。

宇宙の製作者

ヌースは善なる一者から流出するが、ヌースは一者から流出すると同時に、一切のものを生む、すなわち美しいイデア界の全体と、知性的な神々の全部を生む。ヌースは宇宙の製作者であって、ヌースから霊魂が生じ、その霊魂から宇宙と自然が生じ、また各々の天体と動物や植物などのすべての自然物が生ずる。そうしてヌースはみずからの内から創造されたものによって充たされ、またそれらを自らの内に覆蔵して、これを直観するのである。それはあたかもギリシア神話におけるクロノスが、自分が産んだ子供を自分の腹の中に収め、最後にゼウスを生んだが、その時のクロノスはすでに豊満神であって、ゼウスを生まざるを得なかった。それと同様に、ヌースがヌースとして完成する、その極限においては、霊魂や宇宙を生まざるをえなかった、とプロティノスは語っている（「三つの原理的なものについて」VI. 7. 34）。

こうしてヌースから霊魂が生ずる。それはまず宇宙霊魂として宇宙を製作し、個体霊魂として人間、動物、植物を製作する。霊魂には、ヌースからの直接の誕生として、ヌースに近き上位の部位と、ヌースから隔たった下位の部位がある。上位の部位はつねに叡知や知性と結びついているが、下位の部位は何らかの形で感覚的なものと結びついている。時間もまたこうした霊魂において生ずる。宇宙霊魂は永遠であり、不滅であるが、個体霊魂は時間の制限をうけ、可滅的である。その詳細については次節で検討するが、要するに、ヌースはこうした宇宙や霊魂の形相であり、生命原理である。

4　霊魂（プシュケー）

さて流出の第二段階は「霊魂」（プシュケー ψυχή）である。プロティノスによると、人間は単一な存在ではなく、霊魂と肉体からなる合成体である。しかも肉体自身が合成されたものであるから、それは解体したり、要素に分解したり、あるいはまたひとつの要素が他の要素を破壊したり、一方が他方に変異したりする。またそれぞれの要素は、たとえそれが単一な物体であっても、形相と質料とから成っている。したがって、もし肉体がわれわれの構成要素であるとすれば、われわれは全体としては不死ではないことになるだろう。

生命の原理

けれども、もし肉体がわれわれの道具であり機関にほかならないとすれば、それはもともと可滅的なものであったのであり、その支配者としての人間そのもの、すなわち霊魂は、質料としての肉体に対して形相の位置にあり、道具としての肉体に対して使用者としての位置にある。いずれにしても霊魂こそが人間そのものである、とプロティノスはいう。ここにはプラトン流の霊肉二元論と、霊魂が人間の真実在であるという唯心論的な主張が見られる。

では霊魂はどのような本性をもったものであるのだろうか。霊魂は生命のあるものであるが、その生命は物体に根拠をもっているわけではない。というのも物体は合成体であり、その諸要素である質料すなわち火、空気、水、土はいずれも生命をもたないものである。たしかに生命はこれら諸要素の混合から生ずるとも考えられるが、しかしもしそうだとしたら、その場合、諸要素を混合したり、秩序づけたりするものが（諸要素の外に）なければならないことになるだろう。そしてそうしたはたらきをするものこそが生命の原理であることになるだろう。いずれにしても生命は物体に根拠をもつことはできない。したがって物体やその諸要素に生命をあたえているのは、物体の外なるものであり、あらゆる物体的なものを超えたものである。すなわちそれが霊魂なのだ、とプロティノスはいうのでる。

霊魂の不死

「霊魂の不死について」と題する論稿において、プロティノスは霊魂が物体ではないことを繰り返し論じている。生命の原理を「気息」や「知的な火」のような物体の特殊な状態と考えることの矛盾や、霊魂が物体であると考えれば、感覚や記憶や知性のはたらきをどう説明するかの難問が生ずることを、逐一、詳細に指摘している。このあたりにプロティノスのポレミックな性格がよくあらわれているといえるが、それらは学問的にはそれほど重要であるとは思われない。

この論文の最終部において、プロティノスは、霊魂は物体とはまったく別個の存在であって、真実に存在するものであり、生命の根源でもあることを論じている。霊魂は、物体とは異なって、生成することもなければ消滅することもなく、永遠にして不死なるものであり、したがってまた神的なものであり、真実在でもあって、叡知と真の徳を具えている。しかるに多くの人の霊魂は肉体に宿ることによって、さまざまな弊害を被り、その本来の神的なものや不死なるものとの結びつきを見失ってしまっている。それだから霊魂は自己の外から付加された物体的要素を除去して、自己本来の、純粋で清浄な姿に目を向けなければならない。またそうすることによって霊魂は自己が不死であることを信ずるにいたるだろう、そしてその場合、霊魂はヌースそのものとなるだろう、といっている。

では、なぜ霊魂はそれ自体で存在できるにもかかわらず、真実在の世界を去って、感覚的世界に下降していったのであろうか。これは当然、生じてくる疑問であろう。プロティノスは、その理由を、ヌースと霊魂の相違にもとめている。ヌースは自己充足的なものとして、衝動も欲求も有していないが、霊魂は欲求をもつものであって、自分がヌースの世界で観たものにしたがって感覚界を秩序づけようとする強い願望を有しているからであるといっている。霊魂は、最初は宇宙の霊魂として感覚界を秩序づけようとしたが、しだいに宇宙の部分を管理しようとして、全体者としての霊魂から別れをつげて個々の肉体へと入っていった。しかし、個体としての霊魂には、依然として肉体に属さない部分（ヌース的な部分）があり、それは肉体の外に位置して、不死なるものとして万物を秩序づけているのである。

なお、プロティノスは人間の霊魂のみならず、動物の霊魂や植物の霊魂も、それが霊魂であるかぎり、不死であると考えている。

霊魂の肉体への降下

つづいて論文「霊魂の肉体への降下について」においては、ヌースの下位部分に属していた霊魂がどのようにして個別的な肉体へと降下していったのかが論じられている。プロティノスによれば、われわれの霊魂（個体霊魂）が管理する肉体は、宇宙の霊魂（世界霊魂）が管理する宇宙よりも劣っており、われわれの霊魂が肉体を管理しようと思えば、その内に深く入っていかなければ、肉体の構成要素は四散して、個々の元の場にもどってしまう傾向があった。宇宙は完全で自足的であって、自己の本性に反するものを何ひとつ所有していないから、宇宙の霊魂はそれを管理するのは容易であり、したがって宇宙の霊魂はつねに自己の本性に違わないあり方をしているのである。それゆえわれわれ人間の霊魂は、この感覚界から退いて、個々の肉体のなかに入らず、個別的なものに執着しなければ、天高く飛翔して、宇宙の霊魂と同じように容易に宇宙を管理することができる。

では、なぜ人間霊魂は個々の肉体へと深くかかわっていくのであろうか。よくいわれるように、われわれの霊魂が肉体へと降下することによって、「肉体という鎖に縛られ」、「翼を喪失し」、「洞窟に閉じこめられている」状態にあるのだとすれば、どうしてわれわれの霊魂は個々の肉体へと降下したのであろうか。どうして宇宙の霊魂（世界霊魂）にとどまることができなかったのであろうか。それが迷誤と苦悩の元凶であるとわかっていながら、どうしてあえて感覚界へと堕落してしまったのであろうか。

これはごく自然に生ずる素朴な疑問であろう。またプロティノスが、われわれの霊魂が天高く飛翔して、ヌース界へと還帰することの要務を説くのも矛盾以外の何ものでもないだろう。それならば霊魂は最初から個々の肉体に降下しなければよかったであろう。なぜ人間の霊魂はこのようないわば両棲類のごときありかたをしているのであろうか。

こうした疑問に関してプロティノスは明確な答えをあたえているわけではないが、彼の主張を吟味してみると、それは人間の霊魂がもっている宿命であって、またそこにこそ人間霊魂の存在意義があるということのようである。つまり人間の霊魂があるということは、それが独自の機能を有しているということである。いいかえれば、人間の霊魂は宇宙の霊魂と異なって、個々の肉体に降下するところに、その本質を有している。したがって、それが宇宙の霊魂にとどまっているかぎりは、その独自の機能はあらわれないし、知られることもないというのである。

この主張に一理あることは認めなければならない。現に事実として人間の霊魂がある以上は、その存在の是非を訊ねても意味はない。むしろその意義を訊ねなければならない。そうすると、人間の霊魂は宇宙の霊魂とは別個の存在意義を有しているということになるだろう。だとすれば、人間の霊魂は、完全で自足的な宇宙を管理することにあるのではなく、欲望や衝動によって運動する肉体を管理するところにあるということになるだろう。そしてそうした肉体を管理し統御するには、それだけ深く肉体的なものに沈潜しなければならず、その結果、逆に肉体的なものに影響されて、霊魂が知性的なものから離れて感性的なものに堕してしまう危険性をつねに孕んでいるということになるだろう。それゆえに、われわれの霊魂が自己を浄化しようとすれば、感覚界から脱離してヌースの世界へと上昇しなければならない、と結論づけられるのである。

だが、この論法には矛盾がある。それは一種の詭弁でしかない。というのも、もし人間の霊魂が独自の機能を発揮しなければならないとしたら、その機能はただ感覚界においてのみ成就される性質のものであるだろう。というのも、人間の霊魂は宇宙から降下したものであるから、それが感覚界にかかわるとき初めて独自の機能を発揮させることができるはずであるからである。だとすれば、われわれの霊魂は宇宙の霊魂へと向かい、さらにはヌースへと飛翔するのではなく、反対に、あくまでもこの感覚界にとどまって、感覚界をヌース化するよう努めなければならなのではなかろうか。そこに霊魂の真の意義があるのではなかろうか。いいかえれば、われわれの霊魂は肉体から離れるのではなく、むしろますます肉体の内へ深く入っていくことによって、肉体をより良い方向へと管理しつづけていかなければならないのではなかろうか。そうして、そのために霊魂はどこまでも自己を浄化し、ヌース的なものを保持し開発していかなければならないのではなかろうか。

実際、「すべての魂は一体をなしているか」と題する論稿においては、上記のようなことが暗示されているように思われる。そこでは、宇宙の霊魂も人間の霊魂も、純粋な「一なる霊魂」から発現していることと、人間霊魂が「一であるとともに多である」ことが説かれ、その「多」は要するに個々の肉体との結びつきに関連したものであることが説かれている。人間の霊魂だけでなく、動物の霊魂も、植物の霊魂も、もとはひとつのものであるが、それが降下していくそれぞれの物体の性格によって、その機能が異なるように、個々の肉体の性格によって霊魂の機能も異なってくるというのである。しかし同時に、それによって元の「一なる霊魂」が失われるのではなく、一なる全体としてとどまっているというのである。ただ、それを自覚するのは、われわれの霊魂が肉体から離れてヌースの世界、さらには一者を観照することによってであるという。これを仏教的に表現すれば、往相は還相を離れてはなく、両相は相即不離であるということであろうか。

道元の『弁道話』　少しく突飛な思いつきのようではあるが、このあたりの思想は道元の『弁道話』の一節を髣髴させる。よく知られているように、幼少時の道元が強くもった疑問というのは、もし人間の心が、天台本覚思想にあるように、「本来本法性、天然自性身」であるとすれば、人間はすでに仏心であり法身でもあるのだから、どうしてあらためて修行する必要があるのかというものであった。けれども、道元のこの素朴な疑問に誰も明確な答えをあたえてくれなかった。それで、入宋して如浄のもとで開悟してはじめて得た結論は、「この法は人々《にんにん》の分上《ぶんじょう》にゆたかにそなはれりといへども、いまだ修《しゅ》せざるにはあらはれず、証せざるにはうることなし」ということであった。つまりこの仏心は人々の持ち分に十分にそなわっているけれども、なお修行しなければあらわれず、証悟しなければ得ることはできない、というものであった。仏心や法身はすべての人にあまねく具わってはいるけれども、しかしそれはおのおのの人が修行してみてはじめてあらわれてくる性質のものであり、また見性してはじめて手に入れることのできるような性質のものであるのである。

これと同様、われわれの個体霊魂は一なる霊魂の発現であるけれども、それはわれわれが霊魂を肉体から分離させて、ヌースや一者へと飛翔することなくしては自覚されることはない。それゆえに、人間の霊魂は、一度自己を肉体的なものから切り離して宇宙の霊魂へと高揚し、さらに自己を浄化して、ヌースや一者と一体とならなければならない。そして一者を観照しなければならないのである。

往相回向と還相回向

けれども、以上の考察から明らかなように、われわれの霊魂は、一度、肉体から分離して、自己を浄化し昇華させて、ついには一者の観照へといたらなければならないのであるが、同時にまた霊魂は、一者の観照に安住してはならないのであって、その観照によって得たものを、感覚界において実現すべく、また肉体へと深く入っていかなければならない。先に述べたように、われわれの霊魂の存在意義は欲望や衝動によって運動する肉体を管理するところにあるとすれば、霊魂を肉体から分離させ、ヌースや一者へと飛翔すること自体は、何ら霊魂の目的ではなく、むしろ手段でなければならないのではなかろうか。この意味で、往相はそれ自体が目的であるわけではない。往相はむしろ手段であり、方便である。あくまでも目的は還相にあるのであって、還相あっての往相であり、還相なき往相は無意義である。

それと同様、衝動や欲望によって運動する肉体を管理しようとすれば、霊魂自身が衝動や欲望に塗《まみ》れたものであってはならない。それゆえに、一度、自分を、堕落した肉体から引き離して宇宙の霊魂へと上昇させ、そこから自己を浄化して、没我の状態において一者と一体となる必要がある。こうして霊魂は最高に善なるものとなる。そして再び、宇宙の霊魂をへて個々の肉体へと降下して、肉体および感覚界を浄化する。こうした還相回向にこそ霊魂の存在意義がなければならないのではなかろうか。この点、プロティノスの思想は観想主義的であり、静寂主義的であるように思われる。それは往相回向を目的としたものである。しかし、上述したように、プロティノスの本来の意図からすれば、一者を観照することはあくまでも手段であって、目的は肉体や感覚界の浄化ないし叡知化にあったといわなければならないだろう。そして一者からの流出はまさしく個体霊魂の還相回向を語るものと解釈しなければならない。こうした還相回向こそプロティノスの哲学を今日に生かす途ではないだろうか。

注

（1） *Plotini Opera*, ediderunt P. Henry et H.-R. Schwyzer, 3 tomus, 1951-1973, Paris, Bruxelles et Leiden. 『プロティノス全集』田中美知太郎監修、中央公論社、一九八六～八八年。ただし引用文は訳文どおりではない。

第9章　プロティノスの哲学における「観照」

　プロティノスの哲学において「観照」（テオリア θεωρία）の観念はきわめて大きな意義を有している。プロティノスによれば、理性的な存在ばかりでなく、およそこの世界にあるものはいずれも「観照」をもとめ、それぞれが可能なかぎり、その目的を達している。「観照」とは、一般に、自分より上位にあるものを「観る」（テオレイン θεωρεῖν）ことである。したがって「一者」そのものには「観照」はない。「一者」（ト・ヘン τὸ ἕν）は最上位の存在であり、超思惟であり、超存在でもあるから、そこでは思惟と存在とは分離されておらず、したがって、そこには「観照」するものもなければ、観照されるものもない。観照は一者から流出したもの、すなわちヌース、霊魂、自然において認められる。

　けれども、たしかに観照は自分より上位にあるものの観照であるが、しかしその際、その上位にあるものは自己の外にあるものではなく、自己の内奥にあるものであり、自己の根源である。したがって、ヌースは自己を観照することによって一者を観照するのであり、霊魂は自己を観照することによって、その根源であるヌースや、その極限にある内在的超越者としての一者を観照するのである。たしかにプロティノスの哲学においては一者が超越者と考えられているが、その超越は、本来、霊魂やヌースにとって外的な超越ではなく、内的な超越でなければならない。またその根源は内なる根源であって、外なる根源ではない。このことを明らかにするのがこの論稿の意図するところである。そしてそれは「観照」の観念そのものを明晰化することを通して達成されるであろう。

先に、プロティノスの流出説を論じた際、根源的存在である一者から、ヌース、霊魂、自然へといたる流出の諸段階を順次に検討したので、今回は、逆に自然、霊魂、ヌースという順序で、それぞれの段階における「観照」の特質と差異を考察してみたい。以下に述べるように、プロティノスの哲学においては、一者からの万物の「流出」と万物による一者の「観照」は相互に不可欠な対概念を形成している。

1　自然の観照

製作と観照

一般に、「自然」(ピュシス φύσις) には直観や理性の能力は備わっていないと思われているのに、その自然がどうして「観照」の能力をもっているのだろうか。たしかに自然の製作作用においては、手も足も必要でなければ、また何らの道具も必要ではない。必要なのはただ質料(材料)だけであって、自然は質料に働きかけて、これに形相(形)をあたえるのである。けれども、プラトンが『ティマイオス』で語っている蝋人形師の巧みな技のように(同篇74C)、自然物に対して無限の変化や、鮮やかな色合いや、多様な形態等を生み出す自然は、自分の内に「形相」(エイドス εἶδος) あるいは「範型」(パラデイグマ παράδειγμα) をもったものでなければならないだろう。自然はただ質料に働きかけて自然物を作るのではなく、自己の内にある形相や範型、つまりは(形成原理としての)内なるロゴスにしたがってそれらを作るのである。この意味で、「動植物においてはロゴスが製作者であり、自然はロゴス」[1]（『エンネアデス』III 8,2,29）であるのである。

ではこうした自然の製作作用と観照とはいったいどのような関係にあるだろうか。プロティノスによると、生命に充ちた自然は、その内なるロゴスにしたがって自然物を製作するが、そのことによってみずからは動くということはない。不動のままである。しがたって、それは行為ではなく、観照である。自然は、それ自身は動くことなく、みずから（の内なるロゴス）を観照することによって、自然物を製作するのである。自然にとっては、製作は観照であり、観照が製作であるのである。

しかし、たとえそうだとしても、ヌースや霊魂がみずからを観照するというのは理解できるが、自然がみずからを観照するというのは、言葉としては何か違和感があり、したがってまた不合理でもあるようにも思われる。もともと自然は叡知的なものの対立物と考えられているから、観照のようなロゴス的要素が欠けているように、われわれには思われるからである。

先に、一者からの流出の諸段階――ヌース・霊魂・自然――を考えたように、ここで、われわれはそうした流出におけるロゴスの諸段階を考えてみなければならない。ヌースとしてのロゴスは一者の観照の産物であり、霊魂としてのロゴスはヌースとしてのロゴスの観照の産物であり、自然としてのロゴスは霊魂（世界霊魂）としてのロゴスの観照の産物である。それぞれの存在は自己自身を観照することを通して自己よりも上位のものを観照する。だとすると最下位のロゴスすなわち個々の自然物の内なるロゴスは、生命原理としての自然のロゴスの観照の産物であることになる。霊魂は自己を観照することを通してヌースを観照し、ヌースと一体になる。けれども自然は自己自身を観照することを通して霊魂を観照するということはない。霊魂は下位のヌースであるから、そのすぐれた部位はヌースと結合し、それと一体となる。けれども自然は下位の霊魂ではなく、霊魂の「影像」（エイドーロン εἴδωλον）であるので、本質的に霊魂とは異なったものである。したがって、自然は、自己の観照によって霊魂へと上昇していくのではなく、ただみずからにつづくものを製作していくだけだ、とプロティノス（III 8,3,20）はいう。この意味で、自然の観照は製作としてのみあらわれるといわなければならない。自然の製作は自然の自己観照の結果である。このように、生命原理としての自然においては、観照が行為であって、自然はみずから動くことなく事物を動かすのである。そしてこれが自然における観照の特質である。

行為による観照

以上のことを、プロティノスは一種の譬喩の形で述べている。それは、もし誰かが自然に対して、真摯に、その製作の目的を訊ねたとしたら、おそらく自然はこう答えたであろうという想定問答の形で語られたものである。つぎにその梗概を示しておこう。

この自然界に生起するものは、私（自然）が密かに観たもの（テアーマ θέαμα）、つまり観照したものであり、したがって私の本性（ロゴス λόγος）から生じた観照の対象である。私はもともと観照を好む存在である。それはちょうど幾何学者がロゴスを観照しながら図形を描くのに似ている。けれども、厳密にいえば、私は図形を描くのではなく、私の観照からこぼれ落ちるようにして事物の線や形が生ずるのである。私の生みの親である世界霊魂やロゴスの身に起こったことが私にも起こっているのである。彼らは、彼らより上位にあるヌースの観照によって生じたように、私も私より上位にある世界霊魂やロゴスが自己を観照しているときに生じたのである。（III 8,4,4-14）

この譬話の意味をプロティノスはつぎのように解説している。（生命原理としての）自然は一種の霊魂であり、自分よりも上位にある生命力のある霊魂すなわち世界霊魂から生じたものである。そして自然は自己の内で静かに観照をおこなうが、その観照は自分よりも上位のものに向けられるものでもなければ、また逆に自分よりも下位のものに向けられるものでもなく、自然は自分にとどまり、自分自身を知覚し観照する。そしてこうした知覚や観照によって自分につづく美しく輝くものを産出した。けれども、自然は霊魂であるといっても、正確には霊魂の影像であったように、自然の観照といっても、上位のもの（である霊魂やヌース）の観照に較べると漠然としたものであって、そこには、いわば眠っているものの感覚と目覚めているものの感覚ほどの違いがある。この意味では自然の観照は、霊魂やヌースのそれとは異なって、いわば観照の影であり、弱き観照である。そうしてこうした弱き観照は行為として発現する。自然は、あるいは人間も、テアーマ（観照の対象）を観ることができないときには、行為によって観ようとする。ロゴスによって観ることができないときには、行為を通して肉体の目で観ようとする。彼らが何かを製作するときには、彼ら自身はその対象を観ようとして製作しているのである。したがって自然の製作や行為は弱き観照であり、また観照の結果なのである。もしあるものを製作したあとで、それ以上に何も得るものがなければ、その製作は弱い形の観照であるが、自分の作品を超えたところにその作品よりすぐれたものを観ることができれば、その製作は観照の結果なのである。だとしたら、真なるものを観ることができるのに、まず真なるものの影に向かおうとするような人がいるだろうか。したがって、われわれは自然を観照するのではなく、自然の観照を通してその内なる真なるものの観照へと向かわなければならない。こうしてわれわれは霊魂の観照へと進展していく。

2 霊魂の観照

では、つぎに「霊魂」(プシュケー ψυχή) はどのように自己を観照することによって自己の上位にあるもの (ヌース νοῦς) を観照し、またそれによって、どのように自然を生起させるのだろうか。

霊魂はヌースの自己観照によって生ずるが、先にも触れたように、霊魂の特徴は、その上位に位置する部位と下位に位置する部位とに分かれ、上位に位置する部位はヌースと直接に結びついているが、下位に位置する部位は自然と結びついている。いいかえれば、霊魂はひとつの全体としてヌースと結びついたり、あるいは自然と結びついたりするのではなく、いわばその上位に位置する部位をヌースと結びつけながら、その下位に位置する部位を自然と結びつけるのである。したがってまた霊魂はヌースへと上昇すると同時に、自然へと転落しもするのである。このように霊魂の活動には、叡知的なものと自然的なものという顕在的な二元性が認められる。そしてその点で、まだ思惟と存在との潜在的な二元性にとどまっているヌースと区別される。

ところで霊魂の活動はすべて観照である。上に述べたように、観照が同時に行為であるのは (生命原理としての) 自然においてである。自然においては観照が製作であり、したがってまた行為でもある。しかし自然の生命原理である霊魂の活動はもっぱら観照としておこなわれる。霊魂の下位の部位が自然を観照することによって自然を作るのである。すなわち「観照が観照を作るのである」(III 8,5,30)。

時間と空間は宇宙の誕生とともに誕生する。しかし、霊魂自身は自然のように時間と空間の制約を受けることはないので、その観照において力の及ばないところはない。どんな時にも、どんな場所でも、あらゆる観照活動をつづける。そしてその一端として自然を観照することによって、自然を製作する。またその観照の仕方の、植物的、動物的、人間的な違いに応じて、植物や動物や人間が作られる。それはあたかもプラトンが『パイドロス』において、性格の異なった二頭の馬を御して、天界へと飛翔しようとする馭者の譬喩でもって語っているように、（霊魂の各部位の）それぞれの欲望の対象になっているものこそ、それぞれの観照の対象であったのである。

だとすれば、一般に、行為は観照と（観照の）対象を目指していることになるだろう。行為者にとっても観照が行為の目的なのであって、たとえば直線的には得られないものを回り道して手に入れる場合のように、実際に手に入れた当の目的物は、彼らが観照の対象として彼らの霊魂のなかにあらかじめ有していたものであるのである。したがってまた、われわれが善なるものを目指しているのも、その善きものをみずからの外に実現するためではなく、みずからの内に手に入れるためである。こうして手に入れたものを、プロティノスは「沈黙のロゴス」（λόγος σιωπῶν）と呼んでいる（III 8.6.11）。このように、われわれはいわば行為という回り道をしながら観照へと還ってくるのである。霊魂はロゴスであるから、われわれが手に入れるものは語られたロゴスではなく、霊魂の内に秘匿されていたロゴスであるというのである。

観照するものと観照されるもの

さて、一般に認識する主体は、認識対象を明確に認識すればするほど、認識対象と一体化する傾向を深めていく。認識の主体と対象とが分かれているときには、主体と対象は別個の存在と考えられて一体のものとは見なされない。そうしたことは、われわれの霊魂のなかにあるロゴスが働いていないときに往々にして生ずる。というのはロゴスの本来の活動は自己自身を観照することであるから、われわれはこのロゴスを自分の外にあるものとは考えないで、もともとロゴスは自分に固有のものだと考えなければならない。

けれども、通常、われわれの霊魂はロゴスをわれわれの外にあるものであり、自分とは異なったものだと考えている。しかしロゴスはもともと霊魂に固有なものなのである。というのもヌースは一者のロゴスであり、霊魂はヌースのロゴスであるから、霊魂のなかには真実在としてのロゴスが内在しているからである。

霊魂は自然よりは充実しており、したがってまた観照する能力も高いので、理論や観想によって観照をおこなう。そして、いったんは下位の部位によって個体的なものの世界に入り込むが、しかしふたたび真の自己にもどって、その上位の部位でもって観照する。そして賢者にいたれば、もはや推理や思考によることなく、すでに直覚的知の段階に達している。いいかえれば、主体と対象とが完全に一致しているヌースの段階に到達しているのである。

こうして感覚や知識や臆見によって観照の対象となるすべてのものが、じつは観照の産物であり、それ自体がひとつの観照であるということ、また感覚界の諸存在は製作や行為を目的として作るものではなく、それらが観照の対象となることを目的として作るということ、さらにはあらゆる思惟や知識や感覚は観照をもとめているということ、そして最後に、思惟や感覚以前の自然も、自己のなかにロゴスを作り、新たなロゴスを産出するということが明らかになるだろう、とプロティノスは語っている（III

8, 7, 1-16)。

3　ヌースの観照

生きている観照

さて「観照」が自然から霊魂へ、霊魂からヌースへと上位の段階に移行するにつれて、観照する主体と観照される対象とは、その一体化と緊密化の度を増していく。そしてヌースの段階にいたると、認識する主体と認識対象とはまったく一体となり、パルメニデスのいうように「有ることと直観することとは同一である」(2)(DK28, B3)。すなわち存在は思惟である。ヌースにおいては主体と対象とは完全に一致しており、ヌースは自己自身を直観し、自己自身を観照するのである。こうしたヌースは生命原理そのものであって、その観照は「生きている観照」（θεωρία ζῶσα）と呼ばれる。そして霊魂の植物的活動も、感覚的（動物的）活動も、精神的（人間的）な活動も、いずれも何らかの制約がついているとはいえ、もとを正せばヌースの認識活動（ノエーシス、直知 νόησις）である。それらはいずれもヌース界から流出したロゴスによって形成されたものである。

第一の根源的な生は第一の根源的なヌースの活動であり、第二の根源的な生は第二の根源的なヌースの活動であり、こうしてすべての生の段階の活動はそれぞれヌースの活動であって、魂の最上位の部位の活動はヌースの最下位の部位の活動だということになる。とかくわれわれは生の段階的区別について問題にするが、ヌースの段階的区別については、それはヌースに相応しくないものとして斥けるから、ある種の生については内なるヌースの活動を認めても、別の生についてはそれを認めようとしない傾向があるが、存在するものはすべてヌースの観照の副産物なのである。

もっとも真なる生はヌースの活動による生であり、この真なる生とヌースの活動とが同一であるとすれば、もっとも真なるヌースの活動は生きていることになるし、したがってまた観照も観照の対象も同じく生きていることになるだろう。

ヌースと一者

では、このように生きている観照、すなわちヌースの観照作用とその対象が一体であるにもかかわらず、どうして一であるヌースが同時にまた多となるのであろうか。

それはヌースが「一者」そのものを観照するのではないからである。既述したように、一者は超存在であり、超思惟である。したがってまた、あらゆる観照を超越している。したがって、ヌースは一者を観照するのではなく、ヌース自身を観照する。ヌースにおいては観照の作用と観照の対象とは同一である。しかしながら、そこには観照するものと観照されるもの、主体と対象との区別がある。ヌースの観照作用と観照対象とは完全に一なるものではない。それは一であるとともに二、二であるとともに一である。それは一の一ではなく、二の一である。ヌースはその根源性において第一位のものではなく、第一位から流出した第二位のものである。一は多よりも先で、多は一よりも後のものである。したがってヌースは根源的な第一位のものではない。

では、根源的に第一位のものとはどのようなものであろうか。ヌースにおいては、直観するものと直観されるものが同一のものとして、しっかりと結びついて一対をなしている。けれども真に根源的なものは、このように一対をなしているようなものではない。一者は一の一であって、二の一ではないからである。いいかえれば、それは二（あるいは多）から自由なものでなければならない。ということは、根源的に第一位のものはヌースのかなたに超越したものである。したがってまたそれは直観を超えたものである。ヌースや直観の対象を超越したものである。そして同時に、そうしたものの根源でもあるものでなければならない。

直観のアポリア

では、そうした根源であるものとはどのようなものであるだろうか。われわれはふたたび問うてみなければならない。はたして、それは直観するものなのだろうか、それとも直観しないものなのだろうか。もしそれが直観するものであるとすれば、それはヌースであることになるだろう。したがって、それは直観しないものである。しかし、もしそれが自己を直観しないものであるとすれば、それは自己自身をさえ知らないものであることになるだろう。しかし、はたして自己自身を知らないものはすぐれたものといえるだろうか。また、もしわれわれが「それが善なるものであって、もっとも単一なものである」といったとし、たとえそれが真実であるとしても、われわれはいったい何を根拠にして、そういっているのだろうか。もしすべての直観がヌースによるのだとすれば、われわれはヌースを超えたものを何によって知るといえるのだろうか。またそうした超越者をわれわれはどうしたら把握できるだろうか。

もっとも根源的な第一者はみずから直観するということはない。再三、述べたように、一者は超存在であり、超思惟である。それで、もっとも根源的な直観者はヌースである。ヌースにおいては直観と対象は一致する。ヌースはヌース自身を直観するものである。けれども、ヌースによって直観されたものは、もはやもっとも根源的な第一者ではない。それは第二位の位置にあるものである。だとすれば、第一者は、第一位にある「一者」自身によっても、また第二位にあるヌースによっても直観されないこととになるだろう。では、第一者はいったい何によって直観されるのであろうか。

このアポリアに対して、プロティノスは「われわれのなかにある、これと似ているものによって」(III 8.9.22) と答えている。というのもわれわれのなかにも、この超越者に内属しているような性質があるからである。

ヌースの自己放棄

ではわれわれはそうした性質をどのようにすれば手に入れることができるのだろうか。この問いに対して、プロティノスは一つの譬喩でもって答えている。彼はいう「もし荒野に声が満ちていて、どの人にも届いているとしたら、人がどこにいようと、その声に耳を澄ましさえすれば、それを受けとることができるだろう」(III 8.9.29) と。ここで「耳を澄ます」というのは、なかなか意味がとりづらいが、プロティノスの説明を読んでみると、ヌースが自分であることを放棄して、あらゆる面でヌースではなくなるということを意味しているようである。だとすれば、もともとヌースは自己自身を直観するものであるから、その直観するということ自体を放棄すること、したがってまたヌースがヌースであるということ自体を放棄することということになるだろう。それは、一言でいえば、ヌースの自己否定である。ではヌースはどうすればヌースではないものになることができるだろうか。

ヌースの根源は第一者（ト・プロートン）であり、一者（ト・ヘン）である。そしてこの一者から最初に発出するのがヌースである。ヌースは直観するものであって、自己自身を直観する。そこでは直観するものと直観されるもの、思惟と存在とが同一である。したがってヌースは一なるものである。しかし、その一は端的に一なるものではない。それは一の一ではなく、いわば二の一である。その自己同一性のなかに差異性が潜在的に含まれている。

しかるに、およそ産出するものは産出されるものよりも単一なものでなければならない。というのも、産出するものが単一なものではなく、複合されたものだとすれば、産出するものよりも、その複合体の要素の方が根源的であり、より先なるものだということになるからである。それで、一者がヌースよりも根源的であって、ヌースが一者から発出するとすれば、一者はヌースよりも単一なものでなければならないということになる。すると、ヌースは自己自身を直観するものであるのだから、それよりも単一なものである一者は端的に一なるものでなければならないことになる。それは正真正銘の一の一である。では、この一者をわれわれはどうすれば直観することができるかが、最後のテーマとなるだろうが、それについてはすでに霊魂の観照のところで説明した。したがって、ここで繰り返す必要はないだろう。そこで、もう一度、一者の性格を素描するだけにとどめたい。

4　一者と観照

善なるもの——一切のものの根源

一者とは何か。上述したように、一者は万有を産出する力である。この力がなければ万有はないし、ヌースも第一位の普遍的な生命とはなりえない。この意味で、生命を超えたものが生命の原因となっているのである。一者と万有の関係はあたかも泉水と川の関係のごときものである。一者は泉水のようなものであって、自己のすべてを川へと流出させるが、しかしそれによって自らを涸らしてしまうということはなく、もとのままの状態を保ちながらとどまっている。そしてこの泉水（一者）を源とする川（万有）は、それぞれ各地に流れ出るまでは一体となっているが、やがて各地に分散していく。

あるいはこれを大樹の生命にたとえると、生命の源はいわばみずからを多様化して巨木のすみずみに生命を提供しているが、自己自身は多となることなく、多の源として静かにとどまっている。このように多様な生命が生ずるには、それに先立って一なるものがなければならない。それは自らを分節することなく、多様なものを生み出すのである。

したがってまた、いたるところで一なるものへの遡源が可能となる。万有には遡源が可能な一なるものがあるのであって、この感覚界においても遡源可能な一者があるのである。そしてその一者はもはやいかなるものへも遡源するということはない。

この一者は、あらゆる存在と生命の根源であるが、それ自体はいかなる存在でも、生命でも、実体でもない。またそれについて何ひとつ言表することもできない。ただ一切のものを超えているということがいえるだけである。

わずかにいえるのは、この一者は善であるということである。というのは善とはみずから充足しつつ、あらゆるものを充足させる根源であるが、もしヌースがこのような善であるとすれば、ヌースは直観したり活動したりする必要はなかったであろう。善以外のものは善にかかわり、善に向かって活動するが、善そのものはいかなるものも必要とせず、したがってまた自己以外のいかなるものをも所有していない。われわれはこうした善に何ものをも付け加えてはならない。われわれが何か付け加えれば付け加えた分だけ善は不完全なものになる。したがってヌースという直観のはたらきをも付け加えてはならない。ヌースは善を必要とするが、善はヌースを必要とはしないのである。

流出と観照

プロティノスの哲学における一者からの流出と一者の観照とは一体にして不二なるものである。前者は根源的実在である一者からの万物の流出の過程を示し、反対に、後者は万物からの一者への還帰を説いている。それは仏教でいう往相と還相あるいは向上と向下にあたるだろう。万物は根源的な第一者から、あたかも泉水から渾渾と水が湧き出るように生起するが、しかしそれによって泉水そのものは尽きることはない。また太陽の光源から遠ざかれば遠ざかるほど万物はその明るさを失うように、一者から遠ざかれば遠ざかるほど万物はその完全性を失っていく。けれども、一方、霊魂はみずからを空しくし、放棄（エピドシス ἐπίδοσις）し尽くして没我（エクスタシス ἔκστασις）の状態にいたれば、自己の根源に到達し、一者と一体になることができる。このようにプロティノスの哲学はいかにして万物が一者から流出するか、また同時に、一者から流出した万物（われわれの霊魂）がいかにして一者を観照し、一者に還帰するかを説いたものということができるだろう。プラトンにおいても、アリストテレスにおいても、観照は超越的な実在すなわち「善のイデア」や「第一形相（神）」への飛翔であったが、プロティノスにおいては、それは自己の内なる根源への還帰であった。霊魂は自己の内に深く深く沈潜することによって一者と一体になることができる。いいかえれば、自己は自覚的に真正の自己を見るのである。彼のいう「没我」（ἔκστασις）は語源的には「外に出て立つ」ことであるが、その真相はむしろ「内に超え出る」ことでなければならない。この意味で、プロティノスの哲学はきわめて東洋的な性格のものであったといえるだろう。

注

（1） *Plotini Opera*, ediderunt P. Henry et H.-R. Schwyzer, 3 tomus, 1951-1973, Paris, Bruxelles et Leiden.『プロティノス全集』（田中美知太郎監修）全五巻、中央公論社、一九八七～八八年。ただし、引用文は訳文どおりではない。以下同。

（2） Diels-Kranz, *Die Fragmente der Vorsokratiker*. 以下、ＤＫと略記する。

第10章　ギリシア人の実在観

1　ソクラテス以前の哲学者たちの実在観

イオニア学派

古来、哲学の根本問題は実在の探究にあったといえるだろう。ギリシアの最初の哲学者たちは万物のアルケーを探究した。アルケー（ἀρχή）というのは原物質というくらいの意味で、あらゆる物質のなかのもっとも根本的な物質のことであり、一切のものがそこから出て、またそこへと帰っていく、その大本《おおもと》のもの、根源のことである。そのようなものとしてアルケーはいわば万物の究極の原理であり、したがってまた真実在であると考えられた。ソクラテス以前の哲学者たちがこぞって探究したのはこのアルケーであるが、そこには、大きく分けると二つの系統が見られる。ひとつは、生滅不断の「成」（ゲネシス γένεσις）をもって実在と考える実在観であり、もうひとつは、永遠不動の「有」（オン ὄν）をもって真実在とする考え方である。前者を代表するのはヘラクレイトスであり、またその先駆的思想家としてのタレス、アナクシマンドロス、アナクシメネスである。これらイオニアの哲学者たちは変化に富んだ物質をもって万物の究極原理とした。タレスはそれを「水」（ヒュドール ὕδωρ）であるといい、アナクシマンドロスは「ト・アペイロン」（無限なるもの τὸ ἄπειρον）

であるといい、アナクシメネスは「空気」（アエール ἀήρ）であるといった。そして一世代を隔てて、ヘラクレイトスは永遠に燃えさかる、生命の象徴ともいうべき「火」（ピュール πῦρ）をもって万物のアルケーと考えた。そこには、生成し変化する世界こそ真実の世界であり、したがってまた万物のアルケーもそれ自体が不断に流動し転化するものでなければならないとする考えがあった。

エレア学派

これに対して、エレアの哲学者たちは唯一不動の「有」をもって真実在と考えた。この学派を代表するパルメニデスは、一切のものは「有るか有らぬか」そのどちらかであるが、「有らぬもの」すなわち「非有」（メー・オン μὴ ὄν）は知ることもできなければ、いいあらわすこともできないから、われわれが探究すべきは「有るもの、そしてそれにとって有らぬことは不可能であるような有の道」であると説いた。しかるに生成や変化は、そのなかに、本来、考えることのできない「非有」を持ち込むことになるので、それは有の原理と矛盾する。それゆえ、それは臆見（ドクサ δόξα）にすぎないと説いた。また、パルメニデスの弟子のゼノンは、一般に「ゼノンの逆説」として知られる多くの論証によって、多や運動や変化を考えるとわれわれは必然的に矛盾に陥るということを示し、またそれによって、間接的に、パルメニデスの主張の正しさを論証しようとした。

多元論者たち

その後の、エンペドクレス、デモクリトス、アナクサゴラスなどの多元論者の考え方には、このヘラクレイトス的「生成」の原理とパルメニデス的「存在」の原理の結合が見られる。彼らは不変不動の「有」を実在と考える点ではパルメニデスに与《くみ》しているが、同時に運動や変化を説明することに関心をもっている点ではヘラクレイトスに接近している。ただ、彼らはパルメニデスとは異なって、唯一の実在ではなく、多数の実在を考え、またそうした多なる実在の結合と分離によって、生成や変化を機械的に説明しようとした。彼らの考えでは、唯一の実在（有）があるのではなく、多数の実在あるいは（実在の）構成要素があるのであって、それらが相互に結合したり、あるいは分離することによって、万物が生成し、あるいは消滅するのである。この実在ないし構成要素そのものは不生にして不滅であって、永遠から永遠にわたって存続している。それらは新しく生まれるということもなければ、古くなって消えていくということもない。万物の生成や消滅はそれらの実在や要素自身の生成・消滅ではなく、ただそれらの位置の変化にすぎない。このように、彼らの考えは多元論的であり、また機械論的である。実際に生成や消滅が論じられているのではなく、永遠に変化しないもの同士の結合と分離によって機械的に変化が説明されているにすぎない。それはいわば「有」の原理と「成」の原理との無媒介的な結合であり、否むしろ安直なる折衷である。なるほど、そこには万物の質料について深い洞察が見られるが、形相や運動や目的についての考えはまだほんの着想の域を出ておらず、理論的に十分整備されているとはいいがたい[1]。

2　プラトンのイデア論

イデア論

さて、初期ギリシア哲学者たちにおける「有」の原理と「成」の原理をパルメニデスに近い立場から綜合統一しようとしたのがプラトンのイデア論であるといえるだろう。ἰδέα とは ἰδεῖν（見る）という動詞の過去分詞形であって、「見られた」ものという意味である。しかし、それは感覚の目によって見られたものではなく、理性の目によって見られたものである。プラトンは感覚の目に映る世界と理性の目に映る世界を区別する。前者は可滅的であり、移ろいやすく、不完全であるのに対して、後者は永遠であり、不動であり、完全そのものである。プラトンはこの感覚界とイデア界の両方の存在を認める。したがって彼の考えは二世界論である。唯一の世界があるのではなく、感覚的世界とイデア的世界があるのである。これを現象界と叡智界と呼びかえてもいいだろう。けれども感覚界とイデア界のどちらもが実在の世界であるというわけではなく、イデア界のみが真実在の世界であって、感覚界はイデア界の模倣の世界であり、その影像であるとされる。したがってまたそれは臆見の世界である。

このように、プラトンのイデア論はエレア的「有」の原理とヘラクレイトス的「成」の原理の綜合であるが、それは明らかにエレア的有の原理の方に力点がおかれている。イデアはそれぞれの事物の類や本質であって、それ自身は生成することもなければ消滅することもない永遠に静止したものである。またそれはそのようなものとして事物の原型であり、否むしろ範型であって、理想的な完全な形相である。このように、イデアが事物の論理的な本質であるということと、それが同時に事物の理想的な形相であるということとは必ずしも両立しないから、そこに種々の矛盾や問題が生ずることはすでに述べたとおりである。(2) またそれはプラトン自身も気づいていたと思われる。そしてその一端は『パルメニデス』における「塵」や「髪の毛」のイデアについてのパルメニデスの言説によって示されている。したがって、この点についてはここでは触れないことにしたい。

分有と臨在

ところで、プラトンのイデアと初期ギリシア哲学者たちの実在観を比較すると、そこには顕著な相違点がいくつか見られる。既述したように、ソクラテス以前の哲学者たちは自然哲学者というべく世界の究極原理を探究した。けれども彼らが主として考察したのは質料因すなわち万物は何の材料でできているかということであった。たしかに彼らは万物の変化や運動や形態についても論じているが、それらは付随的で副次的な問題にとどまっていた。これに対して、プラトンが関心をもったのは事物の形相因であった。彼は事物の材料が何かということよりも、事物の本質は何かということに関心をもった。この点で、プラトンは、もろもろの徳目の普遍的定義をもとめつづけたソクラテスの精神を受けついでいるといえるだろう。事物の普遍的な本質へのあくなき志向がプラトン哲学の根本的特徴である。彼が感覚を軽視して理性を重んじた理由もここにある。というのも感覚（アイステーシス αἴσθησις）は事物の個別的な存在にかかわるのに対して理性（ノエーシス νόησις）はその普遍的な本質にかかわるからである。また個々の事物は不断に変化し、可滅的であるが、その本質は永遠であって、不変不動である。そして、これは一切のイデアが有している共通した特徴である。

プラトンのイデアがもっているもうひとつの特徴はその超越的性格である。イデアは感覚的事物の内にあるのではない。反対に、感覚的事物を超越して存在している。というのも感覚に映るものは変転きわまりないものであって、恒常にして不変なものは何ひとつとしてない。それは無常にして時間的に可滅的なものである。しかるに永遠は時間を超越したものであるから、イデア界もまた感覚界を超越した世界である。そして、この二つの世界を橋渡しする媒介者は何もない。

たしかに『パイドン』では、「分有」（メテクシス μέθεξις）と「臨在」（パルーシア παρουσία）の観念をもって両界の結びつきが説明されているようにみえる。同篇では、たとえば感覚界のあるものが美しいといわれるのは、それが美のイデアを分有しているからである、あるいは美のイデアがそのものに臨在しているからであると説かれ、同様に、あるものが正しいといわれるのは、それが正義のイデアを分有しているからである、あるいは正義のイデアがそのものに臨在しているからであると説かれている。このように感覚物とイデアとの関係は、これを感覚物の方から見れば、それはイデアの分有であり、反対にイデアの方から見れば、それは感覚物への臨在であるということになる。そして、たしかにこの点から推せば、イデアは感覚物の原因として、それも形相因としてばかりでなく、起成因としても考えられているようにみえる。

しかし実際には、それは、アリストテレスが指摘しているように、単なる「詩的な比喩」にとどまっている。プラトンがどこまで本気でイデアを感覚物の生成の原因と考えていたかは大いに疑問である。イデアについてのプラトンの所見を見ると、彼はイデアと感覚物を結びつけることに本当に関心をもっていたとはとても思えない。むしろ彼が意図したのは、反対に、イデアを感覚物から切り離して、精神の目を、移ろいやすい感覚界から永遠不動のイデア界に向けかえることであったといえるだろう。両界を結びつけることよりも、逆に両界を分離して、汚れた感覚界を去って、浄らかなイデア界に飛翔することに関心が向けられているように思われる。『国家』における「死の練習」説や、『パイドロス』における「霊魂の浄化」説や、『メノン』における「想起」説などは、いずれもそうした意図をもったものといえるだろう。

二世界論

プラトンの思想は本質的に二元論的である。彼は変転極まりない感覚界と永遠に静止したイデア界とを分離し、イデア界をもって真実在の世界と考えている。彼の言によれば、人間の霊魂はもとイデア界の住人であったが、肉体に宿ることによって堕落をした。けれども霊魂にはイデア界の記憶が残っており、ときにそれを想起する。そしてイデア界を憧憬し、ふたたびイデア界へ飛翔しょうとする。それが霊魂の浄化（カタルシス κάθαρσις）であり、霊魂の堕落の原因であった肉体からの脱離である。そして一般に、肉体的なものから離れることが死を意味するとすれば、哲学はまさしく「死の練習」であるというのである。プラトン哲学にはこうした実践的な契機が顕著である。彼が善のイデアを最高のイデアと考え、いわばイデアのイデアと見なしたのも、このことと関連があるだろう。もしイデアが文字どおり事物の理想的な本質を指しているとすれば、諸々のイデアの間に価値的区別はないはずである。

プラトン哲学において、たしかに感覚界もなにがしかの真理を所有している。たとえば『ティマイオス』では、創造主デミウルゴスはイデアをモデルにして、できるだけ良い宇宙を創ろうとしたと語られている。[3]けれども、感覚界は、所詮、イデアの影像であり、模造である。したがって、そこには真実はない。感覚界は時間的に推移していく世界である。プラトンにおいては、時間は永遠の影であると考えられているから、感覚界もまた永遠の影であって、移ろいゆく可滅的な世界である。プラトンの哲学は、その本質においては、こうした現実の世界を厭離して、超越的なイデアの世界をひたすら憧憬し、イデア界に向けて飛翔することを説いているようにみえる。

3　アリストテレスの形而上学

超越的二元論と内在的二元論

アリストテレスの哲学は、一言でいえば、プラトン哲学のアンチテーゼである。プラトンのイデア論が本質的に超越的性格もっていたとすれば、アリストテレスの質料・形相論は、反対に、内在的性格を有している。彼は『形而上学』第一巻第九章で二三か条にわたってプラトンのイデア論を執拗に批判しているが、結局、それらの批判はイデアの超越的性格に向けられていたといえるだろう。

既述したように、プラトンはイデア界と感覚界の両界の存在を認めた。そして永遠不動のイデア界を真実の世界と考え、われわれの精神の目をひたすらイデア界に向けることを説いた。感覚界は堕落した世界であって、イデアの影像にすぎないと考えられた。プラトンの哲学は本質的に二世界論的である。これに対してアリストテレスの哲学は基本的に一元論的である。彼にとって唯一存在するのは感覚的世界である。プラトンのいうイデアは、ただ感覚物に「自体」を付加したものにすぎない。たとえば人間とか馬とかいうかわりに、人間自体とか馬自体とかいっているだけである。イデアは、いわば「永遠化された感覚物」であり、したがってイデアは感覚物の無益な二重化にすぎない、とアリストテレスはいっている（『形而上学』991a5, 30）。

アリストテレスはイデアすなわち形相を感覚的事物から超越したものとは考えず、質料とともに事物に内在的であると考えた。つまり感覚的事物は質料と形相とからなる「統合体」（シュノロン σύνολον）

と考えられた。こうしてプラトンの超越的二元論が内在的二元論に置き換えられたといってよい。プラトンの哲学は本質的に形而上学であったとすれば、アリストテレスの哲学は――その神論を除いては――基本的には自然学であった。

可能態（デュナミス）と現実態（エネルゲイア）

アリストテレスの考えでは、すべて存在するものは質料すなわち材料と形相すなわち本質の二つの要素から成っている。材料に形があたえられることによってはじめて物は物として成立するのである。たとえば机は木材からできているが、材料である木材に机という具体的な形があたえられることによってはじめて机として存在することができる。したがって木材は机の可能態（デュナミス δύναμις）であり、机はその現実態（エネルゲイア ἐνέργεια）である。木材は机になる可能性をもったものであるが、まだ実際には机となっていないものであるのに対して、机は具体的な形相を現実に有している。けれども、一方、木材は原木と比較すると、形相であり、原木はその質料である。原木はまだ木材という形をもっていないものであるから可能態であり、木材は具体的に形をもったもの、すなわち現実態である。こうして現実の世界にあるものはすべて質料と形相から成る「統合体」であると同時に、それがより低次のものと比較すると形相であり、反対に、より高次のものと比較すると質料となる。そしてこのことは、原木―木材―机の関係においていえるだけでなく、肉体―霊魂―ヌースの関係においてもいえる。

　したがって、アリストテレスの質料・形相論は二重の意味をもったものであることがわかる。第一に、それは存在するものの二つの構成要素である。一切のものは質料と形相から成っている。それは質料と形相の「統合体」である。第二に、一切のものは可能態と現実態との位階的関係においてである。それが何であれ、より低次のものはより高次のものに対しては可能態であり、より高次のものはより低次のものに対しては現実態である。それは単に物質的なものや物体的なものだけでなく、精神的なものや理念的なものについても同様にあてはまる。だとすれば一切のものは形相をまったく含まない純粋に質料だけのもの（完全可能態）と、その反対に、質料的要素をまったく含まない純粋に形相だけのもの（完全現実態）の間の目的論的階梯の何処《いずれ》かの場所に自分の位置を占めていることになる。

けれども一切のものは質料と形相から成る「統合体」だとすれば、純粋に質料だけのもの（第一質料）も存在しなければ、また反対に、純粋に形相だけのもの（第一形相）も現実には存在しないことになるだろう。いかなるものも何がしかの形相的要素を有しており、また同様に、何がかしかの質料的要素を有していなければならない。実際、アリストテレスは第一質料の存在を否定している。しかし、第一形相の存在は認め、それを神と考えた。ただし、第一形相としての神は現実界に存在しているのではなく、現実界を超出した超越界において存在していると説いた。

神の形而上学

プラトンの形而上学はイデア論であるとすれば、アリストテレスの形而上学は神論である。純粋形相であり完全現実態（エンテレケイア ἐντελέχεια）である神は現実界を超越した存在である。なぜかといえば、現実にある一切のものは質料と形相の統合体であるが、神は完全現実態であるから、まったく質料的要素を有していない。それは第一の形相であり、純粋な形相である。アリストテレスは完全現実態である神を「思惟の思惟」（ノエーシス・ノエーセオース νόησις νοήσεως）であると規定し、また「第一の不動の動者」（ト・プロートン・キヌーン・アキネートン τὸ πρῶτον κινοῦν ἀκίνητον）と考えている。神は叡知的な存在であるが、もし神が自分以外のものを思惟するとすれば、神は不完全なものとなるだろう。何かを志向するということは自分のなかに欠けているものがあるからだと考えられるからである。したがって完全に自己充足態である神は自己自身を思惟するものでなければならない。同様にまた神は不動の存在でなければならない。というのも動くものは不完全なものであるからである。不完全なものは不完全であるがゆえに完全を目指して動く。したがって最高に完全な神は不動であり、一切のものはこうした神を究極の目的として動いている。神はみずからは動くことなく、一切のものを自分の方に動かす。しかもみずからは意図することなく動かすのである。それはあたかも美しい女性が自らは動くことなく、あらゆる人を自分の方に動かすのと同様である。それゆえに不動の動者であるといえるだろう。

こうしてアリストテレスにおいては神は万物の究極目的因となっている。一切のものは可能態から現実態へ、質料から形相へと向かっている。だとすれば、それらは結局は、完全現実態であり第一形相である神を目指しているということになるだろう。現実の世界にあるものは形相的要素をまったくもたない第一質料から、反対に質料的要素をまったくもたない第一形相の間の中間的段階のどこかに自分の位置を有していることになる。そして自分よりも低い段階のものと較べると形相あるいは現実態であり、反対に、自分よりもより高い段階のものと比較すると質料あるいは可能態であるということになる。こうして現実の世界は究極目的因である神を頂点とする位階的・目的論的秩序をもったものと考えられている。アリストテレスの世界観は以上のような超越的な神の形而上学によって基礎づけられているのである。(4)

翻って考えてみると、プラトンの世界観も目的論的であった。彼は感覚界とイデア界を分離し、前者を可滅的で、不完全で、穢れた世界と考え、反対に、後者を永遠で、完全で、浄らかな世界と考えた。そして理想的なイデア界を憧憬し、肉体の桎梏から逃れてイデア界に向かって飛翔することを説いた。けれどもプラトンの世界観には位階的秩序という観念はない。あるのは感覚界かイデア界かの二者択一である。

これに対してアリストテレスの世界観は位階的である。彼は現実の世界を厳密な位階的・目的論的秩序をもったものと考えた。いわば質料と形相の配合の無限に異なった多くの段階からなる世界と考えた。それはプラトンのように感覚界とイデア界からなる二層的目的論ではなく、第一質料から第一形相にいたる無限の段階からなる多層的目的論である。プラトンにおいては感覚界は単なるイデアの模倣の世界であったが、アリストテレスにおいては、いわばそのイデアの模倣に無限の異なった段階が考えられたともいえるだろう。この意味では、アリストテレスの世界観はイデアすなわち形相の内在化の理論である。そこではイデアの超越性が否定され、完全に内在化されている。けれども、そうした目的論的世界観をささえる第一形相すなわち神の理論において、アリストテレスの哲学はその超越的性格を露わにしている。プラトンのイデアの形而上学はアリストテレスにおいては神の形而上学として脱構築されたといえるだろう。

4　ストア学派とエピクロス学派の実在観

ストア学派の自然観

ヘレニズム時代を代表する哲学はストア学派とエピクロス学派であるが、そのいずれにおいても倫理学が主で自然学は従の位置にある。したがって、その自然学においては、さして独自のものは見られない。そこでは、もともと自然学はいわば倫理学に奉仕するために構想されたものであったから、自然学そのものとしての統一性と体系性を欠いていた。

ストア学派の自然学はヘラクレイトスのロゴスの思想とアリストテレスの形相論、とくにその目的論的自然観を結合したものといえるだろう。しかしストア学派は、アリストテレスとは異なって、神を超越的存在とは考えず、自然に内在的であると考え、一元論的な、あるいはまた汎神論的な世界観を構築した。この点ではストア学派は徹底した内在主義の立場に立つ哲学であるといえるだろう。

また、ストア学派の自然学は全体としては唯物論的である。彼らはただ物体だけが存在していると主張する。しかし、その物体は同時に生命的なもの、否むしろ理性的なものを内包したものと考えられている。そしてそこに彼らの物体概念そのものの特異性というか、アポリアがある。また霊的なもの（プネウマ πνεῦμα）やロゴスもまた物体的なものと考えられているが、それは質料的な物体とは違って、神的で形相的である。こうしてストア学派は、ヘラクレイトスと同様、宇宙の隅々《すみずみ》までロゴスが浸透していると考えた。ただ、その浸透の仕方にはおのずと段階があるとされている。ここから彼らの人間中心主義的な目的論、すなわち神・人間・自然物からなる三段階の目的論的秩序が導出され、人間の本性とロゴスとの一致を説く倫理説が説かれた。

エピクロスの自然学

エピクロスの自然学も唯物論的である。彼は基本的にはデモクリトスの原子論を継承した。エピクロスの思索の動機は神の干渉と死の恐怖を取り除くことにあった。そしてそれが、彼をして原子論を採用するにいたらしめた理由である。原子論においては存在するのは無数の原子と空間だけである。すると死とは、肉体を構成しているもろもろの原子の分離にほかならず、霊魂は肉体とともに滅びるものであって、死後の世界などというものはない。したがって死はわれわれの不安と恐怖の原因になるということもない。なぜかといえば、我々が存在しているときには死はまだ現存しておらず、反対に、死が現存しているときにはわれわれはもう存在していないからである。

また、エピクロスはデモクリトスの原子論をただ一点において修正した。デモクリトスにおいては、原子は、その原因は明らかではないが、とにかく上下左右に直線運動をすると考えられていた。これに対してエピクロスは原子の運動はその重量によって垂直におこなわれるが、しかし原子の自発的で随意的な原因によって垂直の落下運動から少しずれると考えた。このように考えることによって、彼はストア学派の宿命論を脱することができ、同時にまた神の人事に関する干渉を排除することができると考えたらしい。けれども、エピクロスは原子の自発的で随意的な運動がどのようなメカニズムによって生ずるのかを説明していないし、それがもともとの機械的自然観とどう調和するのかも明らかにしていない。このようにストア学派の哲学においても、またエピクロス学派の哲学においても、自然学は倫理学に従属しており、したがってまた独創性と整合性に欠けていたということができるだろう。

5　プロティノスの流出説

一なるもの・善なるもの

アテナイ期の哲学は六世紀を隔ててプロティノスによって受けつがれた。プロティノスの哲学は一般に流出説といわれている。それは究極的な実在である「一者」（ト・ヘン τὸ ἕν）からの一切のものの段階的な流出を説くものである。一者とは、一切の差別や対立を超越したものである。したがってそれが何であるかを思惟することはできない。というのも、すべての思惟は分別であるからである。何かを思惟するということは、それを他のものと区別するということである。また一者は存在するということもできない。というのも、すべて存在するものは思惟可能なものであるが、一般に、思惟は思惟するものと思惟されるものとの区別を前提しているからである。したがって、一者は思惟と存在を超えた超思惟であり、超存在である。いいかえれば、それはあらゆる差別を否定した無規定な本質である。プロティノスはこのような根源的実在を「第一者」（ト・プロートン τὸ πρῶτον）とか、「一者」（ト・ヘン τὸ ἕν）とか、「善なるもの」（ト・アガトン τὸ ἀγαθόν）とか呼んでいる。それらは究極的な実在の「根源性」と「超越性」と「完全性」をいいあらわしたものといえるだろう。すなわち真実在は一切のものの根源であり始源であるから「第一者」であり、現実の多なるものを超絶しているから「一者」であり、完全無欠で円満なものであるから「善なるもの」である。

流出説

では、このような超絶的な一者から一切のものはどのようにして生起するか。これを説明するのが「流出」（emanatio）説である。すなわち一切のものは根源的な一者から段階的に流出すると考えられている。プロティノスはそうした流出を、渾渾と湧き出る泉水にたとえている。泉水はみずからの生命の充溢によって、おのずと湧き出るように、しかもそのことによっていささかもその力を減ずることがないように、一切のものは一者の充溢した生命から流出する。しかもそのことによって一者の能力と完全性はいささかも減ずることはない。またプロティノスはそれを太陽から放射される光にたとえている。太陽から放射された光は、太陽から離れるにしたがってその明るさを減じていくように、一者から流出した一切のものは、一者から遠ざかるにしたがって、しだいにその完全性を失っていく。こうしてプロティノスは一者からの流出に四つの段階を考えた。

流出の第一段階は「ヌース」(理性 νοῦς)である。ヌースは一者の模像である。したがってまた一者にもっとも近い性格を有している。ここでは思惟と存在とは同一である。ヌースの存在はヌースの自己思惟である。しかし思惟は存在を、また存在は思惟を予想するから、ここにはすでに差別や対立、あるいは一に対する多が潜在的に含まれている。ただそうした差別が同時に同一であり、一が同時に多であるのである。思惟即存在・存在即思惟、一即多・多即一である。そして根源的一者が多に分かれることによって、万物の原像としてのイデアが生起すると説かれている。ヌースとイデアの関係はかならずしも分明ではないが、それはいわば動と静の関係と見てよいだろう。イデアはヌースの終極であるから「静」であり、ヌースはイデアの「動」である。ヌースに内在する形相がイデアであり、それぞれのイデアがヌースである(『エネアデス』VI 2,8,23)。

流出の第二段階は「霊魂」(プシュケー ψυχή)である。霊魂はヌースから流出する。そしてその流出は二段階に分かれる。最初に世界霊魂が流出し、ついで個体霊魂が流出する。ヌースと霊魂との関係は原像と模像との関係に等しい。ヌースにおいては思惟と存在とは同一であったが、霊魂と（それが宿っている）宇宙ないしは肉体とは同一ではない。そこには分裂と対立とがある。それゆえに霊魂は不動なヌースとは異なって、働くものである。それは上方（ヌース）の方向へも働き、また下方（物質）の方向へも働く。霊魂はヌースからイデアを受けとり、それを原型とし、物質を材料として「自然」を形成する。このあたりの考えはプラトンの『ティマイオス』における宇宙の創造を髣髴させる。

流出の第三段階は「自然」（ピュシス φύσις）である。自然はヌースの影であり、ヌースの最下位の部分である。しかし、たとえ最下位ではあっても、自然はヌースからの光を「最下位のロゴス」として有している。ということは自然も一種の形成力である。一者、ヌース、霊魂につづく第四の存在の原理（ヒュポスタシス ὑπόστασις）である。したがって、ロゴスであるという点からすれば、自然は、ヌースからもっとも遠く離れたものではあっても、なお形相であって、質料と形相の合成物ではない。ロゴスは、自分の生みの子として別のロゴスを作り出す。それが自然であって、この第二のロゴスである自然が動物や植物やその他の感覚的事物を創造する。

流出の最後の段階は「物質」（ヒュレー ὕλη）である。これはもっとも不完全なものであるが、その理由は、それが一者からもっとも遠く離れていて、一者の完全性をまったく喪失しているからにほかならない。あたかもそれは、光が太陽から遠ざかるにしたがってますますその力を減じ、ついには闇になるのと同様である。また物質は、善を欠如しているという意味で「悪」（カキアー κακία）である。要するに、物質とは本質の「欠如」（ステレーシス στέρησις）であり、無規定な「非有」（メー・オン μὴ ὄν）である。

さて、以上のようなプロティノスの流出説は、また彼の倫理学をも基礎づけるものであった。プロティノスによれば、万物は根源的一者から流出してきたものであるが、それはまた同時に根源的一者へと還帰しようとする傾動を有している。われわれはわれわれの霊魂の浄化によって感覚的世界からしだいに離れ、霊魂をその根源であるヌース（叡知的世界）へと向けかえなければならない。そして霊魂はヌースを直観し、ヌースと合一することによって最上の徳を得ることができる。しかし、これはまだ究極的な段階ではない。なぜなら、そこにはまだ思惟するものと思惟されるものとの差別が残っているからである。思惟と存在とが分離しているからである。われわれはさらに根源的一者たる神との直接的合一にまでいたらなければならぬ。しかし神はどのような思惟をも超出したものであるから、ヌースより神への還帰は思惟によっては達せられない。

没我（エクスタシス）

では、どうすればわれわれは超越的な神と一体になることができるか。このアポリアに対して、プロティノスは、われわれ自身の内への完全な沈潜、無意識、「没我」（エクスタシス ἔκστασις）の状態において、われわれの霊魂は突如として根源的一者たる神と直接しえる、と説いている（VI 9,11,23. V 3,7,14.）。

このようにプロティノスの哲学は、その究極において、一者との直接的合一を説く神秘主義であり、宗教的解脱の哲学でもあった。また一切のものは根源的一者から出て、ふたたび根源的一者へと還っていくという彼の思想は老荘思想や仏教思想等、東洋思想にも共通する要素をもっている。

外への超越と内への超越

以上が流出説の概要であるが、こうした流出はもちろん時間的な過程ではなく、純粋に論理的な過程である。なぜかといえば時間は、空間と同様、感覚的世界において初めて生ずるものであるからである。また。流出は一者の内なる流出であって、一者の外なる流出ではない。というのも、もしそれが一者の外なる流出であるとすれば、一者そのものに内外の差別や対立の原理が含まれていることになって、矛盾するからである。したがってプロティノスの流出説は本質的に内在主義の立場に立つものであって、一者の超越性は正確には内在的超越性でなければならないだろう。それは一者自身の内への超越であって、外への超越ではない。しかし、一般にはそのように受けとられていない。一者が超存在であるということは、それが一切のものを遥かに超絶した存在であるということだと考えられている。はたして一者の超絶性は外への超絶性であるのか、それとも内への超絶性であるのか、この点はなお検討されなければならないだろう。

泉水の比喩

一者からの流出の譬えとして、しばしば泉水があげられる。泉水は渾渾と湧き出でて、しかもいささかもその力を減ずるということはない。泉水は尽きることなく永遠に湧出する。それと同様、万物は一者から不断に流出し、それによって一者の活動が止まるということはないと説かれる。しかし、その場合、泉水から湧き出るものは泉水の内に湧き出るのであって、その外に湧き出るのではない。否むしろ泉水にはそもそも内外の区別というものはないのである。湧き出すもの（原因）と湧き出るもの（結果）とは同一である。それと同様、一者はあらゆる差別を超越したものであるから内と外との区別はない。したがって一者からの流出は一者の内なる流出であるはずである。一者の外への流出を考えることは内と外とを分けることであるから、無差別者である一者の本質に矛盾することになるだろう。

たしかにプロティノスは、一方では、一者を太陽に譬え、太陽の光が光源から遠ざかれば遠ざかるほどその明るさを減じ、ついには闇となるように、一者から流出するものも、その根源から遠ざかれば遠ざかるほど完全さを失うと語っている。この譬えから推すと、一切のものは一者の外へ流出すると考えられているようにもみえる。しかしながら、この場合も、闇は光の外なるものではなく、光の内なるものであって、ただもっとも光源から隔たったものであるというにすぎない。光源からもっとも遠くにあるということと、それが光源の外なるものであるということとは必ずしも同じではない。精神において理性はもっともその根源に近いものであり、反対に、感性すなわち欲望や衝動はもっとも遠いものであろう。しかしそれでも感性は精神に内なるものであることには変わりはない。それと同様、ヌースは一者にもっとも近いものであり、物質はもっとも遠いものであろうが、ヌースも物質も一者の内なる流出物であることには変わりはない。もしそこに、便宜上、内と外とを区別するのであれば、それは正確には内の内と内の外との区別にほかならない。すなわちともに内なるものの、比較的に内なるものと、比較的に外なるものとの違いにすぎないと考えられる。ともかく一者は無差別者であるから、そこでは光と闇の区別はない。すなわち闇は光の外なるものではない。闇は光の極小の段階であるという意味で、光からもっとも遠ざかったものである。しかしながら闇は光の極限ではあっても、その対立物ではない。

無形相——一者と物質

こうして一者の超越性という観念は崩壊する。たしかに一者はあらゆる差別や対立を超越したものであって、超思惟であり、超存在であるといわれた。けれども、その場合の超越は内的方向への超越であって、外的方向への超越ではない。同じく超越といっても、そこには外在的超越と内在的超越とが考えられる。外在的な超越者は万物とまったく別個の存在者であるが、内在的な超越者は万物と別個のものではない。万物の内の内なるもの、底の底なるものである。いいかえれば万物の根源であり、真相である。ここには一者と万物の二元論はない。ヌースも霊魂も、また自然も物質も、いずれも一者の展相であり、一者の自己限定であると考えられる。ただその自己限定に具体的なものと抽象的なもの、完全なものと不完全なものの種々の段階があるだけである。

しかるにヌースも霊魂も自然も、いずれも形相を有している。それに対して一者は形相の形相であるから、それ自身はいかなる形相をももたない。形相を有するということは差別を内含しているということである。したがって、無差別者である一者はいかなる形相をももたない。それゆえ一者は無形相である。だとすると、一者は物質（質料）的性格を有していることになる。物質もまた無形相である。実際、プロティノスの哲学で今一つ性格がはっきりしないのは、この物質（質料）の観念である。それは先の太陽の光の譬えでいえば、光の欠如した闇にあたるだろう。それは形相が欠如しているという意味で無形相である。したがって、この点で、一者と同様である。

たしかに物質は形相を欠如したものであるのに対して、一者はあらゆる形相を超えたものであるから、この点で、両者は対極的な存在であるといえるだろう。しかし、「無限」の例にあるように、対立物はその極限において一致する。一者からの流出の最後の段階が物質であるというよりも、無形相である物質の形相化の極端が一者であるといえるのではなかろうか。一切の形あるものは形なきものから出て、また形なきものに還っていく。物質とは、単なる形相の「欠如」（ステレーシス στέρησις）ではなく、生命に充ちた混沌ともいうべきものであって、その内からあらゆる形相を段階的に創造していく能動的なはたらきと考えることができないだろうか。混沌として形のない物質が不断に自己を形相化していき、その極限においてあらゆる形相をも超出した超形相としての一者に飛躍すると考えることはできないだろうか。もしそれが可能だとすれば、一者と物質とは結びつく。物質は一者からの流出の極限だとすれば、一者は物質の形相化の極限である。しかし、このように考えるには、ギリシア的な物質概念の転換がもとめられるだろう。

ともかくプロティノスの哲学において明瞭でないのは物質すなわち質料である。それは形相の欠如であり、悪であるといわれる。ちょうど一者が形相の形相であり、善なるものであるといわれるのと対照的である。したがって、この点では、物質は一者の対立物である。けれども物質を一者の外なるものと考えると、一者に内外の差別があることになるから、プロティノスの体系と矛盾する。したがって、一者は自己の内に自己の対立物を包含していると考えなければならないだろう。だとすれば一者と物質は何らかの形で結びつかなければならない。あたかもそれは光と闇が結びつくのと似ている。では両者を結びつけるものはいったい何であろうか。おそらくそれは両者に共通した「無形相」(アモルピア ἀμορφία)という特質であろう。

たしかに同じく無形相といっても、物質は形相を欠如しているという意味で無形相であり、一者はあらゆる形相を超出しているという意味で無形相である。この意味では、両者は両極端にあるものといわなければならない。けれども、にもかかわらず両者はともに無形相であることには変わりはない。だとすれば、そこに両者を有機的に結びつけるものが考えられなければならないだろう。前述したように、物質の形相化の極端が一者であるとすれば、一者からの流出すなわち一者の自己限定の極端が物質である。こうした両者の関係はどのように論理的に説明されるだろうか。

6　絶対有と絶対無

善のイデア・第一形相・一者　プロティノスのいう一者はプラトンの善のイデアをも、またアリストテレスの第一形相をも超えたものである。善のイデアは、たとえそれが最高のイデアではあっても、イデアであることには変わりはない。プラトンは『ピレボス』で善を規定して、自己充足的であること、究極的であること、一切のものがそれを憧憬していることをあげている（同篇20D）。そしてこの規定はアリストテレスの第一形相としての神の規定と符合する。神もまた完全現実態であるから自己充足的であり、究極の目的因である。しかるにプロティノスのいう一者は善のイデアや第一形相をも超越したものである。たとえば「思惟の思惟」としての神は自己自身を思惟するものであるが、プロティノスの一者はいかなる思惟をも超越した超思惟であって、それは思惟者ともいえないものである。むしろアリストテレスのいう神はプロティノスのヌースに近いものであるといえるだろう。ヌースもまた自己を思惟するものであり、そこにおいては思惟するものと思惟されるものとがひとつである。

また善のイデアや第一形相は究極的な形相であるが、プロティノスのいう一者はむしろいかなる形相をももたないものである。一者から流出した一切のものはそれぞれ独自の形相を有している。しかし一者は形相の形相であるから、それ自身はいかなる特定の形相をも有していない。それは「或る形相」ではなくて「全形相」である。したがって一者は「無形相」（アモルピア ἀμορφία）であることが必然であると説かれる（V 5.6.4,5）。形相の形相という考えはアリストテレスにもあるが（『霊魂論』432a2）、しかしアリストテレスにおいては、それは「あたかも手が道具の道具であるといわれるような意味において、ヌースは形相の形相である」といわれているのであって、いわば究極的な形相あるいは形相の根源という意味であり、プロティノスのようにそれ自身は無形相であるとは考えられていない。ここに、プロティノスの思想の東洋的性格を指摘することができるだろう。というのも「無形相」という観念は、あらゆる形相の根源はそれ自身はいかなる形相であることもできず、形相を超越した無である、という考えと結びつくからである。

絶対無と一者

老子にとって実在は無であり、混沌である。『老子』の冒頭には「道可道、非常道。名可名、非常名」とある。すなわち「道の道とすべきは常の道に非ず。名の名とすべきは常の名に非ず」という。人がこれこそ道であるといっているような道は真実の道ではなく、またこれこそ名であると呼んでいるような名は真実の名ではない、という意である。というのも、老子の考えでは、道とは、これだといっていいあらわされるようなものではなく、したがって名前のつけられるようなものではないからである。道とは万物の根源であり、真実在であるが、それはいわば混沌としたものであって、これといって形をもったものではなく、これといって名前をもったものでもない。いかなる意味でも限定されるようなものではないというのである。しかし同時に、それは一切のものがそこから生じ、またそこへと還っていく始源であり根源である。老子はこのような道を仮に「虚」とか、「一」とか、「無」とか呼び、あるいはまた「混沌」とか、「樸」とか、「徳」とかといった言葉でもってあらわしている。それはいかなる意味においても無限定なもの、分別されないもの、これといって形のないものであり、それでいて物事の究極の根源であるとともに、もっとも理想的であるようなものをいいあらわす名称である。

また、『荘子』（天地篇、第十二）においてもつぎのようにいわれている。「泰初有无、无有无名、一之所起、有一而未形、物得以生、謂之徳」（泰初に無あり。有もなく名もなし。一の起こる所なり。一あるも未だ形せず、物得て以て生ずる、これを徳と謂う）。最初に無があった。何もなく、名もなかった。それが一の生ずる所である。一は存在するが、まだ形を有たない。物はその一を得て生ずる。それを徳というのだという。その表現こそ異なれ、『老子』と同じ趣意の言葉であるといえるだろう。

ここには万物の根源を無にもとめる考えが示されている。万物の根源は混沌とした無限定なものであって、どのような形や名をも有しないものである。そうした混沌とした無から差別が生じ、物が生じた。この意味で、一切のものは無の差別相である。そして無から現成した一切の物はやがてまたその根源である無差別者へと還帰していくと説かれる。こうした道の思想はプロティノスの一者の思想に近いといえるだろう。

実際、『老子』第十四には、「縄縄不可名、復帰於無物。是謂無状之状、無物之象」とある。「縄縄《じょうじょう》として名づくべからず、無物に復帰す。是を無状の状といい、無物の象という」というのである。道は「限定されないものであるから名前のつけようがなく、無物あるいは混沌の状態に復帰する。これを称して「無状の状」といい、「無物の象」という。いわば形のない形であり、象のない象であるというのである。プロティノスの「無形相」の観念はこうした「無状の状」や「無物の象」という観念に近いといえるだろう。それは一切の形あるものの始源であるから、それ自身はいかなる形をももたないものであり、また一切の形あるものがそこへと還帰していく根源であるから一切の形を超越したものである。

したがって、それは無であるが、その無は有無の対立を超越した無であるから絶対無といわなければならないだろう。プラトンの「善のイデア」やアリストテレスの「第一形相」が絶対有であるとすれば、プロティノスの「一者」はむしろ絶対無というべき性質のものではなかろうか。

プラトンとアリストテレス

プラトンにとって真実在はイデアであり、またイデアのイデアとしての「善のイデア」であった。それは感覚界を超越したものであり、自己充足的な究極的で理想的な形相であった。彼の考えは本質的に二世界論的であって、一切の価値は超越的なイデア界におかれた。プラトンは感覚的現実界と理想的イデア界を内的に結合することよりも、むしろ両者を相互に分離して、われわれの精神の目をもっぱらイデア界の方に向けかえ、変転極まりない感覚界を離脱して、永遠不変なイデア界に飛翔することを説いた。

これに対してアリストテレスはプラトンのイデアの超越的性格を否定して、イデアすなわち形相を感覚的事物に内在的なものと考えた。そして一切の事物は質料と形相から成る統合体であるとした。こうしてプラトンのいわば超越的二元論が内在的二元論に置き換えられた。アリストテレスの哲学は本質的に内在主義の哲学である。彼は感覚的現実界を唯一の世界と考え、プラトンのいうイデアを「永遠化された感覚物」にすぎないと考えたのである。プラトンの哲学が理想主義的で超越主義的であるとすれば、アリストテレスのそれはどこまでも現実主義的で内在主義的である。こうした違いは両者の性格の違いをよくあらわしているともいえるだろう。

けれどもアリストテレスは、質料と形相の関係を同時にまた可能態と現実態との関係と見なし、現実世界にあるものは、質料的要素のもっとも多く形相的要素のもっとも少ない段階から、反対に、形相的要素のもっとも強く質料的要素のもっとも少ない段階にいたるまでの無限に多くの階梯からなる目的論的世界であると考えた。そしてその極限に、質料をまったく含まない純粋な形相すなわち完全現実態として「第一形相」を考え、それを「神」とした。神は現実界を完全に超越した存在であり、永遠不動の思惟者である。その思惟は自己自身の思惟であるから「思惟の思惟」であり、みずからは動くことなく一切のものを自分の方に動かすから「第一の不動の動者」である。したがって神は一切のものの形相因でもあり、運動因でもあり、目的因でもあることになる。こうしてアリストテレスの内在的二元論はその最終の「神」論においてプラトン的な超越的二元論に逆戻りしたといえるだろう。

内在的一元論

こうしたアリストテレスの不徹底な内在主義を徹底させたのがプロティノスの流出説である。彼の哲学は厳密な内在的一元論である。プロティノスによれば、一切のものは充溢した根源ともいうべき「一者」から段階的に流出する。しかもその流出によって一者はいささかも力を減ずるということはない。それはあたかも渾渾と湧き出る泉水のようなものである。この一切のものが段階的に流出するというところにアリストテレス＝ストア的な目的論が保持されているといえるだろう。またこの一者はあらゆる差別を超越した超思惟であり超存在であるという考えの根底にはプラトンのイデア論があるといえるだろう。さらには霊魂の完全なる自己沈潜あるいは没我における一者との合一という考えには、（アレクサンドリアの）フィロンの神秘主義の影響を指摘することができるだろう。

けれども、既述したように、プロティノスの哲学は本質的に内在主義的である。一者は一即全であるから、一者からの流出は一者の内部における流出である。一者の外には何もない、というよりもそもそも一者においては内外の区別というものはないのである。もし一者の外に何かが存在することを容認すれば、それは無差別者としての一者の規定に矛盾することになる。したがって、プロティノスのいう超越は外的方向への超越ではなく、反対に、内的方向への超越でなければならない。つまり一者は内在的超越者である。いいかえれば一切のものの内なる根源が一者である。そして一切のものが何らかの形相をもったものだとすれば、一切のものを超越した一者自身はいかなる形相をも有しない「無形相」でなければならない。実際、プロティノスはそういっている。そしてこの点で、一者はいかなる形相をも欠如した物質（質料）の観念と結びつく。物質はあらゆる形相の欠如した無形相であり、一者はあらゆる形相を超越した無形相である。この点では、一者と物質は正反対であり両極端であるが、それが有ではなく無であるという点で、両者はもっとも近接したものであるともいえる。

物質概念の転換　このようにプロティノスの物質概念には他のギリシア哲学者にはない積極的な要素があるように思われるが、彼の著作を読むかぎり、その点がいまひとつ明瞭ではない。一者からの流出の極端が物質であるが、ある意味では、物質の形相化の極限が一者であるとも考えられるだろう。もしそうだとすれば、プロティノスの哲学はその根底において東洋思想と結びつく。しかし、そのためには従来の物質概念を転換しなければならないだろう。そしてこの点は、なお検討すべき課題であるように思われる。

それはともかくギリシア哲学は、全体としては、「有」（オン）や「善のイデア」や「第一形相」などの絶対有を根本的実在と考える立場から、プロティノスの「一者」にいたって、それを無形相、いいかえれば絶対無を究極的実在と考える立場へと転回したとはいえるだろう。この意味で、プロティノスの哲学はきわめて東洋的な要素をもった哲学であるといわなければならない。

またギリシア哲学においては、真の意味で、もっとも根源的なものからの万物の生成が説かれてこなかった。生成は「愛と憎」や「ヌース」のような抽象的な原理によって比喩的に説明されるか、あるいはもろもろの元素（原子・種子）の「結合と分離」として、したがってまた元素間の単なる位置の変化として、機械的に説明されるかであった。たしかにプラトンにおいてはイデアの「分有」と「臨在」という観念によって万物の生成が説かれているが、これまた「詩的な比喩」を一歩も出ていないことは既述したとおりである。実際、プラトンはイデアからの万物の生成を真剣に説こうとしていたとはとても思えない。むしろ彼はイデアの離在性と超越性を強調して、われわれの目を感覚界からイデア界へ向けかえることを説こうとしていたように見える。またアリストテレスにおいては第一形相としての神はもっぱら万物が向かうべき目的因として語られている。万物の生成因としての神という観念は彼の形而上学には見られない。

こうしたギリシア哲学において等閑に付されていた生成の問題がプロティノスの哲学において根源的一者からの万物の段階的な流出と霊魂の観照による一者への還帰が体系的に説かれている。この点においてもプロティノスの哲学はギリシア哲学史において特異な位置を占めているといわなければならない。

注

（1）拙稿「初期ギリシア哲学者の実在観」『研究紀要』（日本大学経済学部）第七六号、二〇一四年一〇月、参照。

(2) 拙稿「プラトンのイデアについて」『研究紀要』(日本大学経済学部)第七七号、二〇一五年一月、および拙稿「イデアと場所」『場所』(西田哲学研究会)第十四号、二〇一五年四月、参照。
(3) 拙稿「プラトンの宇宙論と霊魂論」『研究紀要』(日本大学経済学部)第七八号、二〇一五年七月、参照。
(4) 拙稿「アリストテレスの形而上学」『研究紀要』(日本大学経済学部)第七九号、二〇一五年一〇月、参照。

あとがき

大学を定年退職する少し前から、哲学をもう一度、一から学び直してみたいという強い欲求が生じてきた。在職中は講義や講演や種々の会議や雑用などに追われ、なかなか自由な時間がとれなかったので、退職したら、是非、思う存分、ギリシア哲学から学び直してみたいと思っていた。その念願が叶って、ここ数年、ギリシア哲学の研究に没頭することができた。学び直してみると、今まで知らなかったことが分明になったり、不確かだった知識がはっきりしたりして、そのつど知ることの喜びを感じ、ますます興味がわき、のめり込んでいった。アリストテレスは『形而上学』の冒頭で、「すべての人間は生まれつき知ることを欲する」と記している。まさしくそのとおりであると実感したしだいである。

あしかけ四年ほどかけたギリシア哲学の研究がようやく一段落し、その成果というか、その間に少しずつ書き溜めたものを整理し集成して出来上がったのが本書である。「はしがき」にも書いたように、ギリシア哲学を自分自身の視点から見るということに眼目がおかれている。といっても筆者は、長年、西田哲学の研究に携わり、西田哲学の影響をもっとも強くうけているので、いきおい本書は西田哲学の視点から見たギリシア哲学という性格をもったものになっていると思う。けれども、そこには筆者自身の考えも幾分かは含まれていると秘かに自負してもいる。

あたかも西田幾多郎がギリシア哲学を媒介して「場所」の論理を形成したように、本書においては、西田の「場所」の論理を媒介して筆者のギリシア哲学解釈が提示されている。とくにプラトンのイデア論、アリストテレスの質料・形相論、プロティノスの流出説が従来とはまったく異なった視点から再解釈されている。

まだまだ論旨が生硬であったり、舌足らずのところもあるだろう。あるいは原典の思わぬ誤読や誤解があるかもしれない。けれども、そうした誤りを犯すのを恐れることなく、一貫して自分の視点からギリシア哲学を見るという態度は貫けたかと思う。大方の叱正を得れば幸いである。

本書の刊行にあたっては、ミネルヴァ書房社長の杉田啓三氏と編集部の田引勝二氏に大変お世話になった。いささか風変わりなタイトルの本の出版を快く引き受けていただいたことに対して心から謝意を表したい。

二〇一七年元日

著者

《著者紹介》

小坂国継（こさか・くにつぐ）

1943年　生まれ。

1966年　早稲田大学第一文学部哲学科卒業。

1971年　早稲田大学大学院文学研究科博士課程修了。

日本大学経済学部教授，日本大学大学院総合社会情報研究科教授などを経て，
現　在　日本大学名誉教授。文学博士（早稲田大学）。

著　書　『西田哲学の研究――場所の論理の生成と構造』ミネルヴァ書房，1991年。

『西田哲学と宗教』大東出版社，1994年。

『西田幾多郎――その思想と現代』ミネルヴァ書房，1995年。

『西田幾多郎をめぐる哲学者群像』ミネルヴァ書房，1997年。

『西田幾多郎の思想』講談社学術文庫，2002年。

『環境倫理学ノート』ミネルヴァ書房，2003年。

『東洋的な生きかた』ミネルヴァ書房，2008年。

『西洋の哲学・東洋の思想』講談社，2008年。

『倫理と宗教の相剋』ミネルヴァ書房，2009年。

『西田哲学の基層』岩波現代文庫，2011年。

『明治哲学の研究――西周と大西祝』岩波書店，2013年。

『近代日本哲学のなかの西田哲学』ミネルヴァ書房，2016年，ほか。

Minerva 21世紀ライブラリー⑼③

鏡のなかのギリシア哲学

2017年3月10日　初版第1刷発行　〈検印省略〉

定価はカバーに
表示しています

著　者　小坂国継
発行者　杉田啓三
印刷者　坂本喜杏

発行所　株式会社　ミネルヴァ書房
〒607-8494　京都市山科区日ノ岡堤谷町1
電話代表（075）581-5191番
振替口座　01020-0-8076番

冨山房インターナショナル・新生製本

ISBN 978-4-623-07908-7
Printed in Japan

人名索引

※人名には神の名，物語の登場人物名も含む。

あ　行

か　行

さ　行

た　行

な　行

は　行

ま　行

ら 行

事項索引

あ　行

臆見（ドクサ）　12,14,16,41,46,48,58,76,79,82,90,134,191,227,298,300
オルフェウス教　11,97,107

か　行

快楽（ヘドネー）　217,219,221,245
快楽主義　244,245
隠れて生きよ　228,248
数（アリトモス）　9,10,11,42,47,55,121,122,124,125,127,135,170,183,184,189
風　32
可能態（デュナミス）　116,138-141,143,144,146,147,165-168,172-174,186,190,305-307,322
神（テオス）　12,13,117,118,142-144,146-149,161,196,199-201,203,204,216,228,239-241,248,255,265,306-310,314,319,323,325
河の比喩　22
感覚主義　230
観照　279-290,293,295,325
感情（パトス）　219,222
完全現実態（エンテレケイア）　116,117,143,144,171,186,306,307,319,323
観想（テオーリア）　117
観想的生活　144
気息（プシュケー）　25
気息（プネウマ）　7,25,170,180,196,201,207,208,212,274,309
基体　132,153,154,169
キニク学派　196
キュレネ学派　226,245
驚異（タウマゼイン）　1,132
共感（シュンパテイア）　198
共通感覚　189,190
恐怖（ポボス）　219,220
虚空間（ケノン）　36-38,40,51,72,73,75,88,90,135,152,164,165,174,177-181,200,203,225,226,231,232
禁欲主義　196,198
空間（場・場所・コーラ）　51,71-76,88-93,152,164,165,170,175,176,178,180,181,232
空気（アエール）　3,5-8,28,29,31,34,35,38,42,45,73,83,86,89,92,93,133,134,153,170,171,174,178,180,181,201,202,212,235,238,274,298
苦痛（リュペー）　219,220,245
形而上学　47,120,161,305,307,308,325
形相（エイドス）　9,48,49,51,53,59,67,69,71,73,76,86,88,93,114-118,122,131,133,137-144,146-149,154,155,157,158,161,164,167,176,186,187,191,192,196,253,270,273,282,299,300,304-309,312,313,317,318,320,322-324
——の形相　117,142,144,317-320
形相因　9,28,46,51,115,120,131,132,135-137,156,158,301,302
欠如（アポニア）　226
欠如（ステレーシス）　254,313,317,318
原子（アトム）　36,37,42,88,90,135,171,225,226,232,310,325
現実態（エネルゲイア）　116,138,140,141,143,144,146,147,165-169,172,173,186,187,190,191,305-307,322
現実態（エンテレケイア）　146,165
厳粛主義　198
原子論　88,225,310
原子論者　40,41
還相　279,280,295
心の座　210
心の自由　197
根（リゾーマタ）　28

さ 行

産婆術（マイエウティケー） 101
死 225, 239, 241-244, 310
思惟の思惟 117, 143, 269, 270, 306, 323
時間（クロノス） 152, 164, 182-185, 270, 273, 303
始元（アルケー） 39
自己放棄（エピドシス） 266, 295
自己保存の衝動（ホルメー） 216
自然（ピュシス） 152-155, 159, 197, 198, 203, 206, 214, 215, 246, 253, 254, 267, 272, 281-286, 288, 289, 313, 317
自然は何ものも無駄には作らない 162, 163, 215
四大 32
自体（アウト） 53, 54, 67, 78, 99, 114, 125, 126, 129, 130, 304
実践理性 193
実体（ウーシア） 113, 114, 128, 132, 153, 154, 164, 171, 186, 199, 202, 260, 294
質料（ヒュレー） 9, 14, 30, 35, 40, 51, 52, 71, 73-76, 83, 88, 115-118, 122, 133, 137-140, 142-144, 146-148, 154, 155, 158, 161, 176, 186, 188, 189, 192, 199, 201, 202, 253, 254, 270, 273, 274, 282, 304-308, 313, 317, 318, 322-324
——の質料 117
質料因（ヒュレー） 4, 9, 28, 31, 37, 45-47, 115, 120, 131, 132, 134, 136, 137, 155, 157, 301
質料・形相論 131, 140, 144, 146, 148, 149, 304, 305
始動因 →運動因
死の練習 53, 65, 69, 95, 96, 105, 265, 302, 303
思慕（エロース） 51
尺度（メトロン） 184
充実した静止 270, 271
種子（スペルマ） 32, 33, 39, 42, 201, 209, 325
述語形態（カテゴリア） 164, 165
受動的理性 192
受容者（ヒュポドケー） 88-91, 170
浄化（カタルシス） 105
小欲知足 246
思慮（プロネーシス） 83, 109, 218, 227, 245-247
真実在（オントース・オン） 48
神秘主義 251, 255, 323
新ピュタゴラス学派 251
ストア学派 195-228, 248, 251, 309
——の感情論 219-224
——の自然学 199-216
——の倫理学 216-219
正義（デカイオシュネー） 57, 102, 104, 109, 218, 219, 302
静止（エーレミアー） 153, 167, 184, 189, 234, 260
静寂主義 207
生成（成，ゲネシス） 22, 23, 26-28, 30, 35, 38, 45-47, 77, 113, 114, 297-300, 325
世界市民主義（コスモポリタリズム） 228, 248
世界燃焼（エクピュローシス） 199, 211, 212
世界霊魂 207, 253, 272, 275-277, 280, 283-285
節制（ソープロシュネー） 52, 53, 57, 102-104, 218
絶対者 24, 75, 148, 149, 322, 324
絶対有 149, 324
摂理（プロノイア） 197, 201-204, 206, 228
ゼノンの逆説 16, 19, 20, 298

万物流転（パンタ・レイ）　22,27,46,
77,98,121
火（ピュール）　5-7,10,14,22-25,28,
29,31,32,35,38,55,66,73,83,86,89,
91-93,133,134,153,170,171,174,196,
199-202,210,211,274,298
飛矢不動論　17
必然（アナンケー）　39,86,204
非有（メー・オン）　13,18,27,37,40,
46,51,75,116,254,298,313
ピュタゴラス学派　9-12,97,107,121,
122,135,166,170
比例（アナロギア）　83-85,127
物活論　196
物質（ヒュレー）　313,316-318,324
不定の二　122
不動の動者　118,143,149,270,307
プラトンの宇宙論　81-95
プラトンの徳論　102-105
プラトンの霊魂論　96-102
プロティノスの観照　281-296
分有（メテクシス）　50,51,53,54,56,
66,78,92,114,121,124,125,128,130,
131,301,302,325
弁証法　17,20,24,26,48
弁証論　17,19,20
放棄（エピドシス）　→自己放棄
没我（エクスタシス）　255,263,264,
266,280,295,314,323
ポリス（国家）　57,104
ポリテース（国民）　57,104

ま　行

水（ヒュドール）　2-8,10,23,26,28,29,
31,32,34,35,38,42,45,66,73,83,86,
89,91-93,133,134,153,170,171,174,
181,201,202,274,297
道　6,262,320,321
三つの寝台の比喩　61
ミレトス学派　1-9,11-23,26,45
無　15,18,46,75,76,82,86,148,178,
230,261,262,320-322,324
無からは何も生じない　230
無記（アディアポーラ）　198
無形相（無相，アモルピア）　260,262,
264,316-321,324
向け変え（ペリアゴーゲー）　63
無限　152
無限なるもの（無限定なもの，ト・アペイ
ロン）　3,5-8,35,36,45,122,170-
173,297
無差別者　271,315-317,321,324
無状の状　262,321
無物の象　262,321
目的因（テロス）　46,51,115,117,120,
128,131-134,136,137,156-158,299,
307,319,323,325
模像の模像　61
模倣（ミメーシス）　49,51,61,87,308

や　行

有（オン）　11,13,15,16,18,20,21,27,
28,32,33,37,38,40,46,58,77,84,85,
178,259,261,297-300,324
勇気（アンドレイア）　52,53,57,102-
104,218,219
欲望（エピテューミアー）　219-221,
227,246
四原因　133,158,157
四原因説　115,131,136,155
四元素（ストイケイオン）　5,6,28-32,
39,72,73,86,88-92,133,153,170,199,
202
四元素説　84
四主徳　102,218
四主徳説　57

ら 行